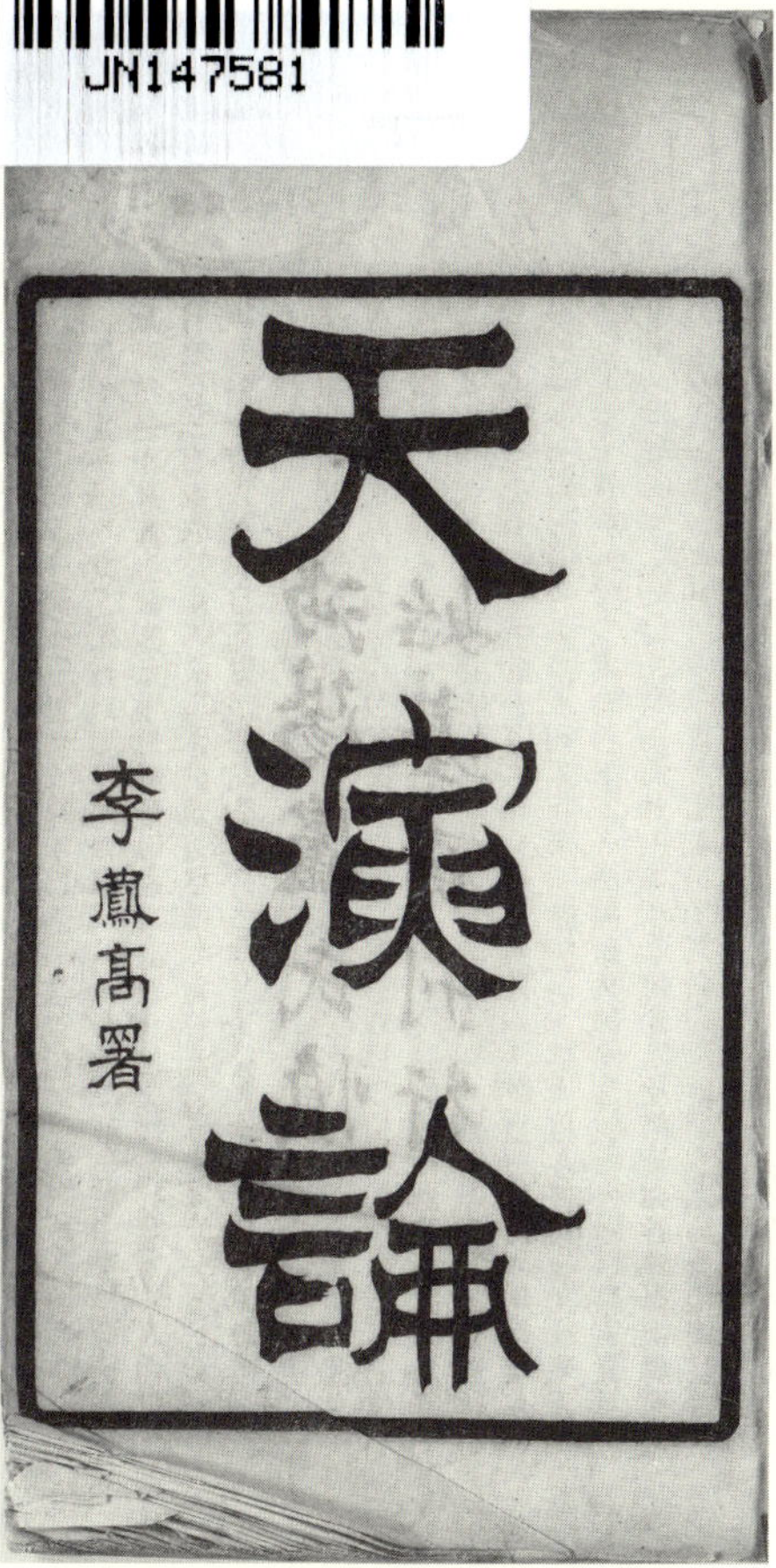

『天演論』の扉部分（慎始基斎叢書、光緒二四年（一八九八）、京都大学附属図書館所蔵）

天演論上

英國赫胥黎造論
侯官嚴復達恉

導言一 察變

赫胥黎獨處一室之中在英倫之南背山而面野檻外諸境歷歷如在机下乃懸想二千年前當羅馬大將愷徹未到時此間有何景物計唯有天造草昧人功未施其藉徵人境者不過幾處荒墳散見坡陀起伏間而灌木叢林蒙茸山麓未經刪治如今日者則無疑也怒生之草交加之藤勢如爭長相雄各據一抔壤土夏與畏日爭冬與嚴霜爭四時之內飄風怒吹或西發西洋或東起北海旁午交扇無時而息上有鳥獸之踐啄下有蟻蝝之齧傷憔悴孤虛旋生旋滅菀枯頃刻莫可究詳是離離者亦各盡天能以自存種族而已數畝之內戰事熾然彊者後亡弱者先絕年年歲歲偏有留遺未知始自何年更不知止於何代苟人事不施於其間則莽莽榛榛長此互相吞并混逐蔓延而已而詰之者誰耶英之南野黃芩之種為多此自未有紀載以前革衣石斧之民所采擷踐踏者茲之所見其苗裔耳遂古之前坤樞未轉英倫諸島乃屬冰天雪海之區此物能寒法當較今尤茂此區區一小草耳若跡其祖

天演論上 一 愼始基齋叢書

同前「導言（導論）一」の冒頭部分（同前所蔵）

凡　例

一、本書は、厳復『天演論』（一八九八年）の翻訳である。『天演論』とは、トマス・ヘンリー・ハクスリー（Thomas Henry Huxley）の二つの論文に対して、厳復がその意味を重んじつつ、自身の解釈にもとづき原文の内容や構成に手を加え、原文に挙げられている具体的事例も適宜中国のものに置き換えた、一種の「翻案」書といえる。たいていは各章末にコメントをも付し、いわゆる「原文に忠実」な翻訳ではない。

一、『天演論』がもとにしたハクスリーの論文とは、オックスフォード大学での講演“Evolution and Ethics: The Romanes Lecture”(1893)とその前言として講演後に書かれた“Evolution and Ethics: Prolegomena”(1894)である。これらのテキストを本書では以下、「ハクスリー原文」と表記する。ハクスリー原文はT. H. Huxley, *Evolution and Ethics and Other Essays*, Macmillan and Co., 1894に収録されており、それらの日本語訳には「進化と倫理　プロレゴメナ（一八九四）」「進化と倫理（ロマネス講演　一八九三）」（ジェームズ・パラディス、ジョージ・C・ウィリアムズ『進化と倫理――

トマス・ハクスリーの進化思想』小林傳司・小川眞里子・吉岡英二訳、産業図書、一九九五年所収。以下、日本語訳『進化と倫理』と略称)等がある。今回の翻訳にあたり、上記日本語訳を参考にさせていただいた。

一、『天演論』訳出にあたっては、厳復による校訂を経た最初の通行本というべき「天演論(慎始基斎本)」(汪征魯・方宝川・馬勇主編『厳復全集』巻一(全集は全一〇巻)、福建教育出版社、二〇一四年、七一〜一五四頁所収。なお、このテキストは、同編纂委員会・出版社による校訂を経たものである)を底本とする。

一、底本以外に、『厳復全集』巻一には『天演論』の他のテキストとして『治功天演論』(手稿本)・『天演論』(味経本)・『呉京卿節本天演論』・『天演論』(商務(印書館)本)および付録に『天演論懸疏』(『国聞彙編』(連載)本)も収録されている。訳出にあたり、底本では意味がとれない部分については、右に挙げた異なるテキストと照合した。その範囲内で訳出にあたって他のテキストを採用した場合や、異体字や内容に影響のない程度の改変については、煩雑にわたるため、逐一注記はしなかった。

一、訳文の句読点や改行などは概ね全集所収の底本に従ったが、解釈上、訳者が変更した箇所もある。また、底本において各章末の「復案」(厳復のコメント、本訳書では【厳復評語】と表示)以外に、独自に改行して本文から独立させている文中の挟注・コメントについては、底本がもとにする慎始基斎原刊本の該当する位置にアステリスク（＊）を付し、その段落の後に【厳復注】もしくは【厳復評語】と記して置き、文の流れが切断されることがないようにした。厳復の訳文末のコメントについては【厳復評語】として底本及び原刊本通りに独立させた。

一、底本にある厳復による注記は（　）で示し、訳者による注記・補足などは、〔　〕内に記すか、もしくは番号を付して各章末に示した。章末注で訳者が用いた……は省略をあらわす。分かりやすくするため、ルビも訳者が便宜的にくわえた。

一、厳復が文中で用いた古典からの引用やその他の書名などの典拠についても、逐一記すのは煩瑣にわたるため、最小限の書誌表記を〔　〕内もしくは章末注に示した。底本で用いられる中国の暦による年代表記は、西暦年でおおまかな換算をして〔　〕内に注記した。

一、「天演」「天択」「物競」など、厳復による訳語・用語や、また「群」「合群」「格致」など、当時の言説に関わりの深い語彙については、原語を「　」に残したところがある。

一、厳復の西洋等についての言及が客観的事実と異なることがあるが、原文のままに訳出し、文章として不自然となる場合以外は特に注記しなかった。

目　次

厳復

天演論

呉汝綸序(1)(2)〔呉汝綸序〕

厳幾道〔復〕(3)氏はイギリス人ハクスリー著『天演論』(4)をすでに翻訳して私に示し、氏のために序を書くようにとのこと。(5)「天演」〔厳復による evolution の訳語。以下、原則として「進化」と訳す〕とは西洋の科学者の論で、この学説は自然淘汰〔天択〕と生存競争〔物競〕との二つの法則によって万物の本源を総合的にとらえ、動植物の繁殖と衰亡を考察するもので、社会・政治を議論する者がこの説を採用している。万物が次つぎに変化することから、物質と力の集散の原理を深く研究し、古今万国の盛衰興亡の原因までとことん究めていて、自然〔天〕に任せることによって〔社会は〕治まるはずだとしていた。そこへハクスリー氏が現れ、そうした説をすっかり変え、自然任せにばかりすべきではなく、人のほうで自然を制御するのが大事だとした。人が自然を制御するには必ず天賦の能力を究めつくし、「人治」〔人為的なはたらきかけ、後出の「天行」とともに「導論五」注(1)参照〕を日々新たに発展させなければならず、そうしてこそその国は永く存続し、〔そこの〕種族は衰え滅びることがない、これこそが〔人が〕自然と争って勝利するというものである。もっとも、人が自然と争い、自然に勝利するというのもまた自然のはたらきに含まれるのであり、よって「天行〔自然の運行〕」と「人治」とはともに「天演〔宇宙自然の進化〕」に帰する。本書は奥妙な内容で縦横に議論がなされており、広くギリシアからインドまで、ストア、バラモン、ブッダ〔釈迦〕の諸学を渉猟し、その共通点と違いとを詳しく分析して適切な判断をしており、わが国ではこれまでにない稀《まれ》なものである。およそハクスリー氏の理論はこのような内容で、実に立派なものである。けれども、私が本書から深く学べたのは厳氏の文が堂々たるものだからでもあり、ハクスリー氏の本旨は厳氏〔に訳されたこと〕によってますます明らかとなったと思う。わが国が西洋の書籍を翻訳して以来、厳氏ほどのものは出ていない。

わが国の聖人や賢者の教えのうち、最上なのは「道義が優れていて、文としても優れている(6)」もので、その次は、道義はやや劣るものの文はなお長く伝えられうるものである。ただ文に不足があるものは、その道義は〔文によらずしてそれのみで〕存続するわけにはいかない。六芸《りくげい》〔六経《りくけい》。儒家の経典、『詩』・『書』・『礼』・『楽』（失伝）・『易』・『春秋』を指す〕はなんといっても高尚だが、周代〔前一一世紀～前二五六頃〕末期以来、諸子がそれぞれ一家を名乗り、その文は多くが好ましいものであったが、大体のところ、「集録の書〔個人の文集〕」と「自著の言〔体系的な著書〕」とがある。文集は、各篇の文ごとに独立した意味内容を持ち、全体を貫く一貫性はなく、『詩経』と『書経』に源がある。著書とは一本の幹を立て、そこに枝葉を繁らせる〔文章の内容を充実させる〕もので、『易経』と『春秋』に源がある。漢代の人士は著書において高さを競い、その最たるものは『太史公書』〔『史記』〕であり、〔この書は〕『春秋』を継いで述作したもので(7)、それによって「人治」が示された。〔また前漢の〕揚雄の『太玄』(8)は『易経』になぞらえて著したもので、これによって「天行」が明らかにされた。いずれも一本の幹に枝葉を繁らせようとした著書である。唐の中葉になると、韓退之〔韓愈〕(9)氏が出て、『詩経』と『書経』を源とし、〔著書のスタイルから〕一変して文集のスタイルを作り、宋以来、これを重んじている。それゆえ漢代の人には著書が多く、唐・宋に文集が多い、というのが大略である。文集が多くなって、以前の著書というスタイルは少なくなり、時折あっても、その文の優美さという点で〔著書の意図が〕おのずからあらわれるまでにはいたらず、目利きの者はそれを除外して物の数にいれなかった。

ただ近世に〔中国に〕伝わった西洋人の書は概ね一本の幹に多くの枝がつくもので、漢代の人の著書に合致するものである。これも残念ながら、わが国の翻訳者はおおかた、見識が狭く文才に欠け、その〔原書の〕趣旨を記して伝えることができない。著書と文集とではそのスタイルが変わっても、肝心なのは文が精巧であるかどうかであり、その点では同じである。今、論者はこうみなす。西洋人の学は多くがわれわれの知らなかったもので、民智を啓こうとするなら〔西洋の〕書の翻訳にまさるものはない、と。だが私はこう考える。今、西洋の書物がわが国に入ってくるのがちょうどわが国の学問が衰微している時期にあたっていて、士大夫〔知識人〕が学問だとして尊大にも誇るのは時文〔科挙で課される文、ことに八股《はっこ》文《ぶん》〕、公牘《こうとく》〔公文書〕、説部〔小説・逸話の類〕くらいである。この三つを除くと書物といえるものはほとんどない。だがこの三つはもとより学問の仕事には入らないものなのである。

今、西洋の書物は多くが新しい学問であるが、わが国の人士は時文、公牘、説部の言葉でこれを翻訳して伝え、〔そのため〕見識のある者はそれを見下して顧みようとせず、それでは民智は啓けようがない。これはほかでもなく、文が水準に達していないためである。文が厳復氏の〔書くものの〕ようであってこそ、ともに訳書を語りうるというものである。かつて仏教が中国に入って来た時、中国の学問は衰微していなかったので、優秀な者による口述筆記が次つぎと現れたが、その文は独自のジャンルをなし、中国のものとは区別された。今、ハクスリー氏の〔説く〕道はブッダ〔釈氏〕と比べてどうかは分からない。だがその書を太史公〔司馬遷〕や揚雄氏と同列におこうとするなら、それは難しい。たとえ唐・宋代の作者と同列におこうとしてもやはり難しいのである。ところが厳氏がひとたび文彩をほどこすと、この書は一挙に周代末期の諸子と比べ得るようになった。だとすれば文は重要なのではないだろうか。

ただ、厳氏がこの書を訳したのはその文を自ら伝えようとしたためだけではない。おそらくは、人が自然を制御して、「人治」を日々新たに進展させることでその種族を衛《まも》っていくというハクスリー氏の説は内容に富み、言辞に忌憚がなく、〔それによって〕読者が慄然《りつぜん》として〔世界の〕変化に気づくようにさせ、輿論に対して助けとなるはずだと考えたのであろう。とはいえ、この考えについて私は戸惑いもある。書物というものは必ずその時代の学者に理解されてこそ効力を持つ。今、学者は時文、公牘、説部を学問としているが、厳氏は長きにわたって伝わる言葉、周代末期の諸子と比べ得る書をそういう者たちに献じようとしており、私はそれが彼らとは背離して相容れないのではないかと恐れるのである。しかしながら、厳氏の意としては将来に期待するところがあるのであろう。その結果〔この書を理解できるような〕人たちを得たならば、わが民の智は啓かれたということであろうし、それもまたハクスリー氏の言わんとする、「人治」は「天演」に帰するという意味なのではないか。

光緒戊戌〔一八九八年〕孟夏　桐城呉汝綸序

訳注

(1) 呉汝綸　一八四〇～一九〇三。字は摯甫・摯父、安徽省桐城県の人。古文家の一派、桐城派の学者・文章家として名高い。一八六五年、進士となり、曽国藩(一八一一～一八七二)から高く評価されて幕僚入りし、一八七五年には李鴻章(一八二三～一九〇一)の幕僚となる。一八八九年、清代において中国北方の最高学府であった蓮池書院(河北省保定)院長に就任。一九〇二年、北京大学の前身、京師大学堂の総教習(学長に相当)に推挙され、就任前に教育視察のために訪日、帰国後は直接郷里に戻り、翌年、病没した。厳復はイギリス留学より帰国後、一八八〇年から李鴻章に呼ばれて天津に移った。李鴻章の下で働くようになって以降、呉汝綸や夏曽佑(「翻訳凡例」注(4)参照)らと交友のあった呂増祥(?~一九〇一。字は秋樵、号は太微、別号は君止、安徽滁《ちょ》州の人。駐日公使の属官として日本に滞在した経験を持つ。詩文においては桐城派に属した)と親しくなり、『天演論』出版にあたっても、呂・呉らの協力を得ることになった。一九〇一年刊の富文書局本『赫胥黎《ハクスリー》天演論』の表紙には「侯官厳幾道先生述」「呂増祥署検〔校訂〕」と記された。厳・呂両家は子女の婚姻により親戚となり、呂増祥が不慮の死を遂げると、厳復がその息子、のちに南京中山陵・広州中山記念堂(「中山」は孫文を指す)の設計で知られる呂彦直の教育を援助したという。

(2) 呉汝綸序　呉汝綸の原文に表題はないが、『厳復全集』により「呉汝綸序」とする。また味経本にはこの呉序を載せない。

(3) 厳幾道〔復〕　厳復。一八五四~一九二一。名は宗光、字は又陵、のちに復と改名、字は幾道に。福建省侯官県(現、福州市)の人。詳しくは本書末尾の「解説」を参照のこと。

(4) ハクスリー著『天演論』　トマス・ヘンリー・ハクスリーの "Evolution and Ethics: The Romanes Lecture" (1893)とその導入のための "Evolution and Ethics: Prolegomena" (1894)。英文テキストと漢訳底本についての説明は「凡例」を参照。

(5) 序を書くようにとのこと　一八九七年に厳復が『天演論』の修訂時に呉汝綸に序の執筆を依頼し、同意した呉汝綸に対し、厳復は同年一一月九日付けの書簡において、「感極〔感激の極み〕」(『厳復全集』巻八、一二六頁)と記している。呉汝綸は一八九八年三月二〇日付けの厳復あて書簡において、「拙序はすでにお手元に届いたと」知った旨、記すとともに、厳復が「翻訳凡例」で言及する点についての提言に及んでいる(『呉汝綸全集』三・尺牘、黄山書社、二〇〇二年、一七四〜一七五頁)。

(6)「道義が優れていて……」　宋、欧陽脩「答呉充秀才書」からくる語であるが、原文は、道義が優れたものであれば、文はおのずと優れたものになるのもさほど難くはない、としており、必ずしもここでの議論の論旨と一致したものではない。

(7)『太史公書』……『春秋』を継いで述作したもので　司馬遷(前一四五?〜前八六?)自身は、自らの父、司馬談(?〜前一一〇?)の語を引くかたちで「『春秋』を継ぎ」という点に言及するにとどめている(『史記』太史公自序)。

(8)揚雄の『太玄』　揚雄は、前五三〜後一八、四川蜀郡(現、成都市)の人、前漢の文人、思想家。その『太玄』は『易経』になぞらえて著わされた哲学書にして占いの書で、「玄」概念は『老子』よりとる。『易』の陰陽二進法・六十四(二の六乗)卦に対して、三進法・八十一(三の四乗)首を独自に採用、数の奥深い理を解明して造化の本源や変化を究めようとした(溝口雄三・丸山松幸・池田知久編『中国思想文化事典』、東京大学出版会、二〇〇一年、四八〇頁など参照)。

(9)韓愈　七六八〜八二四。字は退之、河南河陽(現、孟州)の人。唐中期を代表する詩人、文章家、儒者。

『天演論』自序[1]〔訳『天演論』自序〕

イギリスの論理学者ジョン・スチュアート・ミル〔John Stuart Mill, 一八〇六〜一八七三〕はこう言っている。「一国の文字言語〔で書かれた文章〕を読んで、その原理の極致を認識できるようにしたければ、数カ国の言語文字に通暁していなければならない[2]」と。私は最初、この言葉を疑っていたが、今はその通りだと合点がいき、確固たる説だと感心している。とりとめのない言語文字だけでなく、〔凝縮された〕大義微言〔孔子やその門下の賢人が語ったような奥深く精微な教え〕にしても、古人が畢生《ひっせい》の精力を費やして専門的に学問の研鑽を積み、会得できたものがあったとき、これを心に留めるとそれが理となり、口に出して述べたり、簡策〔紙が使われる前に文字の筆記に用いられた竹片や木片〕に書きとめたりするとそれが詞《ことば》となった。そこにはもとよりその理を得た根拠があり、文字にして後世に伝える理由もあったのである。そうだ、それは偶然のことではないのだ。

後世の人が古人の書を〔字面では〕読んでも、古人の学術を修めなくなってからは、古人が会得して理としたものについて、〔その理解に〕深浅精粗の差があった。ましてや、時が遠く離れていき、書物に記された文言の〔伝写の際や、印刷刊行のために木板に字を彫る時などに生じる〕誤りが次つぎに伝わり、漢字の発音が時代によって変化すると、音通仮借《おんつうかしゃ》〔同音の漢字を、同義とみなして転用する用法〕が明らかにしがたくなっていき、また風俗における〔人の〕好みが異なるにつれて、ものごとの意味にもくい違いがあらわれるようになった。そうであったからこそ、訓詁義疏《くんこぎそ》〔経典などの古い言語の語句や内容に注釈をつけること〕に励んできたとはいえ、古人が後世の学者を教え導こうとした学問の趣旨は、ますますはっきりしなくなってしまった。それゆえ「古書を読むのは難しい」というのである。とはいえ、古人が書に託して伝えようとした理は、もとより変わらないままである。もしその理が真にすぐれていて、その事実が本当に確かであるなら、年代や国柄により違うようなことはない。だから、こちら〔中国〕には伝わらなくとも、あちら〔西洋〕にはあらわれて、ことがらが期せずしてそれぞれ一致するようなことがある。道理を考究する者は、あちらで得られたものを、逆にわが古人の伝えたものに照らして証明すると、まるで夢から覚めたかのように透徹した理解が得られる。その切実で味わい深いこと、古書を〔表面的に〕読み覚えるばかりの学者に比べはるかにまさる。これこそ、真に異国の言語文字を研究する者の最高の楽しみというものである。

さて六経は中国において、日月が天をめぐり、長江や黄河が大地を流れ行くようなものである。しかも孔子は六経の中で、『易』と『春秋』を最も尊重した。司馬遷は「『易』は隠微にもとづき顕現に向かい、『春秋』は見〔顕〕現を推し量って隠微に至る」〔『史記』司馬相如列伝にもとづく〕と述べている。これは天下において最もすぐれた言葉である。最初、私は「隠微にもとづき顕現に向かう」とはすなわち「象〔易の卦が示す象徴〕を観察して解釈の言辞をつけ、それで吉凶を明らかにする」〔『易』繫辞上〕ことであり、「顕現を推し量って隠微に至る」とは、〔行為について〕動機という観点から褒貶《ほうへん》を加えることであると考えていた。西洋人の論理学〔名学〕を知ってみると、それは格物致知[3]〔ここでは「科学的思考、科学研究」に近い意味〕において、内籀《ないちゅう》の術〔帰納法〕と外籀《がいちゅう》の術〔演繹法〕があることが分かった。内籀とは、局部を観察してその全体を知ることであり、細部をとらえて共通点〔から法則性〕を見いだすことである。外籀とは、定理にもとづいて多くの事がらを判断することであり、法則をたててまだ起こっていないことを予測することである。そこで、はたと書物をおしやり、立ち上がってこう言った。「そういうことだったのだ。これはもともとわが『易』『春秋』の学なのだ。司馬遷の言う「隠微にもとづき顕現に向かう」とは、外籀〔演繹法〕である。「顕現を推し量って隠微に至る」とは、内籀〔帰納法〕である。司馬遷の言葉はそのことを言っているようだ。〔演繹法と帰納法の〕二つは「物〔事物〕に即して理を窮める」(4)ことにおいて最も重要な方法なのである。ところが後人はこれを広く適用することを知らなかったために、それを実践することがなく、その方法が問われることもなかったということにほかならない」と。

この二百年、ヨーロッパの学術の繁栄は、古代をはるかに超えており、そこで得られた論理や法則はどれもこれもこのうえなくすばらしく、ゆるぎないものとなっている。ただわが古人が得たものは、しばしばそれに先んじている。これはなにもこじつけや自慢で言うのではない。ためしに明明白白で欺きようのないものをあげて、世に問うてみよう。そもそも西学〔西洋の学問〕のうち、最も切実で、その法則によって〔事物の〕変化を制御できるものは、名学〔論理学〕・数学・質学〔化学〕・力学〔物理学〕の四者にほかならない。わが『易』はというと、名・数を経〔たていと〕、質・力を緯〔よこいと〕とし、合わせて「易」と名付けた。大宇宙の中で、物質と力は相関しており、物質がなければ力はあらわれないし、力がはたらかないことには物質は形をあらわしようがない。およそ力はみな「乾《けん》」〔『易』六十四卦の最初の卦で、天を象徴し、活動性を示す〕、物質はみな「坤《こん》」〔『易』最後の卦で、地を象徴し、静止性(安定性)を示す〕である。

ニュートン〔Isaac Newton, 一六四二～一七二七〕の運動法則には三つある。第一が「静止しているものは自ら動かず、運動しているものは自ら静止することはない。運動の方向は必ず直線であり、速度は必ず一定である」というものである〔慣性の法則〕。これは未曾有の創見というものである。この法則が発見されてから天学〔天文学〕が明らかとなり、人間社会に利がもたらされた。だがわが『易』はというと、「乾は静止しているとき専〔いちず〕であるが、運動すると直〔まっすぐ〕になる」〔『易』繫辞上〕と述べていたのである。

ニュートンのあと二百年してスペンサー〔Herbert Spencer, 一八二〇～一九〇三、イギリスの哲学者・社会学者〕があらわれ、「天演」のはたらきで変化を説明し、書を著し立論し、天地人を貫いて、これを一つの理にまとめた(5)。これもまた近年の大傑作である。彼は天演を定義してこう述べた。「翕《あつ》まって質を合し、闢《ひら》いて力を出《いだ》す。始めは簡易〔単純〕だが、終わりは雑糅《ざつじゅう》〔複雑〕である」(6)と。一方わが『易』はといえば、「坤は静止しているときは翕《あつ》まり、運動すると闢《ひら》く」〔『易』繋辞上〕としている。

エネルギー不滅の説に関しては、「自強して息《や》まず」〔『易』乾〕のほうが先であり、作用・反作用の説には、「消息」〔「天地の盈虚《えいきょ》（充ち欠け、盛衰）、時とともに消息す」『易』豊〕の考え方が早くからある。さらに「易、見るべからざれば、乾坤あるいは息むにちかし〔易が機能しなくなれば、天地陰陽の変化はなくなったも同然である〕」〔『易』繋辞上〕の意味は、とりわけ「熱力が均衡すると、天地〔陰陽による変化〕は壊れる」という説と照応している。これらはすべてが偶然の一致だといえるだろうか。とはいえ、こうしたことから、西洋での発見はみなわが中国に前からあったといいはり、はなはだしくは西洋の学はみな東から伝わったものから出ているとさえするのも、事実と関係なく、まさに自ら偏見にとらわれた説である。そもそも古人が端緒を開いたのに、後人がそれを成就できず、古人が大要を示したのに、後人がその精細なところまで議論できないのなら、無学の未開の民と同じである。父祖が聡明でも、子孫の愚昧無知を救うすべはない。

一般に古書の読解は難しい。中国ではことにそうである。二千年来、〔中国の〕人士は利禄を求めて守旧に終始し、独創の志を失った。そのため、今日に生まれた者は、むしろ西学から〔中国の〕古《いにし》えを知るすべを得ることになるのである。このことは、知者とは語れるが、無知な者とは語りがたいというものだ。風気が次第に開かれ、〔中国の〕人士は見識の狭さを恥とし、西学について学ぼうとする者が日に日に増えてきた。しかしながら、一、二の影響力のある者がいて、傲慢にも、西洋がすぐれているのは自然哲学〔象、数〕など形而下の末節にすぎず、西洋が熱心なのは功利の域を超えないと考え、憶測を逞《たくま》しくして論じ、その実際を確かめようとはしない。だが、自国の学術を議論したり、相手を精査して自らの鏡としたりする道は、決してそのようなものではないのである。

ハクスリー氏のこの書の本来の趣旨は、スペンサーの自然に任せるという説の末流を補正しようとするところにある。書中で論じている内容は、わが古人〔が論じるところ〕と見事に符合し、自強・保種〔種族・民族の存立のための自己強化〕の面にも再三再四、注意を払っている。例年のような夏の暑さの中、翻訳をしてみた。多くが空言にひとしく実際の政治に裨《ひ》益《えき》することがない、と責める者がいたとしても、もとより私の関知するところではない。

光緒丙申〔一八九六年〕重九〔陰暦九月九日、西暦一〇月一五日〕　厳復序

訳　注

（1）『天演論』自序　翻訳にあたり、坂出祥伸訳（西順蔵・島田虔次編『清末民国初政治評論集』中国古典文学大系巻五八、平凡社、一九七一年所収）と村田雄二郎訳（村田雄二郎責任編集『新編原典中国近代思想史』第二巻、岩波書店、二〇一〇年所収）を参照した。なお、『新編原典中国近代思想史』には厳復の他の著作の翻訳も含まれる。以下で取り上げる際には『新編原典』と略称する。

（2）「一国の文字言語……ならない」　J・S・ミルの「セント・アンドルーズ大学名誉学長就任講演」（*Inaugural Address delivered to the University of St. Andrews, Feb. 1st 1867*, Longmans, Green, Reader, and Dyer, 1867, p. 24. 竹内一誠訳『大学教育について』、岩波文庫、二〇一一年、三六頁）では、ラテン語などの古代言語と自国語以外の複数の言語を学ぶことの教育的価値に触れた上で、「ある国の言語を知らなければ、われわれはその国の人々の思想、感情、国民性を実際に知ることはできません」と記されている。

（3）格物致知　もと『大学』に由来する語。「格致」とも略称される。様々に解釈される語だが、朱熹（朱子、一一三〇～一二〇〇）によれば「物に格《いた》り、知を致す」、つまり事物に宿る理を究明して知を推し極めることだと解される。認識面を重視するこの方向の解釈の延長上において、後に、科学的思考をも意味することになった。

（4）「物に即して理を窮める」　朱子学において、格物致知の方法を説明する際に用いられた標語的表現。自身の外部の事物に即してそこに含まれる理を認識し、最終的に自己の内外に共通する理をきわめつくすことをあらわす。

（5）スペンサー……天地人を貫いて、これを一つの理にまとめた　スペンサーは進化論を哲学、心理学、社会学に応用して『総合哲学体系』（*A System of Synthetic Philosophy*, 1862–1896）としたことで知られる。詳しくは「導論一」注（11）参照。

（6）天演を定義して……　ここの内容に該当するものについては、スペンサー『第一原理』（*First Principles*, 1862. 澤田謙訳『第一原理』、『世界大思想全集』二八、春秋社、一九二七年）に言及がある。詳しくは「導論二」注（2）参照。

翻訳凡例〔訳例言〕(1)

一、翻訳に当たって三つの難しさがある。「信〔正確である〕」、「達〔伝わる〕」、「雅〔格調高い〕」である。「信」、正確であるのを求めることからして非常に難しいが、ただ「信」であっても、「達」、伝わるのでなければ、訳したといっても訳したことにならない。そうなると、「達」が重要である。海外と往来するようになってから、各地に翻訳者が増えたが、なにか書物を翻訳させ、〔「信」と「達」という〕二つをみたすよう求めたとしても、〔そのような訳書は〕まことに少ない。そのわけは、第一に〔原書を〕深く研究していないこと、第二に〔原書の全体をとらえず〕偏りがあること、第三に〔翻訳の良し悪しの〕見分けがつく者が少ないことである。本書の内容は、五十年来の西洋人が新たに得た学問にもとづいており、しかも作者の晩年の著作である。訳文は奥深い意味の解明を旨としたので、文章・語句は順序を転倒させたり、付加したりしている場合もあり、必ずしも〔原文の〕字句の配列通りにこと細かに訳すことはしなかったが、意味は原文と乖離してはいない。標題では〔英国ハクスリー造論、侯官厳復〕「達恉〔主旨を伝える〕」として[2]「筆訳〔翻訳〕」とはせず、〔必ずしも原文にとらわれずに〕内容を思い切りよく述べるようにしており、〔これは便法であって〕まっとうなやり方ではない。〔多数の仏典を意訳的に流麗な文体で漢訳した〕鳩摩《くま》羅什《らじゅう》[3]は「私にならう者は〔翻訳者として〕正道からはずれるだろう」と語った。これからも〔翻訳の仕事を〕する者は引き続き多かろう。本書が〔不出来の〕口実とされることのないよう望むものである。

一、西洋語〔ここでは英語〕の文中の事物の名称や言葉については、大抵、中国語の文の旁注〔本文の行中に挿入して前の語句について小字でつけた注〕のごとく、そのつど〔関係詞節を用いて〕注釈をつけるため、前〔の主題語〕をずっと後〔の述語〕で承けて、そこでようやく文意が完結することがある。そのため西洋語の文は短いとわずか二、三語だが、長いものでは何十、何百語も続く。かりにこの通り訳すと、まず意味が通らない。かといって間を削ってつなげても、意味に遺漏が生じるかもしれない。

この点については、訳者が全文のロジックを理解し尽くしたうえで訳文にすれば、おのずと文章として意味が通るし、〔原文の〕内容も正確に表現することになろう。原文の言葉や道理がもともと深遠で、誰もが分かるようにするのは難しい場合には、前後〔の文脈〕に引き寄せて、その意味を明らかにする必要がある。これらの努力はすべて「達〔伝わる〕」にするためで、「達」ならばこそ「信〔正確〕」となるのである。

一、『易』〔乾〕で「辞を修めて誠を立てる〔言葉をととのえて誠実さを打ち立てる〕」といい、孔子は「辞は達のみ〔言葉は伝わることが第一だ〕」〔『論語』衛霊公〕といい、さらに「言葉に文彩がなければ遠くまで流布しない」〔『春秋左氏伝』襄公二五年〕といっている。この三つは、文章の正道〔作法〕であり、翻訳の模範でもある。それで「信」と「達」以外に「雅〔格調の高さ〕」を求めるのだ。これはただ「遠くまで流布すること」を期待するのみではない。実のところ深奥玄妙な論というものは漢以前の字句の使い方を用いれば、「達」〔の実現〕は容易である。だが近代の簡便で通俗的な言葉を用いると、「達」を求めるのは難しい。往々にして、本来の意味を犠牲にして言葉〔としての分かりやすさ〕の方を重視することで、少しの言葉の差が大きな意味の違いを生じてしまう。この二者〔「義〔意味の正確さ〕」か「詞〔言葉としての分かりやすさ〕」か〕をよく検討して〔一方を〕選択するというのはもとよりやむを得ないところがあり、別に奇をてらおうとするものではない。私のこの訳は、やたらと深遠で分かりにくいし、文は雑だという誹りをうけるが、実は〔原文の意味を〕一所懸命に分かりやすくしようとしたが、結局この程度にしかならなかったということだ。さらに原書の論説は多くが論理学や数学、諸科学、そして科学技術の学問全般にもとづいており、もしこれらについて学んでいない人であったら、〔原〕著者が同じ国の人で言語が通じあったとしても、それでもなお〔その内容を〕理解できないところが多い。まして〔外国人が〕翻訳したものの場合〔それが理解しにくいの〕はなおさらである。

一、新しい理論がつぎつぎ出てきて、専門用語が煩瑣になり、それを中国語に求めても見つからず、〔既存の言葉に〕牽強付会してみても結局は〔原意と〕食い違う。訳者がそういう事態に遭遇した場合、自らの基準で斟酌し、意味に則して命名するほかない。ただその作業にははなはだ困難なものがある。たとえば本書の上巻「導論

〔導言〕」〔原書の Prolegomena〕の十余章についていえば、正篇〔下巻「本論」、原書の The Romanes Lecture〕は〔その内容が〕深遠なので、まず入門用の基礎を説いたものである。私はそれを「卮言《しげん》〔その時その場の鄙見《ひけん》〕」と訳したが、銭塘〔浙江省、今の杭州市〕の夏穂卿《かすいけい》〔曽佑〕[4]からは「卮言」は不適切だと批判され、仏典にはもともとこうした類のものがあり、「懸談」〔仏典を講じる前に要旨を述べること〕と名付けたらよいといわれた。桐城の呉摯父《ごしほ》〔汝綸〕氏の目にそれらの訳名が入ると、「卮言」は中身のない、ありふれた言葉だし、「懸談」のほうも仏教に沿ったもので、ともに自説をたてようとする者が使うものではない、〔春秋戦国時代の〕諸子の旧例を用い、章ごとに見出しをつけるのがよい[5]、という意見だった。すると穂卿はさらに、それだと各章がそれぞれ一文をなすことになり、原書のほうでは全体として筋を通しているところがやや不明瞭になる、と指摘した。とはいえ、「懸談」や「懸疏」〔一八九七年一二月～一八九八年二月、『天演論懸疏』として『国聞彙編』第二、四～六冊に一部を掲載〕という名では「懸《シュエン》」が玄《シュエン》〔中国語では懸と玄は音が通じる〕、つまり奥深く理解が難しいという意味で、そうすると要旨を理解、要約する文章はそれとはあわず、使うわけにいかない。そこで原書の言い方にしたがって〔Prolegomena を〕そのまま「導言」〔本訳書では「導論」〕と直訳し、呉氏のいうように、章名をその下にそれぞれ注記し、読者の便をはかることにした。こうしたことから、命名の難しさには、こなれない直訳だという批判を避けようとしても、避けきれないということがあるのが分かるのである。他にたとえば「物競〔生存競争〕」・「天択〔自然淘汰〕」・「儲能〔潜在エネルギー〕」・「効実〔顕在化した効果〕」等の名は、みな私が付けた。一つの名を付けるのに十日、一月とぐずぐず迷いに迷ったものだ。私が罪を問われるか、理解されるかは、明哲の諸氏にかかっている[6]。

一、原書ではギリシア以来の学派を多く論じていて、とりあげているのはみな当時の碩学である。彼らが残した学説は西洋二千年の人民の精神、叡智が受け継いできたもので、西学を研究する者は知っておかなければならない。ここでは章末に諸公の生涯の業績のあらましを掲げ、学徒たちがその人物や時代背景を研究するための基礎的な材料を提供しておく。

一、真理を探究するのは政治にたずさわることと同じで、いずれも大事なのは衆智を集め広く有益な意見をとりいれることである。原文で論じていることが他の書と異なるところがあれば、私の知るところを章末の〔厳復〕評語〔原文での表記は「復案」〕にいれて参考に供した。時に私見を付すこともあったが、それは『詩経』〔小雅・伐木〕で「鳥鳴くこと嚶嚶《おうおう》たり〔鳥が鳴いて朋友同志を求めあう〕」と称し、『易』〔兌《だ》〕で〔君子がともに学問修養にはげむのを〕「麗沢」と言う意を採用したものだ。〔付した私見が〕正しいか否かは公論をまち、あえて私見に固執しない。もし自分が優れていると自慢をしているというのなら、私がどんな時も筆を手放さず、翻訳に苦労してきたその本心を見損なうことになる。

一、この原作を翻訳したのは、もともと哲学関連の西洋書は、翻訳が難しいので、この書を選んで日ごろ同学の人びとと学んでいたからである。この訳本ができ、呉摯《ご し》甫《ほ》〔汝綸〕氏の目に入ると、気に入って添削していただき、たいへん有益だった。ただ、深奥な理論を探究し、真理を問うような学問は何をおいてもなすべき急務とはいえず、世に問いたいとは思わなかった。それでも訳稿は新会〔広東省、今の江門市〕の梁任父〔啓超〕(7)、沔陽《べんよう》〔湖北省、今の仙桃市〕の盧木斎《ろぼくさい》(8)の諸君に借りだされ書き写されてから、みなに早く出版するよう勧められていた。盧木斎君は湖北にいる令弟の盧慎之(9)に郵送し、全国で公刊するのがよいと言った。そこで、〔版木に使われる〕棗《なつめ》や梨には災いながら、拙訳著を出版することになったのであり(10)、私の意図したことではない。版木ができて天津に送られてきて精査校訂をし、凡例を著すとともにこのように縁起を記した。

光緒二十四年戊戌四月二十二日〔一八九八年六月一〇日〕　厳復、天津の尊疑学塾にて記す。

訳　注

(1)「翻訳凡例」の訳出にあたっては、沈国威「近代翻訳史における厳復の「信達雅」」(『関西大学東西学術研究所紀要』第五五輯、二〇二二年)の訳文(部分訳)を参照した。

(2) 標題では……　原版本では「英国赫胥黎〔ハクスリーの漢字音訳名〕造論、侯官〔厳復の出身地〕厳復達恉」としている。口絵の「導言〔導論〕一の冒頭部分」を参照。

(3) 鳩摩羅什　三四四～四一三(一説に三五〇～四〇九)。著名な訳経者。父は出家したインド貴族で亀茲《きじ》国（現、新疆ウイグル自治区クチャ市）に至り、そこで母となる王族の娘と結婚した。幼少時にこの母とともに出家、インド・西域をめぐり大小乗仏教を学び、帰国して大乗仏教を弘めた。亀茲が滅ぼされると長く捕虜となる。五世紀、後秦時代に長安（現、西安）に迎えられ、多くのサンスクリット仏典を漢訳した（『法華経』等、約三百巻）。彼の翻訳は流麗達意の意訳的文体によって、広く中国の人士に受け入れられた。臨終直前には、「私の訳経に誤りがなければ火葬後に舌のみ焼け残る」と語り、実際そうなったと伝えられる（梁、慧皎撰『高僧伝』巻二）。

（4）夏穂卿（曽佑）　一八六三〜一九二四。名は曽佑、字は遂卿・穂卿、号は別士・粉砕仏、浙江省杭県（現、杭州市）の人。清末民国期にかけての詩人・学者。一八九七年、厳復と天津で『国聞報』を創刊、仏教研究でも知られる。

（5）桐城の呉摯父（汝綸）氏の目にそれらの訳名が入ると……　「呉汝綸序」注（5）に前掲の一八九八年三月二〇日付けの厳復あて呉汝綸の書簡において、こうした提言をしている（『呉汝綸全集』三・尺牘、一七五頁）。呉汝綸から有益な助言を得たことを厳復はこの凡例七番目でも記す。

（6）私が罪を問われるか……　『孟子』滕文公下の「このゆえに孔子曰く、我を知る者は、それ唯春秋か。我を罪する者も、それ唯春秋か（それゆえに孔子は、「世の人で自分の真意を知ってくれる者があるとすれば、それはただこの『春秋』によってであろう。自分を謗り罰する者があるとすれば、それもまた『春秋』によってであろう」と言っている)」をふまえる。

(7) 梁任父(啓超) 一八七三〜一九二九。広東省新会の人。清末の変法運動期に師の康有為とともに活躍、変法運動失敗後には日本に亡命し、その言論活動によって中国思想界に大きな影響を与え、民国期には政治家・学者として知られた。日本語訳のアンソロジーとして『梁啓超文集』(岡本隆司・石川禎浩・高嶋航編訳、岩波文庫、二〇二〇年)がある。

(8) 盧木斎 一八五六〜一九四八。名は靖、字は勉之、湖北省沔陽の人。清末民国期の教育家、蔵書家、実業家。張之洞・李鴻章らに重用され、教育事業等において大いに貢献した。

(9) 盧慎之 一八七六〜一九六七。名は弼、字は慎之、湖北省沔陽の人。のち早稲田大学に留学、政治経済学を修めた。兄とともに書籍出版に尽力、『三国志集解』(一九三五年に完成。日中戦争のために公刊は一九五七年)で知られる。

(10) 棗や梨には…… 近代以前、木版での出版では多く棗や梨を版木に用いたことから、自著の出版を謙遜してこういう言い方をした。『天演論』は一八九八年四月に湖北沔陽の盧氏慎始基斎から出版された。

導論

一　変化の洞察［察変］

ハクスリーは、ひとり部屋の中にいた。イングランドの南部で、山を背にして野に向き合い、窓の外の風景は、あたかも机の直下にあるかのようにはっきりと目に入ってくる。そこで、二千年前、ローマの将カエサル〔前一〇〇～前四四〕がこの地にいたる以前にここにいかなる光景があったかを想像すると、おそらく自然そのままの姿があるばかりで、そこに人の手は加わっておらず、人間がいたことを示すものとしては、荒れ果てた墳墓が起伏の間にいくつか見えるだけで、灌木の林が山麓に青々と繁り、今日のように手入れされた状態でなかったことは疑いない。生い茂り絡み合う幾多の植物の姿は、あたかも互いに競争にあけくれているかのようで、それぞれ一掬《すく》いほどの土に根を張り、夏は強い日差しに抗《あらが》い、冬は苛烈な霜と闘っている。四季を通して風が吹き荒れ、大西洋からの西風や北海からの東風が交錯して止むことがなく、上からは鳥や獣に踏みつけ啄《ついば》まれ、下からはシロアリに囓《かじ》り傷つけられ、枯れ萎《しお》れて恃《たの》みとするものもなく、次々と芽生えては消え去ってゆく。栄枯盛衰の移り変わりは一瞬のことで、その詳細なありさまは究めようもない。ここに生い茂っているものたちは、それぞれが天与の能力を発揮して、自身の種を維持しているのである。数畝《ほ》の面積(1)の土地の中でもその戦いは熾烈で、強者が命長らえ、弱者が先に絶え、毎年毎年、一部のものだけが生き残っていく。〔こうしたことは〕いつから始まったかも分からないし、ましてやいつ終わるかも知れない。もしそこに人間の手が加わらなければ、草木は鬱《うっ》蒼《そう》と生い茂り、いつまでも互いに相手を飲み込もうとして、錯綜しながら枝葉をのばしていくが、このことをいったい誰が責められるであろうか。

イギリス南部の平原には黄芩《おうごん》〔コガネバナ〕の類が多くある。これは有史以前から、獣皮をまとって石斧をふるっていた者たちが摘み取ったり踏みつけたりしていたものだが、今ここに見える黄芩類は、その末裔にほかならない。はるか昔、地軸の傾きが変化(2)する前〔氷河期〕にはイギリス諸島は氷雪地帯にあり、この植物は寒さに強いため、当然、今よりもずっと盛んに繁っていたはずだ。これは取るに足らぬ草でしかないが、もしその祖先をさかのぼっていけば、はるか遠古の時代にまで及ぶことになり、〔人類の〕古代以来の歴史など、その年代を〔この草の歴史と〕くらべれば、山あいの谷川を大河と比較するようなもので、小さな支流でしかない。結局のところ、疑問の余地のない事実は、自然のあり方は変化するものであり、もとのままであり続けることはないということである。

ただ、太古から現在まで、その変化は緩やかだったであろうから、考えの浅い者はそれに気づかず、天地は不変だと言われてきた。だが、実は今ここで目にしているのは、窮めつくすこともできぬほどの変化の結果としてあるものだ。とてつもなく長い年月の間に、混沌状態であった〔できたばかりの〕地球が、まさに想像できないほどの数の変遷を経て、今のような最終的な形になったのだ。今後、さらに山や谷が変化していくというのも予想の範囲内のことで、これは、地質学の動かし得ない定説である。もし、こうした話に驚きや怖れを感じるというのであれば、ちょうど身近なところに〔こうした変化の〕証拠を求めることができる。(3) ためしにいま立っているところを二、三メートルあまり掘ってみれば石灰〔白亜〕層に届くだろう。この石灰層から、この土地が昔は確かに海だったことが分かる。石灰とは、さまざまな貝類の殻が堆積してできたものだからだ。もし顕微鏡で観察すれば、巻き貝の形や紋様が備わっているものがまだ多い。もしこの地が以前に海でなかったら、この数え切れない貝はいったいどこから来たのだろうか。〔葛洪（二八三頃～三四三頃）『神仙伝』王遠にある〕「海中で土埃《つちぼこり》を巻き上げる〔かつての海が陸地になっている〕」というのは、でたらめな話ではないのだ。さらに、地質学者が各種の化石を一つ一つ調べ、さまざまな動植物は、いずれも次々と変わってきていることが分かった。ただ、変化はごく僅かなものであり、その遷移が非常にゆっくりなので、われわれが彭祖《ほうそ》や老聃《ろうたん》(4)のような長寿であったとしても、悠久の時間の一瞬を見ているだけで、ひそかに進行していく変化は分からない。これはあたかも〔『荘子』逍遥遊の〕「蟪蛄《けいこ》〔セミの一種〕は春秋を知らず、朝菌《ちょうきん》〔キノコの一種〕は晦朔〔一日もしくは一カ月〕を知らず(5)」〔の喩え〕のようなもので、早計にそれを不変のものだと呼ぶのは、まことにおかしな話である。

ゆえに、不変という言葉は、決して自然の流れ〔天運〕の姿を示すものではなく、悠久なる万物生成の理法は、むしろ止むことのない変化の中にこそあるということが分かる。いま目にしているものが、二十年、三十年経て変わるということがあるだろうし、さらに二万年、三万年してから変わるということもあるだろう。ただこれまでの事実から将来を推測すれば、その変化はまさに長期にわたり、いつまで続くのか分からないのだ。とはいえ、自然の流れは変化するものだとしても、不変なものがその中ではたらいている。不変なものとはなにか。これを「進化〔天演〕」と名付ける。

進化が〔不変の〕本体〔体〕だとすると、その〔具体的な〕作用〔用〕[6]が二つある。それが「生存競争〔物競〕」と「自然淘汰〔自然選択〕〔天択〕」である。これは万物についてあてはまることだが、生物において特に顕著である。生存競争とは、生物が自身の生存を目指して競争することである。ある生物が他の全ての生物と競争し、生き残ったり、亡びたりするが、そうした結果は自然淘汰のはたらきによる。自然淘汰というのは、生物が競争し、あるものだけが生き残るということだが、その場合、そこには必ず生き残る理由がある。〔生物のうち〕天〔自然〕[7]によって与えられた資質に即してその能力を発揮し、自らが置かれた時と場所、さらには自身の外部のあらゆるものに対応して適合するところがあるものだけが、滅亡を免れ、自力で生きていくことができるのだ。ただ、結果からみると、〔他のものが淘汰されていく中で〕あたかもこの生物が特に天から厚遇を受け、選ばれて生き残っているかのようであるので、このことを自然淘汰というのだ。自然淘汰とは自然のままに〔環境に適していないものが淘汰されるとともに、環境に適したものが〕選択されるということであって、選択が起こっていても、何ものかが主体的に選択したということではない。それはあたかも、生存競争が何かある対象を争っているわけではないのに、実は世界で最も激烈な競争であるのと同様である。スペンサーは、自然淘汰は、最も適した者を生き残らせるというが(8)、生物は生存するために争い、天はその競争の後の結果に従って選択する。競争と選択が繰り返され、変化ということが起こるのだ。

【厳復評語】

「生存競争」・「自然淘汰」の二つの考えは、イギリス人のダーウィン〔Charles Robert Darwin, 一八〇九〜一八八二〕から始まる。ダーウィンは『種の起原〔物種由来〕』〔*On The Origin of Species by Means of Natural Selection, or the Preservation of Favoured Races in the Struggle for Life*, John Murray, 1859. 八杉龍一訳『種の起原』、岩波文庫、一九九〇年〕を著し、自然界の動植物の種類が多様である理由を考察して論じた。それ以前には、生物について論ずる者は、みな、異なる種の生物はそれぞれ別に創造されたという説を奉じてきた。だがこの百年来の科学者たちはこの古い説には筋が通らないところがあるのではないかと疑念を抱くようになった。例えば、(9)フランス人のラマルク〔Jean-Baptiste Pierre Antoine de Monet, Chevalier de Lamarck, 一七四四〜一八二九〕、ジョフロワ・サンティレール〔Étienne Geoffroy Saint-Hilaire, 一七七二〜一八四四〕、ドイツ人のブーフ〔Christian Leopold von Buch, 一七七四〜一八五三〕、ベーア〔Karl Ernst von Baer, 一七九二〜一八七六〕、イギリス人のウェルズ〔William Charles Wells, 一七五七〜一八一七〕、グラント〔Robert Edmond Grant, 一七九三〜一八七四〕、スペンサー、オーウェン〔Richard Owen, 一八〇四〜一八九二〕、ハクスリーである。〔彼らは〕いずれも著名な生物学者で、〔こうした人たちが〕つぎつぎと現れ、目や手を使って〔実地に〕観察して調べ、あらゆるものを探索しつくして、詳細に議論した結果、以下のことが分かってきた。生物は、始めは同じものだったのが今では異なるものになってきたのであり、生物の発生は一つの起源となるものができてから、〔そこに内在する〕大きな力によって変化が生じた。そしてさまざまな種が結局現在のような形になったのは、すべて自分自身〔で変化してきた〕からであって、〔異なる種を別々につくった〕いわゆる創造者というものは存在しないのである。ただ、この説はあまり普及してこなかったのだが、咸豊九年〔一八五九〕になってダーウィン氏の書が出ると、人々の議論が一致してゆくこととなり、それ以降、欧米で生物を研究する者は、ほぼダーウィン氏にならった。鉱山開発が日ごとに進み、地面や山が掘削されてくると、古い動物の化石が多く見つかったが、その種はすでに絶滅していて、現在は存在していない。その結果、虫や魚や鳥や甲殻類や獣や人といった生物の間に、その変化をつなぐものが日々次第にそろってきて、ダーウィン氏の説はますます証拠のあるものとなっていった。

それゆえハクスリーは次のようにいう。昔は、大地は動かず、宇宙の中心にあり、太陽や月や星が周囲を回っていて、地球こそが主たるものだと考えたが、コペルニクスが現れて、地球は本来惑星であって、太陽の周りを動いているということが分かった。昔は、人類は他の生物から抜きんでたもので、神をかたどって作られていて、他の生物とは全く異なると考えたが、ダーウィンが現れて、人類は進化の中の一つの段階で、変化しながら進んできたもので、将来どうなるかはこれからのことであり、キリスト教の〔神が人類を〕土から作ったという説は、全く信じられないということが分かった。コペルニクス以来、天文学は明確なものになり、またダーウィン以来、生物についての学問は確固たるものとなった。(10)

　スペンサーは、ダーウィンと同時代人で、彼も進化にもとづいて『総合哲学体系〔天人会通論〕』[11]（*A System of Synthetic Philosophy*）を著し、天・地・人から物質・心理・生物のことまでを一つの原理でまとめ、その議論はきわめて精密かつ宏大である。その第一の書（『第一原理』）はまず最初に科学〔格致〕を集大成し、進化とはいかなるものかを明らかにしている。第二の書（『生物学原理』）は進化によって生物学を論じ、第三の書（『心理学原理』）は進化によって精神を論じ、第四の書（『社会学原理』）は進化によって社会を論じ、最後の第五の書（『倫理学原理』）は、道徳の本源を考察し、政治・宗教の条理を明らかにし、種族を維持し、進歩発展させる[12]〔進化〕ための法則と方法で終わっている。ああ、ヨーロッパの歴史が始まって以来、このような作品は存在しなかった（私は最近『群誼』という書を訳したが[13]、それはその第五の書の一編である）。スペンサー氏は今なお存命で、七十六歳である。『総合哲学体系』の全ての書は昨年ようやく完成した。いわゆる「壮大にして緻密」（な理論）というべきで、畢生の力をつくしたものである。ダーウィンは嘉慶十四年（一八〇九）に生まれ、光緒八年壬午（一八八二）に没した。ハクスリーは乙未（一八九五）の夏に亡くなった。七十歳だった。

訳　注

(1) 数畝の面積　中国の一畝の面積は時代によって異なるが、辛亥革命後の一九一五年一月に公布された「権度法」の換算基準（以下の度量衡についての注記もこの基準による）にもとづいて清代の一畝の面積を推定すれば、六一四・四平方メートルということになる。

(2) 地軸の傾きが変化　この部分の記述は、一九二〇〜三〇年代に提唱された「ミランコビッチサイクル」（地軸の傾斜角の周期的変化等の天文学的要因が地球の気候変動に影響を与えるという仮説）の先駆となったジェームズ・クロール（James Croll, 一八二一〜一八九〇）の氷河期に関する学説をふまえている可能性がある。なお、この部分に該当するハクスリー原文では氷河期（glacial epoch）に触れてはいるが、地軸の傾きとの関連についての言及は見られない。

(3) ちょうど身近なところに……証拠を求めることができる　以下に触れられる「石灰〔白亜〕層」に関連して、ハクスリー原文では自身の「一片の白亜（On a piece of Chalk）」（1868）（*Collected Essays*, Vol. Ⅷ, Macmillan and Co., 1896 所収。日本語訳：小泉丹訳『科学談義』岩波文庫、一九四〇年所収）が注で紹介されている。

(4) 彭祖や老耼　彭祖は中国古代の伝説上の人物。五帝の一人である顓頊《せんぎょく》の玄孫とされ、七百余歳まで壮健であったといわれる。老耼は『老子』の著者とされるが、生没年は不詳。彭祖と並び伝説上の長寿者とされる。

（5）「蟪蛄は春秋を知らず、朝菌は晦朔を知らず」「蟪蛄」「朝菌」とも短命な生物を代表し、「春秋（一年）」「晦朔（一日もしくは一カ月）」は短い時間を示す。ここでは、自然の変化を知るには人間の寿命が短すぎることを喩える。

（6）本体〔体〕……作用〔用〕　一つのものについて、現象として現れる具体的な作用を「用」、その背後にある本体を「体」に分けて見る考え方は、中国では仏教から宋学に取り入れられ、その思考法を強く規定した。文脈によって、「体」と「用」が一体であることを強調する場合と「体」と「用」の異質性を強調する場合がある。

（7）天〔自然〕　原文の「天」という語の多くは「自然」と訳したが、主体としてのニュアンスが読み取れる場合は訳語として適宜「天」をそのまま用いた。

（8）スペンサーは、自然淘汰は、最も適した者を生き残らせるというが　「最も適した者を生き残らせる」に当たる「最適者生存（適者生存 survival of the fittest）」という表現はスペンサーによって創られたもので、一八五二年に初めて使用された。それがダーウィン的な「自然淘汰（自然選択 natural selection）」とほぼ同義に用いられるようになったのは一八六四年の『生物学原理』第一巻（*The Principles of Biology*, Vol. I, Williams and Norgate）においてである。スペンサーによれば、「最適者生存」は、ダーウィンの「自然淘汰」を表現する機械論的なタームを追求したものだという（Part III, The Evolution of Life, Chapter XII, Indirect Equilibrations, pp. 444-445）。「最適者生存」という用語をめぐる諸事情については、Diane

B. Paul "The Selection of the 'Survival of the Fittest'," *Journal of the History of Biology*, Vol. 21, No. 3 (Autumn, 1988), Springer, pp. 411–424 など参照。

(9) 例えば、……　以下に挙げられている生物学者は、ハクスリーを除き、いずれもダーウィン『種の起原』の付録(第三版(一八六一年)以降に付加)「種の起原にかんする意見の進歩の歴史的概要」(岩波文庫版では上巻末に収録)において言及されている。特にラマルクはダーウィン以前の代表的な進化論者で、「用不用説」(生物の個体において、多く使用される器官が発達し、使われない器官は発達せず、ついには消失する)、「獲得形質の遺伝」(個体の発生から死ぬまでの一生の間に獲得された性質が遺伝する)などによって、生物進化がおこるメカニズムを説明し、スペンサーにも影響を与えた。

(10) コペルニクスが現れて……　生物学史上のダーウィンの役割を天文学史上のコペルニクスになぞらえるハクスリーの発言としては、*Evidence as to Man's Place in Nature*, Williams and Norgate, 1863, p. 107(八杉龍一訳「自然における人間の位置」、『世界大思想全集　社会・宗教・科学思想篇三六』、河出書房、一九五五年所収、八二頁)などがあるが、その内容は厳復がここで要約したような単純なものではない。

(11) 『総合哲学体系[天人会通論]』　スペンサーの主著で、宇宙のあらゆる事象をスペンサー流の進化論によって説明しようとした著作。一八六二年に初版が出版された *First Principles* (『第一原理』)を皮切りに、*The Principles of Biology* (『生物学原理』)、*The Principles of Psy-*

chology(『心理学原理』)、*The Principles of Sociology*(『社会学原理』)、*The Principles of Ethics*(『倫理学原理』)が発表され、一八九六年の *The Principles of Sociology* の最終部分の出版をもって完結した(なお『総合哲学体系』の諸部分は、必ずしも全体構成の順序通りに出版されたわけではない)。

(12) **進歩発展させる**　この部分の原語は「進化」である。『天演論』で厳復がこの語を用いる場合、日本語でいう「進化」を指すものではなく、人間の種族・社会の保持・強化に関する文脈で限定的に使用されており、適宜「進化」以外の訳語をあてるものとする。

(13) **私は最近『群誼』という書を訳したが**　現在この翻訳の原稿は確認されていないが、「導論十七」の「厳復評語」における同書の内容の紹介などからみると、原書は *The Principles of Ethics*, Vol. II, Part IV, *The Ethics of Social Life: Justice*, Williams and Norgate, 1891(『倫理学原理』第二巻第四部『社会的生活の倫理　正義』)と考えられる。

二　広義の進化〔広義〕

〔自然の状態が〕次つぎに移り変わっていくなかで、〔万物は〕その時どきの環境にふさわしい境遇を与えられる。その来し方に始まりはなく、その行く末に終わりはない。いつまでも変化し続け、何度でも入れ替わっていく。これを「世変《せいへん》〔時世の変化〕」といい、「運会《うんかい》(1)〔めぐりあわせ〕」という。「運」とは時世の移ろいを明らかにするものであり、「会」とは遭遇する局面を示すものである。こうした法則について古代の人間はすでに論じていた。ただ、かつては、天の運行は循環するもので、一回りしてまた始まるとされていた。今ここで目にしているのは、昔あったことの再現であり、この後にまたやってくるのは、今あることの反復であるというのだが、これはまったくの誤りである。

われわれの考えによれば、ものごとが変化していく方向は、すべて単純なものから複雑なものに、微《かす》かなものからはっきりしたものになっていく。「運〔時世の移ろい〕」はつねにかわりないが、「会〔遭遇する局面〕」の方は大きく異なってくる。仮に目の前にいる動物から、遠く原初までさかのぼっていけば、時代ごとの形態の変化が見られるであろうし、たとえどんなに微細なものであってもすべてたどることができるが、その一番初めの形態となると、動物であるのか植物であるのかすら定めがたい。こうした〔自然の〕運行の法則こそが不断の生成変化を生み出す根源で、もし仔細に観察することができれば、あらゆる場面で見て取れる。小さいものでは虫や草木まで、大きいものでは太陽や星、天や地まで、形にあらわれないものでは精神や知力が聖・狂に分かれる理由も、形にあらわれたものでは政治や風俗や言葉の変遷が生ずるわけも、その要点をいえば、すべて一言で説明がつく、つまり「進化〔天演〕」ということだ。この学説ははるか昔に始まるが、ここ五十年のあいだに大いに発展した。科学が発達して、いつでも事実の観察が可能になってきたからである。

昔から、人間はそれぞれの解釈に基づいて自然を説明しようとし、各学派はそれぞれの理論で万物の変化を論じてきた。たとえば、天地開闢《かいびゃく》以前には世は混沌として暗く入り乱れていたが、天地が分かれてからようやく軽く澄んだものが上に行き〔天となり〕、重く濁ったものが〔地となり〕下に固まったという〔『列子』天瑞〕。あるいは、〔『旧約聖書』創世記にあるように〕土をこねて人をつくり、光あれといって昼間をつくり、一つ一つの花や草や、はい回り飛び回る虫などにいたるまで、すべてのものには、その始まりのときから創造主〔真宰〕がおり、その力を発揮して〔万物の〕配置を決め、無から有を生じて忽然として世界ができあがったという。あるいは、どこへ出かけてもつねにすべてが見られていて、「〔道に〕従えばよいことがあり道に背けばわるいことが起こる」〔『書経』大禹謨〕という具合に、〔天が〕ひそかに賞罰を取り仕切っているのだという。これらの説は実に立派なものだが、語っている内容の真偽を決して証明することができないのは、いかんともしがたい。したがって、進化の説に拠れば、インドやイスラーム、ユダヤといった諸宗教のいうような「神による創造説」はいずれも成り立たない。

そもそも、大地にそびえ立つ木もほんの小さな種から育ち、空を覆わんばかりの鵬《ほう》〔『荘子』逍遥遊にみえる巨大な鳥〕も、ちっぽけな卵から生まれる。旧いものから新しいものへ、段階ごとにその形態を変えるたびに、次つぎと細かな分化が続いてゆく。

一方で、変わることがなく、のがれることもできない理法がその中にはたらいている。原因〔と結果からなる進化の過程〕のみがあって〔神による〕創造はなく、〔法則にしたがった〕確かなもののみがあって〔法則からはずれた〕偶然はない。もし宇宙には必ず創造主がいるはずだというなら、進化こそが創造主の役割をはたしているのである。唯一、宇宙がつくられた時のみは、〔それがどう展開してゆくかの〕結果と原因が〔潜在的な形で〕そこに同時に内包されているにせよ、閉ざされていたものが開かれ〔『荘子』天運への成玄英《せいげんえい》疏〕、巨大なろくろ〔のごとき天の仕組み〕が回り始めた後には、ほかに作為や意図が介在する余地はない。であればこそ、進化の現象は、ただ動物・植物の二種のみに現れるのではない。実はあらゆる人間世界・物質世界の事象や、大宇宙における太陽系の星々、さらに遠くは数え切れないほどの恒星まで、すべての始まりのそれ以前にさかのぼっても、はるかな終わりのそれ以降にいたっても、どれ一つとして進化によらないものはないのである。

その現象はあまりにも奥深く複雑であるため、一冊の書物では決して説明し尽くすことができない。とりあえず、生物と政治について簡単に述べることにしよう。まずは「導論」の十余篇で要旨を明らかにする。〔学ぶ意欲のある人間は〕一つのことを取り上げると、ほかの三つについての返答がある〔『論語』述而〕というように、理解力の高い者ならきっとそこから得られるものがあるはずで、秘密を解く鍵を手にした者にとって、その応用範囲はまさに無限であるといえよう。

【厳復評語】

スペンサーによる進化の定義(2)はこうである。「進化とは、「翕《あっ》まって質〔物質〕を聚《あつ》め、闢《ひら》いて力を散ずる」〔『易』繋辞上伝をふまえる〕ということである。進化がはたらくとき、物は単純から複雑へ、流動から凝固へ、混沌から画然《かくぜん》〔はっきりと区別のある状態〕へと移行し、物質と力がまざりあい、相互の均衡の中から変化が生じる」。さらに数十万言を費やしてこの原理を説明しているが、その文は複雑にして奥深く、すぐさま翻訳することは不可能である。ここでは、記憶している部分をいくつか選んで大まかに解説するが、詳細までは触れられない。

「翕《あっ》まって質を聚《あつ》め」るとは、次のようなことをいう。ちょうど太陽系が誕生する頃、ネビュラと呼ばれる星雲(3)が宇宙〔六合〕に行き渡り、もともとその分子〔質点〕の熱はきわめて高く、抵抗力もまた大きくて、引力よりも強かった。そのうちに引力によって収斂して球状になり、太陽は真ん中、八つの惑星はその外側をめぐって、〔太陽や惑星は〕それぞれ物質を結合させ、今ある形となったのである。

「闢《ひら》いて力を散ずる」とは、物質が結合して熱や光や音や運動が生じれば、必ずもとの力を消費することをいう。このために、今の太陽は昔の太陽ほどには熱くなく、地球は日ごとに収縮し、彗星もしだいに速度を落とし、八つの惑星の公転もみなだんだんと緩やかになっていて、遠い将来には〔今の公転軌道の〕内側へと入り込み、〔吸収されて〕太陽と一体になるだろう。また、地球が流星の軌道に入れば、隕石にぶつかる。ということは、今の時点では、太陽系は単に力が失われてきただけではなく、物質の結合についてもまだ終わっていない。ほかにも動植物の成長や国家民族の発展は、〔惑星などとは〕かけ離れたものだが、すべて同じ法則にしたがっている。

「単純から複雑へ」とは、万物の変化はすべて簡単なものから始まって、複雑なものに終わることをいう。太陽系は最初はガス状のものであり、地球ももとは流動体であった。動植物は胚胎・萌芽期には、器官の分化はきわめて単純である。国家・民族の始まりにおいては、尊卑や上下、君子と小人の区別〔のような成員間の機能分化〕はなく、〔異なる機能を担う者同士が〕力を合わせて共同作業を行うようなこともなかった。進化が浅いものほどその構成要素も単純なままであるが、進化が深まって器官がすっかり整うと、〔分化した〕個々の器官が担う機能はそれぞれ異なっていながら、互いに役に立つようになるのである。

「流動から凝固へ」とは、次のようなことをいう。流動しているものはほかでもなく（ここでの「流動」は気体も含めていう）、分子内の力がきわめて大きく、まだ失われていないためである。動植物は始めはどれも柔らかくなめらかだが、やがて堅牢なものとなり、原始的な民族は遊牧をしているものが多く、都市や村落に定住するようになってはじめて文明が興るというのも、みなこの原理によっている。

「混沌から画然へ」とは、次のようなことをいう。「混沌」とは〔形が〕ぼんやりとしてはっきりしないことをいい、「画然」とは安定した形態〔定体〕を持ち、境界が明確だということである。単純で流動的なものは、どれも混沌としているが、複雑で凝固したものがすべて画然としているとは限らない。また、「単純から複雑へ」・「流動から凝固へ」ということのみを語って、「混沌から画然へ」を言わないでいると、〔唐代の〕劉〔劉禹錫《りゅううしゃく》　七七二〜八四二〕・柳〔柳宗元　七七三〜八一九〕の「〔天地万物の根元である〕元気が衰えると、悪性のできものや痔ができる」という説〔「天論」・「天説」〕のような、病的で逸脱した状態のものでもすべて、進化と名付けてよいことになってしまうだろう。そこで、〔「単純から複雑へ」・「流動から凝固へ」の〕両者のほかに、必ず「混沌から画然へ」を追加することによって、はじめて〔進化についての〕説明は完全なものとなる。何ものであれ画然とした状態になると、壮年から老境に入り、行き着くところまで行くと後退することになる。人は老いれば新しいことを学ぶのが難しくなり、治世が長引けば守旧に傾くのも、すべてこの理屈である。「物質と力がまざりあい、相互の均衡の中から変化が生じる」というのも、進化における最も重要な内容であり、見落としてはならない。先に「闢《ひら》いて力を散ずる」と述べた。とはいえ、力が完全に失われることはない。〔力が〕つきてしまうと物は動きを止め、進化も消え去ってしまう。それゆえ、進化の過程においてはつねに内的な力が存在し、物質とのあいだで互いに均衡している。力は物質を規定し、物質もまた力を規定する。物質が日々変化するにつれて、力もそれに従って変化する。そこで物が未発達であると分子の力が大きいということになる。分子の力とは何か。それはちょうど化学でいう親和力〔愛力〕のことである。〔物が〕発達すると、物体の持つ力が大きくなり、目に見える運動には、すべてこの力がはたらいているのである。さらに、太陽系でたとえるなら、ネビュラという星雲であったときには、全体にわたって存在していたのはほぼすべて分子の力であった。今にいたって、諸惑星が太陽の周りを公転し、自転軸の周りを自転しているのは、いずれも上に述べた物体が持つ力の現れである。人体中の血液は、肺を経て酸素を補い、食物は胃に入ると消化されて液状になり、肝臓を経て血がつくられるが、どれも分子の力のはたらきである。感覚器官が対象物と接すると、ナーヴ〔俗にいう脳神経〕から脳に達して知覚をうむ。知覚をもとに思考がうまれ、思考によって欲望が起こり、その欲望が行動を命じるのだが、欲望より前の部分はやはりすべて分子の力のはたらきである。ただ肺がひろがる、心臓が脈打つ、胃腸が消化する、さらには拝礼の所作や、歌い叫んだり、手を舞わせ足を踏み鳴らしたりといった〔身体が動く〕ことに限っていえば、それは物体の力である。分子と物体の二つの力は互いに根元となりながら、〔内に〕隠れているか〔外に〕現れているかの違いがある。これが「相互の均衡の中から変化が生じる」ということである。

進化の内容に含まれるのは以上だが、スペンサー氏はそれを農業・商業・工業・

軍事・言語・学問芸術の領域にまで広げ、それぞれの変化が生まれる理由をすべて進化によって明らかにしている。理解力にすぐれた人間が深く考えて、そこから自ら体得できれば、それもまた一つの楽しみである。

訳　注

(1) **運会**　厳復は一八九五年二月に天津の『直報』に発表した「時勢の激変について〔論世変之亟〕」(『厳復全集』巻七所収。日本語訳：伊東昭雄・近藤邦康訳『新編原典』第二巻所収)のなかで、聖人は「運会」がどこから来たかを知り、どこへ行くかを予見するが、聖人もまた「運会」内部の一存在であるため、「運会」自体を転換することはできないと説明している(『新編原典』第二巻、三三九頁を参照)。

(2) **スペンサーによる進化の定義**　スペンサーによる進化の定義については、「『天演論』自序」の注(6)前掲の澤田謙訳『第一原理』の第二編第一七章「進化の法則(完)」(The Law of Evolution Concluded)には、「「進化」とは、物質の集中作用と、これに随伴する運動の分散作用である。その間に於て、物質は不定限的、非凝集的同質性から、定限的、凝集的異質性へと転化する。そしてその間に於て、保留されたる運動は、これに平行の形態変化を行ふ」(四九三頁。*First Principles*, 2nd edition, 1867, p. 396. なお澤田訳は一九一一年の普及版を底本としているが、引用部分の原文は同じである）とあり、「導論二」の内容に概ね即したものとなっている。なお、厳復がまとめた定義の冒頭部分は、自序では、「翕《あつ》まって質を合し、闢《ひら》いて力を出《いだ》す」となっており、表現に若干の異同がある。

（3）ネビュラと呼ばれる星雲　星雲（nebula）をめぐっては、太陽系の起源を説明するものとして一七五五年にカントが提起し、一七九六年にラプラスが展開した「カント・ラプラスの星雲説」が知られていた。

三　変異〔趨異〕

〔「万物」という言い方のように〕物の数を「万」とするのは、おおまかに言ったものだ。物の数はもとより万にとどまるわけはない。そして人はその一つを占めている。人とは、動物の中で霊性を持つものであり、霊的でない禽獣や魚類、昆虫と分かたれる。動物とは、生物の中で知覚を有して運動するもので、知覚を持たない植物と分かたれる。生物とは、物質的な存在の中で、四肢や器官を持つもので、それらを持たない金属、玉石、水、土と分かたれる。これらはみな質量を持ち重さをはかることのできるものであり、これらに、質量を持たず重さをはかることのできない音、熱、光、電気などの動力を合わせると、万物の種類がそなわる。要するに、気質[1]〔万物を構成する物質的要素〕なのである。それで人というものは、〔このような〕気質という大本《おおもと》を持ち、四肢や器官を持ち、知覚を有して運動するものが、さらに無形の精神をやどして霊的である。それが、人が生き物の中で最も貴い理由である。とはいえ、人類は貴いとしても、〔前述の内なる〕気質に束縛され、〔外なる〕陰と陽の〔気の〕動きに左右されて、精神を揺り動かされる。〔気質や陰陽によって〕そうさせられていながら〔そのことに〕自分では気づいていないのは、生物と異なることがない。

生物は絶えず繁殖していくが、天はまるでこう命令しているかのようだ。「生まれるものはそれを生んだものに似るように、世代が替わるとわずかに異なったものになっていくように」と。さらに〔生物の〕全身の外側は天地とつながっており、〔天地の間で〕生きていく上で必要なすべてのものは、〔あたかもその生物を〕愛したり憎んだり、拒絶したり受容したりして、いつもそれらに適するものを助け、合わないものを退けるかのようである。そもそも生物は世代ごとに異なったものになっていくが、さらに寒暑、乾湿、風や水、土地や穀物〔穀〕(2)からすべての動植物にいたるまで、その生物と接したり対立したりするものも、またつねにその中で影響を与えているのである。そこで、〔環境に〕適合する生物は順調にすごし、適合しない生物は行き詰まる。適合する生物は長命であり、適合しない生物は早死する。〔それは〕一日ごとに計測しても気づかないが、一年ごとに計測すれば〔そうした例は〕数多くあると分かる。適合していないものはしだいに滅び、適合するものだけが生き残り、種族を伝えていく。これが天の選択〔自然淘汰〕のあり方なのである。

自然淘汰のはたらきはこれに止まらない。生殖とはどのようなものかといえば、子を生み育ててしだいに増やすことだが、倍々で繁殖すれば、実際にどこまで増えるか分からない。しかしながら、土地の生産力に限界があると、生存を支えるにも、つねに制限があり、それを超えることはできない。そのために、通常は、メスとオスが交わって生命を生み出し、祖父から孫の代になると、家族の数は何倍にもなり、限りある資源によって、無限に増える子孫を支えることになってしまう。生物はそれぞれ自身の命を大切にする以上、競争なしに〔資源を〕獲得することがどうしてできようか。必ずしも生存のために必要な資源を争うのでなくとも、自身の形態〔をいかに環境に適したものにするかという点〕ではつねに競争が行われており、〔直接目に見える争いではないために、こうした状況を〕かりに〔互いに〕譲りあっていると見なしたとしても、その効果は競争と等しい。なぜか。〔いずれにせよ、生きるための資源を〕得られる個体はただ一つであり、それを得られない個体が結局多数だからである。以上が、生存競争によって生存を争うという議論が絶対に動かしえない理由である。

逆の方向から探求してみると、もし生命を持つものが、種〔の違い〕はあっても皆同じままで、わずかな変異も全くなければ、進化というはたらきはおこりようがない。進化とはつねに変化が生じてとどまるところがないということである。もし生きていく上で必要な資源が、変異を生じたものに影響を与えることがなければ、自然淘汰というはたらきも無くなってしまうだろう。もし生きていくためのものが、つねに生物の生まれる数にみあうだけ無限にあれば、生存競争という説もまた適用しようがない。競争は必ず不足からおこるのである。そうであるならば、進化がおこっている以上、〔変異、淘汰、競争の〕三つの法則は一つもないがしろにはできない。変異が無く、淘汰が無く、競争が無い、一つでもそうしたことがあるのなら、それはわれわれが今いる世界ではないのである。

【厳復評語】

科学〔格致〕の研究において最も問題なのは、卑近な見聞に慣れてしまい、物事の道理の真相をつねにおろそかにしてしまうことである。例えば生存競争の激しさは、深く思慮し洞察する能力を持つ人士でなければ、その万分の一もうかがうことはできない。

イギリスの経済学者〔計学家〕(3)(〔計学は〕すなわち理財の学)マルサス〔Thomas Robert Malthus, 一七六六〜一八三四〕は次のように述べる。「あらゆる生物の生殖のしかたは、いずれも幾何級数的である(幾何級数は、各項が前項に定数を乗じたものである。もし父が五人の子を生めば、それぞれの子もまた五人の孫を生むことをいう)。もし死亡する数が、生き残るものをはるかに超えるのでなければ、極めて短い間に、地球でさえ空き地が無くなってしまう。人類は子を生み育てる時期がいくぶん長いが、なんとか衣食が足りていると、二十五年でその数は倍になり、千年もたたないうちに、一組の男女が生んだ者が、きっと大陸にゆきわたるであろう(4)」と。繁殖が最も少ないという点で、ゾウに勝るものはいない。以前ダーウィンがその数を計算したことがあった。もしメスとオスの一組が、三十歳から九十歳にいたるまで出産し、その間歳を経るなかで、それぞれ六頭の子を生み、寿命は各々百年であるとすると、七百四十年ほどで、ゾウ一千九百万頭を目にするはずだという(5)。

さらにハクスリーは次のように述べる(6)。地球において水面から上に出ている土地

毎年実際に得られる木の数〔後のハクスリーの所説を参照〕

1年目	1本の木から50個の種子ができる＝	50
2年目	50本の木から50^2個の種子ができる＝	2,500
3年目	50^2本の木から50^3個の種子ができる＝	125,000
4年目	50^3本の木から50^4個の種子ができる＝	6,250,000
5年目	50^4本の木から50^5個の種子ができる＝	312,500,000
6年目	50^5本の木から50^6個の種子ができる＝	15,625,000,000
7年目	50^6本の木から50^7個の種子ができる＝	781,250,000,000
8年目	50^7本の木から50^8個の種子ができる＝	39,062,500,000,000
9年目	50^8本の木から50^9個の種子ができる＝	1,953,125,000,000,000

ただし，〔「＝」の後の数字の単位はいずれも〕平方フィート

イギリスの1平方マイル＝	27,878,400
ゆえに51,000,000平方マイル＝	1,421,798,400,000,000
引き算して得られる不足の地面＝	531,326,600,000,000

は、ほぼ五千百万平方マイル〔一マイルは約一六〇九メートル〕である。かりに〔その土地の〕気温や地味が似ていて、草木が摂取する地下水、太陽の熱、二酸化炭素、アンモニアもみな同じだとする。そこに一本の木があれば、何年かして十分に成長し、毎年五十の種子ができるであろう。これは植物が種子を作る数の中でも極めて少ない数であるが、それらの種子が風にまかせて飛び、それぞれが生きながらえると、各々地面の一平方フィート〔一フィートは約〇・三〇四八メートル〕を占めたとしても、〔生え方が〕まばらで〔想定が広すぎるわけで〕はない。このようにして

計算すれば、九年後、地上のいたるところはみなこの種類の木ばかりになっても、まだ五百三十一兆三千二百六十六億平方フィート不足することになる。これはでっち上げた話ではなく、数値は検証可能であり、まとめると前頁の式のようになる。

　草木の繁殖は、数値上で計算すればこのようであっても、地上の各種の植物は、事実から考えればそうはならない。だとすれば、ここでいう五十個の種子は、せいぜい一、二パーセントが生き残るだけである。さらに、あるものだけが生き残り、それ以外の多くのものが滅びる理由は、聖人でも知ることはできないが、そのような結果になる道理は必ず存在するのである。これがダーウィン氏のいわゆる生存競争である。

　競争によってあるものだけが生き残ることについて、その理由を知ることはできないが、少しく推し量って論じることはできる。もし複数の種子がともに同じ区画に入った時、その中の一つだけ芽吹きが早ければ、半日数時間という短い時間でも、栄養分をすべて吸収することができ、残りの種子の成長をとめるのに十分であろう。そしてある種子の芽吹きだけが早いのは、枝から離れるのが比較的早かったからか、あるいは種皮がやや薄かったからか、そのどちらであってもこうした結果を導くことができる。もし種皮が薄いために芽吹きが早いというのであれば、他日、その種子が生んだ種子の中にまた種皮が薄いものがあって、そのことにより競争に勝つであろう。このようであれば長い時間を経た後、この種皮の薄いものが伝えられて〔新たな〕種となるのである。これがダーウィン氏のいわゆる自然淘汰である。

ああ、生物が生む子どもの数は非常に多いが、生き延びるものはきわめて少なく、生死の間は紙一重である。その種が劣ったものであるほど、その生存はますます難しくなる。これは動植物だけがそうなのではない。アメリカ、オーストラリアの二大陸では、その先住民〔土人〕は日々減少しているが、これは必ずしも略奪や殺害、搾取があってそうなったわけではない。生存の糧《かて》の増加には限界があるので、能力のある者がそれを多く取って裕福になると、能力のない者の取り分はおのずと少なくなって貧しくなる。裕福な者は繁栄に近づき、貧しい者は滅亡と隣り合わせとなるのである。こうしたことから、物事を知り尽くしその機微を見て取ることのできる人士は、種族・民族の存立〔保群〕と進歩発展を図るべきことについて、驚懼の心をいだき魂を動かされるのであり、夷狄〔野蛮〕と中華〔文明〕との優劣について大所高所から論じるだけでは、現実においてはなはだ無益であることが分かる。

訳注

(1) **気質**　気も質も中国思想史上さまざまな文脈で使われる概念だが、ここでは、朱子学的な用語として使用されている。気とは、エネルギーを持ち運動し作用を有する流動体を指し、世界はこのような気の離合集散によって成り立っているとされる。そしてその気が有形になったものが質とされる。前掲の『中国思想文化事典』、一二五、四七七頁を参照。

(2) **穀物[穀]**　『書経』大禹謨では、人民の生活のもとになる材料として「水・火・木・金・土」とあわせて「穀」があげられている。

(3) **イギリスの経済学者[計学家]**　西洋の「経済」という概念は、清末においては、「理財」(『易』繫辞下に見える語)と訳されることが一般的であった。これに対し厳復は「経済学」の訳語として「計学」を採用した。「計学」という訳語は、厳復によるアダム・スミス『国富論』の翻訳である『原富』(一九〇一～一九〇二年)においても使用されている。

(4) **「あらゆる生物の……であろう」**　マルサス『人口論』(*An Essay on the Principle of Population, as it Affects the Future Improvement of Society, with Remarks on the Speculations of Mr. Godwin, M. Condorcet, and Other Writers*, Printed for J. Johnson, in St. Paul's Church-Yard, 1798. 高野岩三郎・大内兵衛訳『初版　人口の原理』、岩波文庫、一九六二年)第二章の内容の要約か。

(5) **もしメスとオスの……を目にするはずだという**　この箇所は、ダーウィン『種の起原』

の第六版（一八七二年）の第三章に基づく。「それぞれ六頭の子を生み、寿命は各々百年であるとすれば、七百四十年ほどで、ゾウ一千九百万頭を」という部分の内容が、第六版から現れていることについては、岩波文庫版『種の起原（上）』、九〇、三八五頁を参照。

（6）ハクスリーは次のように述べる　この後から「これがダーウィン氏のいわゆる自然淘汰である」までの内容と「毎年実際に得られる木の数」の表は、ハクスリーの論文 "On Our Knowledge of the Causes of the Phenomena of Organic Nature" (1863) (T. H. Huxley, *Darwiniana* (*Collected Essays*, Vol. II), Macmillan and Co., 1893 所収）に基づいている。

四　人為〔人為〕

これまでは概ね自然界に例をとった。自然とはほかでもなく、人力によって整えられ、作り出されたのではない状態にほかならない。ここでこういう場所を想定してみよう。奥深い山中や〔人気《ひとけ》もない〕だだっ広い島の中か、はるか遠く、最果ての地にあり、原始以来、まだ人が足を踏み入れていないか、前に開墾されていても長年荒れ放題となっている土地である。今や見渡す限りの草野原で道の跡すらなく、灌木が密生し、手入れしようもない。すると人は「この地はなんと荒廃していることか」というだろう。だが、この草野原なり灌木林は人力によらずに自生したのであるからには、〔この地の〕最適の種であり、自然によって選ばれたものだと知るべきである。

それがある朝突然、人が「雑草を刈り取り、雑木を切り払い」〔柳宗元「鈷鉧潭西小丘記」〕、塀をめぐらし、十畝の地を縦横に〔耕し手入れし〕(1)、さらに美しい花や竹を育て、「九畹《えん》〔畹は十二畝または三十畝、それほどの広さの土地〕に蘭の種をまき」〔屈原『楚辞』離騒〕、「千本もの〔多くの〕橘《たちばな》を植え付ける」(2)〔辛棄疾「水調歌頭・舟次揚州和人韵」〕。いずれもその地にもとはなかったが主人に愛好されたもので、〔それらを〕すべて塀の中へ移植し栽培し、こうして十畝の園林ができあがる。塀の内の植物はすべて外の自生する植物とは判然と異なる。この塀の内には水路やあぜ道、欄干がどれも丹念にしつらえてあるだけでなく、草一本、花一輪にいたるまで意匠がこらされる。まさに、草木は自然の産物であり、塀や建物だけが人による仕事だなどということはできず、すべてが人為だといってさしつかえないのだ。

ただこのような庭園は人手を借りて完成したからにはその保持にもとりわけ人手がかかり、どうしても適宜、手を加えて保護し、日々除草や刈り込みをする必要があり、そうしてはじめてあれこれの美観がつねに保たれよう。もし放置して管理をしなければ、長いあいだには〔庭園の〕外側に山のように〔高く〕屹立していたもの〔塀〕が崩れてだんだん低くなるだろうし、〔庭園の〕中の清流は必ずや日々その流れが濁った泥水で塞がれていく。〔人が移植栽培した草花は〕飛ぶ鳥がついばみ、走りまわる獣がふみつけ、虫たちが痛めつけ、苔むして速やかに枯らされ、この地にもっとも適した蔓草や雑木が、ある場合には隙間をぬってはびこり、ある場合には種が飛んできて根づき繁殖して、そこは百年二百年もしないうちに、建物の土台がなんとか残るのみで、一面の草むらとなり、もとの主人が苦労して丹精したものも徐々に見えなくなる。この青あおと茂る野草はさらに競争に勝ち残って、その生存に適した種を残したということである。これこそ誰もが見聞してきたことであり、〔生存競争で〕おこっていたのはまさにそういうことではなかったか。これを例としたのは、人為とは何かを明らかにしようとしたからで、十畝の庭園、それこそが人為の一例である。

おおよそ、自然が人を生むのであるが、人の身体をめぐっているものを「力」といい、「気」という。人の心に宿るものを「智」といい、「神〔精神〕」という。「智」と「力」を同時にはたらかせて万物を分離したり、集合させたりして、自然のなしえないことをなしとげる。〔人が〕自らなしとげたものを「業」といい「功」といい、それらを統合して「人事〔人が手を加えた成果〕」という。昔の土の器、石の酒樽から今の電車や鋼鉄の艦船にいたるまで、精粗はかけ離れているが、「人事」だという点では同じである。よって人事とは自然のはたらきの限界を救うものである。

けれどもその根本を推し量っていうなら、荒れ放題で自生自滅している草むらのみが自然によって生じたものといえるのではなく、こうした花や木や亭や塀《あずまや》にせよ、われわれが手を貸し調節してつくりあげたものもみな天帝〔自然〕の力によるのではないか。「人の技巧は天然にまさりうる」〔成語「巧、天工を奪う」をふまえる〕というのも、もちろん全くのでたらめだというわけではないが、この、髭がはえ目が横になっていて、(3)手で摑《つか》み、足で歩く〔人類という〕存在も、かの蒼天から与えられたものである。しかもそれは身体的なものだけがそうだというのではない。智恵・思慮をめぐらして才となし、品行を規制して徳とするのも、およそ〔人類が〕草木禽獣と異なる点はなにもかも〔天から与えられた〕人の守るべき道徳、万物の法則であり、〔人類は〕天命から逃れて独り尊いわけではない。ここからいえば、人類の中で群を抜いて優れた聖人も人民のなしえなかった事業をなしたにせよ、その本性、善なる性を〔天より〕受けたということから論ずれば、もちろん昆虫・草木とまさしく同類であり、貴賤が異なってはいても、要するに進化に包括されている。これが科学者の共通の見解である。

【厳復評語】

本章では、動植物が人の力を借りずに自生すると、その地に最適の種となる、という。この説はもっともである。しかし、それぞれの事例を個別にわけてみることを知らないと、人を誤らせることになるのは論じておかなければならない。ハクスリー氏がここで最適だとして示すのは、たかだかもとの土地に前からあった諸種の中でその最適なものをあげているだけである。そういう点でいえば、その説はもちろん、正しい。なぜなら、最適でなければ、その種だけが生存し栄えることはできないからである。けれどももしこの種が以前にはなかった新種と争った場合、その勝負の命運、それがなおも最適のものとなりうるかどうかは、まったく分かりはしない。たいてい、周囲四方に開けた地は、はるか遠くまで地続きで、すると新種の往来がたやすい。その生存競争たるや、時間的にかなり長く続き、集まる種も多くなる。島国として孤立しているとか、その国が内陸にあっても雪山や砂漠に遮られているとかという場合には、そこの現存種は生存競争が比較的狭い範囲で行われ、暫くは最適となる。しかし、外部からの種が闖入《ちんにゅう》してくると新たな競争がさらに起こり、往々にして、長い年月がたつと古い種は次第に滅び、新しい種が次つぎにとってかわって盛んとなる。これは船や車の交通往来が盛んになってのちは、珍しいことではなく、よく見られることである。

たとえばアメリカ大陸にはもとウマはいなかったが、スペイン人が運び込んで共に入ってきてのち、今では家で飼っているだけでなく、山林に逃れて野生化し、群れをなして繁殖した。オーストラリア大陸やニュージーランド諸島にはネズミはいなかったが、ヨーロッパ人が足を踏み入れてきてから船中のネズミが上陸し、今では、いたるところにネズミがいてヨーロッパとかわらなくなった。ロシアのコオロギの旧種は大きかったが、西域の安息〔もとは紀元前三世紀ごろイラン高原に成立したアルサケス朝パルティアのことだが、ここではその地域を指すとみられる〕の小コオロギが入ってくると旧種を駆逐し、旧種は今では珍しくなってしまった。スコットランドには昔はガビチョウ〔スズメ目チメドリ科の鳥〕がいて鳴き声がことによかったが、後には突然、斑《まだら》もようのガビチョウがどこからともなくやって来て、鳴き声は悪いが繁殖して、鳴き声がよい方に打ち勝ち、鳴き声がよいものは日増しに少なくなっていった。オーストラリア大陸の地バチには針がなかったが、針のある巣バチが入ってくると、針のないものは数年もしないうちに滅びた。

植物についていえば、中国のサツマイモは〔フィリピンの〕ルソン〔呂宋〕島から入り、黄占〔占城稲、チャンパ米のことか〕はチャンパ〔占城〕〔現、ベトナム中南部〕から入り、フトモモ〔蒲桃、果実はリンゴに似る〕やウマゴヤシ〔苜蓿（Medicago）〕は西域から入り、ハトムギは〔インドシナの〕日南〔現、ベトナム中部〕から運び込まれた。これらは諸史書に記載されている。南米の外来ユリは西洋では、カードゥーン〔Cardoon, キク科アザミ亜科〕とよばれ、地中海の東海岸の原産だが、ひとたび移植されると、今や南米のラプラタ川流域に何十何百〔中国〕里[4]にわたってはびこり、見渡すかぎり、他の草木はないほどである。他にも、ヨーロッパからインド、オーストラリア[5]に入った動植物はなお多く、しばしば十年以上たつとその地域にいきわたり、原産地以上に繁殖した。

このように動植物には土地がかわってもうまくいくものがある。原産種こそが最適だとは必ずしもいえないのである。ああ、それならば動植物だけがそうなのだろうか。もし土着のものが最適だというなら、アメリカのレッド《マ》・インディ《マ》アン〔紅人〕やオーストラリアの黒人〔黒種〕〔アボリジニーを指すと思われる〕は、どうして〔他民族と〕交通往来するようになって以来、年々数が減っていったのか。ベーリング海のカムチャツカでは以前には原住民が何十万もいたのに、最近ではわずか数万、残存率は十分の一に及ばない。これは、ロシア人から直接聞いたことであり、さらにこれ以降、おそらくますます減少するだろうという。生存競争が起こったからには、敗北者はどんどん減少するのであり、たかだか人口が多いという程度のことでたのむにたりるか、いや、まったくたのむにたりない。

訳　注

(1) 十畝の地を縦横に〔耕し手入れし〕 畝の広さについては「導論一」注(1)参照。なおこの部分の表現は『詩経』斉風・南山を踏まえる。

(2) 千本もの橘を植え付ける　三国時代、丹陽の太守李衡が、子孫のために橘千本を植えた故事を踏まえる。

(3) 髭がはえ目が横になっていて　原語は「冒耏横目」(『厳復全集』巻一、九一頁)。ここでは人類を示すが、古くは西域人を指すこともあった。前掲「時勢の激変について」(「導論二」注(1)参照)では「西方の異人」(原語「横目冒耏」)の意に用いている(日本語訳、三三二頁)。

(4) 里 「導論二」注(1)前掲の「権度法」の換算基準にしたがえば、清代の一里は五七六メートルとなる。

（5）オーストラリア　原語は澳斯地利《オーストリア》（『厳復全集』巻一、九二頁）だが、澳士大利亜《オーストラリア》の誤記とみなし、「オーストラリア」に改めた。

五　天人の争い〔互争〕

こう批判する者がいるだろう。「本当にこの言の通りならば、人治と天行はどちら[1]も同じ進化だということになる。そもそも論理学〔名学〕の原則では、互いに対立しない事象を「同じ」といい、互いに背反することのないはたらきを「同じ」というが、前章に論ずるところからすれば、〔人治と天行の〕両者は対立し背反しあうことは明らかで、〔無敵だという〕矛で〔無敵だという〕盾をつくという〔『韓非子』難一にある「矛盾」の挿話の〕ように、互いに相容れず、結局、逆方向を向いていて、一致することができないものだ。そうだとすると、論理学の原則も、時には当てにならないこともあるというのか」。答えていう。「前章で明らかにしたことは、いずれも事実において立証されているものだ。もし論理学が「互いに対立し背反し、起源を異にしているので、人治と天行の双方ともが同じ進化だとはいえない」というのであれば、間違っているのは論理学の方だ。原理原則というものは事実に照らして確かめられるものであり、事実がこうだとすれば、それを曲げることはできない」。

庭園やその中の建築物は、人の力が作ったといってもよいが、自然の機制がはたらき、その導きによって、人の力を借りて作られたといっても間違いではない。ただ、人の力が加えられた後には、天行は時と所を問わず、その成果を破壊し、何としても旧観に復させようとしつづけるに違いない。もし、庭園を管理する者がつねに注意を払って保持することができなければ、長い時間を経た後には、その成果は必ず無に帰してしまう。これは必然的なことで、いかんともしえないことだ。

例えば、川にかかる鉄橋と川に沿ってある石の土台は、どちらも天然の素材と人の技術が結びついて作り上げられたものである。しかし、朝に暴風が吹き過ぎれば、〔鉄橋の〕重要な部分がいつのまにか損なわれ、夕べに波頭がかかってくれば、土台が微かに揺れる。さらに、気温の変化によって膨張や収縮をすれば、接合部が緩まざるをえないし、氷霜が知らぬ間にひろがってゆくと、銹《さび》が浸潤していくことになるはずだ。また〔日々の通行の〕揺れによる損傷があることはいうまでもない。そのため、橋は毎年点検して修繕し、石の土台も適切な時に補強せねばならず、そうしてはじめて長期にわたって利用できるのだ。

したがって、人の力を借りて事を成就するのは天であり、天から与えられた資質によって功業を遂げるのは人であるが、事が成就し功業が遂げられた後は、天と人は互いに対立しあうことになるのは必定であり、あたかも〔天は人の手が入る前の〕もとの状態に戻さないと気が済まないかのようである。それは先に挙げた一、二のことのみでなく、小さいものは園芸や牧畜のような細かなこと、大きいものは個人や家族の道徳から国の政治のような重要なことにいたるまで、いずれも天と人が相争うことばかりである。〔天と人は〕その根本はもとより一つであるが、〔両者がもたらす〕結果は分岐している。私のいうことを疑問に思うのであれば、弓を引くところを見るとよい。弓を引く者の両手は、左手を突っ張って支え、右手を曲げて引く。力は同じ一人から出ているが、左右は正反対の動きをしている。ならば、天行と人治が対立していたとしても、どうしてその根源が同じであってはならないのか。根源を同じくしていながら互いに対立する。これこそが変化が生じる理由だろう。

【厳復評語】

第四・第五章において、スペンサーとハクスリーの二人の政治についての議論の違いを見ることができる。スペンサー氏が政治について論ずる場合、その主旨は「自然に任せる〔任天〕」ことにあり、人為による事柄はあくまで補助的なものだとされ、それは黄帝・老子が[2]「自然を明らかにし、在宥〔自然のままにあること〕を忘れない」としているのに似ている。ハクスリー氏が他のところで著している内容も、九割方、自然に任せるという説を主としているが、この書においてだけは、〔自然に任せるという説を〕このように批判している。おそらく自然に任せるという説を主張して度を越した者のために述べているのであろう。スペンサーの言葉に次のようにある。[3]

「人は食事をとるべき時には、自ずと空腹を覚え、食べたいと思う。もしも今、「空腹になったら食べたいと思う」という自然のありかたを取り除き、優れた医師が飲食の道理を深く究明し、学問に〔しかるべき〕課程があるように、飲食について〔相応しい〕程度を定めたとすれば、たとえどれだけ精密で適切な程合いのものであったとしても、食べることを忘れて死ぬ人が続出することだろう。また、動物はいずれも自分の子孫を慈しむ。だからこそ種が伝わってきたのだが、もしも今、自然に子どもを愛するという気持ちを取り除いたら、たとえ世代をつないでいくことが重要だと深く諭し、強く戒めたとしても、人類はとっくに滅びていただろう。これはとりわけ明明白白たることだ」。

このことから推測すると、人が生きていく中で、自分の身を保ち、種族を保持し、社会を構成〔合群〕し、進歩発展させるにあたってなすべきことのすべては、いずれも〔人間に内在する〕自然が陰で駆り立て、潜《ひそ》かに導いていて、事柄が重大であればあるほど、そうした〔自然のはたらきの〕役割も大きなものとなる。もし、この自然の機制を棄て、学問によって理解されたもので置きかえ、知識を得てからでなければ行動させないようにしたら、日常的な行為からして極めて混乱した、複雑でとらえがたいものとなってしまい、たとえ聖人がいたとしても、一日たりとも立ち行かなくなる。

ここでこう批判する者がいるだろう。「本当にそうならば、世の中に〔自然な〕情欲に任せて行き過ぎる者がしばしばあるのはなぜか」。答え〔は以下の通りだ〕。「情欲に任せて行き過ぎになるのは、その初発の段階は必ず〔自然な〕情欲に違背したものである。空腹になれば食べ、食べて満腹となるが、満腹になってもなおも食べてしまう。喉が渇いて飲み、飲んで喉の渇きがやむが、喉の渇きがやんでもなおも飲んでしまう。〔こうした自然な情欲と〕異なることが長く続くと〔それが〕習慣となる。習慣が形成されてしまうと、日ごとに抜け出すことができなくなり、〔行き過ぎによる〕害が生じるのである。ゆえに、あなたの言うのは習慣に任せるということであり、〔自然な〕情欲に任せることではない。もし当初から〔自然な〕情欲〔の範囲内〕で止まっていれば、どうして行き過ぎが起こりうるだろうか。学問というのは、〔自然な〕情欲の範囲におさめ、〔行き過ぎた〕習慣を形成して健康を害《そこな》うことが無いようにさせるためのものである(4)」。

スペンサーの「自然に任せるという説」は、ほぼ以上のようなものである。

訳　注

（1）人治と天行　『天演論』において「天行」の語は「cosmic process（宇宙過程）」の訳語として多く使用されている。ハクスリーは「宇宙過程」について、「生存競争」「自然淘汰」という進化の原則が貫徹する無慈悲で無目的な自然という側面を強調する一方、人間の作為によって「宇宙過程」に抗することに価値を見いだしており、特に人間社会の倫理性を高める過程を「ethical process(倫理過程)」と表現している。ただし、ハクスリーは「宇宙過程」に抗する人為的な過程として、本章の庭園や橋の例のように必ずしも日本語の「倫理的」という表現に馴染まない人工物も挙げている。

厳復が「倫理過程」のみでなく、「倫理的」とはいえない人為的な過程も含めて「人治」という訳語を用いていること、さらに「天行」「人治」という漢語が日本語では通常使用されていないことなどに鑑み、日本語訳においても、厳復の翻訳の趣旨を反映して、特に支障の無い場合は、「天行」「人治」の語を『天演論』独自のタームとしてそのまま用いることとした。

(2) **黄帝・老子**　黄帝は中国の伝説上の帝王でいわゆる「五帝」の最初に位置づけられる。黄帝と道家思想の始祖とされる老子を結びつけた「黄老の学(黄老思想)」は、前漢初期(前二世紀前半)に政治思想として流行した。『老子』第二五章に「人は地に法《のっと》り、地は天に法り、天は道に法り、道は自然に法る」とあるように、「自然」を宇宙の根本原則とみなし、政治においては「無為」を尊んで、君主が民に過度に干渉することを戒め、基本的な法に委ねて簡素な政治を行うことを主とした。ここで厳復が挙げる「自然を明らかにする」「在宥を忘れない」というのも、それぞれ黄老思想の特徴の一面を指したもの。

(3) **スペンサーの言葉に次のようにある**　現時点では、厳復による以下のスペンサーの「自然に任せるという説」の要約がどの原著にもとづくものかは未詳。

（4）「情欲に任せて行き過ぎになるのは……」「過食」については、スペンサー『倫理学原理』第一巻第三部第四章"Nutrition"に言及がある。ただし、その内容はこの厳復の評語と完全に一致しているとはいいがたい。

六　人為淘汰〔人択〕

天行と人治がつねに対立するのはもちろんのことだが、人治が効果をあげるのはまさに天行に反するからこそである。どのようにしてそれを証明するのか。天行は生存競争によって作用するが、人治とは生存競争させないことを目的とする。天行は万物を変化させる仕組みを動かし、もし既存の状況のままであれば、万物はおのおの生存を争い適者が勝ち残る。さらに競争によって勝ち残ったものは強く、強いものは繁栄する。勝ち残ることができないものは弱く、弱いものは滅びる。すべては確実無比な法則のもとで、万物それぞれが自らなすことに任せるのである。人治の方はそうではなく、どのようなものを育てたいかを決め、〔人は育てたいもののために〕全力を尽くし、適切な環境を作りだして、〔それに〕扶助や保護を与え、生き残って長らく栄えるようにさせる。

以前に挙げた比喩で言えば、そもそも植物の繁殖は極まりなく、つねにごく狭い土地で、その養分や水分が一本〔の草木〕が育つのに足りるだけしかないところに、何十、何百本もの草木の新芽がその中へつめこまれて、成長するために争う。さらに旱魃《かんばつ》や水害、颪や霜がいためつけることで、弱いものをとり除き強いものを育て、一本の草木だけが独り栄えるに至るが、〔それは〕この草木が並はずれて堅強であったからだけであろうか。いうまでもなく、環境の変化に適応する能力を具えているのは確かであるが、そのうえさらにたまたま幸運に恵まれたということでもあろう。そのようであってはじめて〔その草木は〕繁茂して生き残り、手で握れるほどの太さの細い樹木から枝葉が生い茂る巨木にまで成長する。生存を目指して競争するのはこのように困難なことなのである。では人治の方はいったいどうであろうか。天行において生き残るものはもとより現在の条件の下での最適者である。しかし、人間からみれば、この最適者とは必ずしも最も美しくて有用なものではない。したがって人治はいつも人による選択から始まる。

草木にたとえてみれば、〔人は〕必ず自ら好むものや利益になるものを選んで植える。

植えたからには必ず土地を十分に肥沃にし、虫や鳥に食われたり、ウシやヒツジに踏みつけられたりしないようにし、旱魃になれば水を引いて灌漑し、霜が降りればムシロをかけ、愛護し保持し、何としても成長し繁茂するようにする。なぜであろうか。もちろん人はこうすれば大きな利益になると考えるからである。もし〔それから収穫される〕果実や〔その樹木がもたらす〕木陰がいつも主人の気に入るものであれば、ますます長く愛護し保持することになる。もし天時〔自然環境〕・地利〔土地の性質〕・人事〔人の仕事〕が当初と大きく変わらなければ、主人がその樹を守るためにかけた手間〔の効果〕も、その樹〔が繁茂すること〕によって長く維持されていく。これは人間が自然に勝利するということである。

けれども、人間が自然に勝利するのも僅かなことでしかない。もし管理している庭園が大河のほとりにあり、〔河が増水して決壊箇所を塞ぐための薪ばかりでなく〕竹綱までが足りなくなって(1)、水没する恐れがでてくることがあれば、園主は自分の命すら危うくなり、樹木にまでかまってはおられない。後日、河の水が引いても、果てしなく平らな砂原となり、茅と蘆のほかには何ものも生長することができない。またもし地軸が次第に転じて、その地が凍土にかわれば、そうした草木もまた植えようがない。これは自然が人間に勝利するということである。

自然と人間とは、いつもこのように交互に勝利する。人治が効果をあげるのは天行に反するからだというのは、生長を助けたり、取捨選択したりして〔人間にとって〕善いものを生き残らせるということであるが、〔それも〕必ず天行の力に依存してこそ〔こうした〕人治を実現し、所期のものを獲得することができるのである。生物の種は互いにせめぎ合い、さらに、それぞれ祖先に似ていながら、世代ごとに少しずつ変化する。変異が発生するので、ここで人による選択が加わるのだ。たとえば、園芸家は果実や花や葉に気にいらないところがあれば、悪い種を除き善い種を選ぶことを繰り返す。〔人による選択が行われても〕生存競争は依然として変わらない。ただ〔人の選択が加わる〕前の競争は自然に適応することを競い、後の競争は人に適応することを競うのである。〔生存競争の結果として〕生き残るということは同じだが、生き残った理由は異なる。このようなことが累積していけば、〔人間にとって〕悪いものは日々消滅し、善いものは日々増え、その結果は期待をはるかにこえるものがある。これを人為淘汰〔人為選択〕という。人為淘汰をして効果を上げるためには必ずその物の性質をよく理解しなければならない。ああ、これこそまさに人口を増やし、富強を実現するための秘術であり、軽率な者には語らぬよう、慎重でなければならない。

【厳復評語】

ダーウィンの『種の起原』では次のように言う。(2) 人為淘汰の技術は、園芸や牧畜において効果が著しい。この技術を用いる者は対象となる集団を進化あるいは退化させることができるだけではなく、原種が分からなくなるまでに変化させることもできる。〔育種者の〕作業は、そのイメージにしたがって追求していけば、期待される品種が得られるのも時間の問題である。かつてサクソニー(3)でヒツジ鑑定を見たことがある。毎月三回ヒツジを台の上に置き、体格、毛、角の品質を詳しく一つずつ調べるさまは金石学者(4)が古器を鑑賞するのとそっくりだった。この技術の要は微細な変異を識別して所期のものを選び、〔この些細な変異を〕累積して〔期待する品種を〕生み出すことである。しかしこの技術を使うのは最も難しく、卓越した手腕を持ち、わずかな違いを見極めなければ、望むものが得られない。このような能力を持つ者は、千名の牧羊者のうち一人を見いだすのも難しいだろう。もしこれができて、さらに技巧を熟練させれば、数年のうちに必ず巨万の富が得られる。〔それは〕ヨーロッパにおけるヒツジとウマの飼育において特に顕著である。時には〔人為的に変異を生じさせるために〕種付けの方法も用いられるが、〔血統のいい〕上質の品種は価格に際限がないほどである。しかし、効果が得られることは少ない。効果を得るためには、メスとオスの種が近くてこそ良い品種が生まれ、また「先祖返り〔反種〕」〔「導論十六」の「厳復評語」参照〕という問題が生じない。牧畜の場合は以上の通りだが、〔こうした点は〕園芸もまた同じである。ただ園芸の方がやや易しいのは、品種の進化が概ね早く、選択が容易だからである。

訳注

(1) 竹綱までが足りなくなって　『史記』河渠書の、河伯が堤防の隙間を塞ぐ薪が足りなくなったため、かわりに竹を用いた故事をふまえる。

(2) 『種の起原』では……　以下の内容は岩波文庫版『種の起原(上)』第一章にみえる。同書には「サクソニーでは、メリノ種のヒツジにかんする選択の原理の重要性がよく知られていて、人々がそれを職業としているほどである。ヒツジは台の上におかれ、美術鑑定家が絵画をみるようなふうをして、しらべられる。これが数ヵ月ずつの間隔をおいて三回おこなわれ、そのたびごとにヒツジに印をつけて級をわけ、最良のものが最後に育種用にえらばれる」(四八頁)との記載があり、卓越した手腕をもつ育種家が得がたいことについては、「優秀な育種家になりうるだけの正確な目と判断力をもった者は、千人に一人もいない」(四九頁)とある。

(3) サクソニー　ドイツ南東部ザクセン(Sachsen)の英語名。一七六〇年代からザクセンは羊種改良の進展によって、牧羊業が著しく発展し、一八三〇年代までにザクセンのメリノ羊毛は世界的名声と市場を持っていたといわれる。

(4) 金石学　中国古代の金属、石などに刻まれた金石文、石像、碑文、墓誌、画像などを考察対象とする学問。

七　成功と失敗〔善敗〕

進化の学説は、さらに荒れ地の開墾にたとえると、その理屈はいっそう明白で分かりやすくなる。いま仮に、イングランドの数十数百の民が、本国の人口過剰で生活が苦しくなったため、意を決して新天地の開墾に赴いたとしてみよう。人びとを船に満載し、オーストラリア大陸南方の島タスマニア[1]というところ（オーストラリアの南に小島がある）にいたって船を捨てて上陸したが、およそ見聞するもの、水中や陸上の動植物やさまざまな人種、寒暖乾湿の気候にいたるまで、すべてイギリスとは大きく異なり、一つとして同じものがない。この数十数百の民は、粗末な車に乗りぼろぼろの服を身にまとって荒れ地を切りひらき〔『春秋左氏伝』宣公一二年〕、山野を焼いて猛獣や虫蛇を追い払い〔『孟子』滕文公上〕、人間となわばり争いをさせないようにして、百里の範囲は一つの町のようなものとなった。さらに、その〔開墾地の〕ためにイギリスの穀物の種をまき、イギリスの果実を植え、イギリスのイヌ・ヒツジ・ウシ・ウマを連れてきては放牧して子を産ませた。こうして百里の内と外とでは、民族がかけ離れていたばかりではなく、動植物までもが大きく異なるものとなった。これらはみな人が行ったことであり、自然がしつらえたのではない。

したがって、その仕事は先に庭園に喩えたものと大小の違いはあるが、その理屈は同じである。ただ、人の行為によるものができたからといって、その土地の天行に変わりはなく、生存競争にも変化はない。ごく短期間の人の行為を通して、数千年、数万年の天行の中に突如あらわれてこれに対抗した場合に、小さな勝利によってかろうじて存続してゆくのか、大きな勝利を収めて日々発展するのか、それとも敗れて跡形もなく消え去るのかは、ひとえにかの数十数百の民の行為によって決まる。もし力を合わせ協力してつねに公の利益をもとめるようになり、親への孝養や死後の葬礼〔『孟子』離婁下〕といったことが着実に行われてわが身の安らぎが得られ、人材の推挙選任や賞罰のきまりが明確になって〔社会の〕気風を安定させることができれば、数十数百年を経ずして、立派に国が成り立つのである。一方、土着の動植物や民のうち、

〔植民者が〕手なずけられるものはみな次第に〔新しい環境に〕なじんで安住できるようになり、かえって植民者自身の役に立つようになる。

もし、この数十数百の民が怠惰にして軽率、暗愚な薄情者であって、友となって助け合うことができず、逆に互いの抗争に精力を使い果たしたとすれば、主客の勢力に差がある以上、旧来の種の方が当然有利となり、滅亡の禍《わざわ》いがたちまちのうちにやって来るはずだ。〔植民者が〕ともなってきた穀物や農作物、果実、ウシやヒツジにしても、保護されずに消滅するか、〔周囲に〕とけこんでしまい旧来の種と同化する。数十年とたたぬうちに、ただ険しい山や深い河を目にするばかりとなり、荒れ地を開く事業は廃れてしまうのである。これはつまり、〔人間が〕自ら〔作物や家畜などに〕最適の状態を実現することを理解せず、そのため〔作物や家畜が〕自然によって選ばれなかった、といっていいだろう。

【厳復評語】

昔から開拓に秀でているか否かで、民族の高下を最もよくうかがい知ることができる。西洋は明代以降、オランダ・スペイン・ポルトガル・デンマークなどがいずれも航海にのりだし、新しい土地を獲得することができた。ところが、最後にイングランドの民が独り開拓という点において頭角をあらわし、以前の数か国はそれにくらべ、はるか後方にとり残されて目をみはるばかりとなった。西にはアメリカ、東にはインド、南には喜望峰〔ケープ植民地〕があって、その面積をあわせれば、ほぼユーラシアに等しい。それは単に〔イングランドの民が〕航海に長《た》け商業が上手く、狡猾で意志堅固だったためだけでそうなったのではなく、さらにその民が自らを統制することができ、社会を統合する〔合群〕方法の理解において勝っていたということだ。そもそも、覇道〔武力・権謀をもちいた統治〕による支配者のもとにある民は、〔支配者に〕治められるばかりで自治というものが分かっておらず、そうであれば土地を与えてもそこに長く居つづけることはできない。天下を覇道によって支配していた時代には、君主が辺境に領土を拡げたとしても、民がその地を開拓することはなく、フランス・プロイセン・オーストリア・ロシアがかつて土地を拓くことがなかったのもまさにこのためである。フランスは乾隆〔一七三六〜一七九五年〕・嘉慶〔一七九六〜一八二〇年〕の時代以前には、まさに覇道による支配者の権力がとどまるところを知らない国であった。中国の二十余りの租界で、そこにいるイギリス人は多くとも千は超えず、少ない場合には百にも満たないが、制度は整然として、その堂々たるさまはまるで国家に匹敵するほどである。わが福建・広東の民(2)で南洋〔東南アジア〕・アメリカ大陸に赴いた人間は数十万に上るが、結局は奴隷とされ駆逐されるばかりである。実に悲しいことだ。

訳　注

（1）タスマニア　イギリスによるオーストラリアへの植民の歴史は、一七八八年の第一船団の到着によって正式に幕を開けたが、タスマニア島では一八〇三年より流刑植民地が建設され、入植が始まった。その後、一八二五年にニューサウスウェールズから分離し、流刑の停止を経て一八五六年には自治政府が樹立された。

（2）福建・広東の民　一九世紀半ば以降、国内の人口増加やアヘン戦争後の社会的混乱をうけて、華南地域、とりわけ沿海部の福建・広東両省から多くの移民労働者が海をわたった。

八　ユートピア〔烏託邦〕

さらに、この数十数百の民の中に、かりに傑出した者が一人いて、その聡明さ、知恵や思慮において誰よりも優れており、それはちょうど一般の人間が獣よりも優れているようなものであったとする。幸いにしてその人が多くの人びとから推挙されて君主となり、〔人びとから〕人治を必ず進展させ、天行によってうち負かされないようにすることを期待されたとすれば、この君主となった者の施策はどのようであるべきか。やはり庭師による庭の管理を手本とするほかない。庭師は自分が育てようとする草木が育つのを望んで、それらを傷つけるものをすべて刈りとり根絶やしにする。聖人も統治が立派なものになることを望んで、その民に有害なすべてのものを必ず撲滅したり制圧したりして、〔有害なものが〕その民と生き残りを賭けて争うという状況が生じえないようにする。ゆえに未開時代の君主は、荒れ地の雑草や猛獣、そして異族〔戎狄〕に対して、それらを焼き払い、追い出し、討伐したにちがいない。その君主が高い地位につけたり選抜したりして政治の補佐にあてるのは、賢者にほかならないはずだ。それもちょうど、庭師が栽培し保護しようとする果実、花、草が、口に合うものや見た目が美しいものなのと同様である。さらに、その民が智力をあわせて外部と争うことを望むからには、決して民同士が争って自身の勢力をそいではならない。そこで民がなぜ争うのかという原因を探求し、争いはいつも〔生存に必要な手段の〕不足に起因すると考えて、民が一定の生業により収入をえられるようにし、民に各々暮らしを立ち行かせ〔程顥「論十事劄子」をふまえる〕、力を持ち、ずる賢い者に併呑されるのではないかと戦戦兢兢とし続けることがないようにさせる。国中で皆が認める是非〔の基準〕を拠り所とし、それによって刑と礼を定め、民に各々所有物の範囲を理解させ、互いに侵害や略奪をしないようにさせる。そうすることで太平の統治の基礎が築かれる。

人間の行為によって天行にさからえば、その成り行きとしてもちろんつねに〔天行によって〕苦しめられることがある。苦しめられたままであれば、統治や教化は進まず、民の暮らしは立ち行かなくなる。民が生きていくのに適した状況になるようにして民を助けてこそ、その事業は長く続き立派なものとなることができよう。そのため民が寒暑晴雨に苦しめられれば、衣服や家屋を与えて対応させた。民がひでりや洪水に苦しめられれば、貯水池や排水溝を与えて対応させた。民が山の険しさや川の深さに道を阻まれて物資の運搬が難しければ、道路や橋、水運や陸運を設け、船や車を作った。蒸気機関や電気の機械を作って、人や家畜の作業効率を倍増させた。医療や薬物を備えて、民の流行病や夭折を救った。刑罰や禁令を作って、強者と弱者、智者と愚者のあいだでの欺瞞や争奪を防いだ。陸海の諸軍を作って、異民族や強大な隣国が侵入し、侮辱されるのを防いだ。このようなすべての措置はいずれも、民力が〔天行に〕苦しめられることがあるのに対して、〔民のために〕適した状況を作りだし、民の自然に対する依存を日々減らし、人が自力に頼れることが日々増えるようにしたのである。

さらに、聖人は、人を治める人が、本来、治められる人から出ることを知っている。あくどくてずる賢い民からは清廉で公正な役人は現れず、怠惰な人びとからは英明勇敢な君主は生まれない。ゆえに大いなる統治の隆盛を望むのであれば、民力・民智・

民徳の三者のうちに必ず根本を求めなければならない。そこでさらに各種の学校を作ったのである。各種の学校の制度が整ってこそ、智・仁・勇〔『中庸』をふまえる。人がいかなる場合にも常にふみ行うべき三つの徳〕をそなえた民が育成され、智・仁・勇をそなえた民が生まれれば、社会が一致団結できるようになり、そうしてのち、その国はひとたび富めば貧しくなることはなく、ひとたび強くなれば弱くなることはない。ああ、国の統治はこのような段階にいたってこそ十分なものとなるのである。

このように、〔国を治める〕方法がどのようなものかを見ると、わが庭師が草木を育てるのと、そのやり方は異なってはいない。もし地球上にこのような国があれば、その民は温和で心がゆったりと落ち着き、その国が有する物は、みな民の欲をみたすことができ、先述の天行の中での生存競争の残酷さは、その国ではいずれも起こらず、人治のみが尊重され、あらゆる場で自身の力を頼りにできて恐れることがない。草木の一本や禽獣の一匹といった些細なものにいたるまで、〔人の〕感情を楽しませ役に立つものであり、〔人にとって〕利益はあっても害はない。さらに、学校がさかんになり、刑罰が適切で、人材登用が公正であるため、その民は、悪い者が日々少なくなり、良い者が日々多くなる。次第に各々がなすべき職分やもちまえの性分を知り、分担協力して、互いに支えあえば、政治も教化もこの上なく素晴らしい状態へと進む。このような社会は、古今の世の中には存在したことがないもので、それゆえにユートピアと呼ぶのである。ユートピアとは「そのような国はない」ということであり、想像上にのみ存在するものである。しかしもし後世においてユートピアが本当に出現するとしたら、それをもたらすのは、あるがままの天行に任せたからではなく、人治において尽力したからであることは、はっきりと理解できるのである。

【厳復評語】

この章の議論では、「聖人は、人を治める人が治められる人から出ることを知っている」以下の十数語が最も透徹したものだ。ヨーロッパの政治学者はみな、立派な統治は草木のようなもので、民智は田畑のようなものであると考える。民智が開けたからには、命令を下すことは、流れゆく水の源のようなもので、立派な政治は実現を期待せずともひとりでに実現し、さらに、もしひとたび実現すれば廃れることはない。民智が開けていない場合は、第一に、立派な政治があったとしても、〔それを支える〕土地がかわると良い結果をうまず、淮河以南の橘《たちばな》が〔淮河以北に移植すると〕枳《からたち》になってしまうようなことになる。(1) 第二に、〔統治者として〕立派な人物がいればよい政治が行われるが、そのような人物がいなくなればよい政治は行われなくなり〔『中庸』〕、どれほど尽力しても、一治一乱の形勢をなすのみである。以上はみな各国において歴代検証されてきたことである。

スペインの民はことに宗教を信仰し、知的水準が低かった。それゆえ、明の嘉靖〔一五二二〜一五六六〕・隆慶〔一五六七〜一五七二〕年間にフェリペ二世〔在位、一五五六〜一五九八〕を王として戴いて大いに強くなり、スペインの民はアメリカ大陸に到達して、南アメリカを占拠し、ヨーロッパもほとんど支配した。南洋のルソン島〔フィリピン諸島最大の島〕がフィリピンと名付けられたのは、スペインが獲得した土地をフェリペ二世の名にちなんで名付けたのである。だが、万暦〔一五七三〜一六二〇〕の末年《ママ》になってフェリペ二世が死去すると、その後継者が愚昧で柔弱であったため、国は大いに弱まり、ヨーロッパですでに獲得していた土地をすべて失い、貧困や飢饉で民の生活が立ち行かなくなった。それが乾隆〔一七三六〜一七九五〕初年《ママ》にいたると、カルロス三世〔在位、一七五九〜一七八八〕が国政を執り、二十余年集中して政務に励んだので、国勢も盛り返した。しかし民智が開けておらず、結局十分なものとはならなかった。そのため、乾隆五十三年〔一七八八〕にカルロス三世が死ぬと、国はまた大いに弱体化した。道光〔一八二一～一八五〇〕・咸豊〔一八五一～一八六一〕年間以来、ヨーロッパ諸国は、政治や教化が大いに発達し、スペインがその中で国を存立させていくには、自らを鍛え励まないわけにはいかないが、今にいたるまでなお二流国にも達していない。

政治を行う際、民智の高低こそが、その難易を決定する。たとえば、イギリスが行った〔輸出入にかかる〕税をなくすことなどは、経済学をよく理解する者がそれを主張して久しかったが、結局誰も実行できなかった。それはその道理がとても深いものであり、国民がどうしても理解しなかったからである。のちに経済を分かりやすく説く書物を郷村、民間の学校に配布して学習させようという議論がおこり、道光年間にいたると障害が取り除かれ、その法令はひろく行われ、国全体がその利益を享受したのである。(2) 政治を議論しながら民の教化から始めずに、ただ「庶民はともに成就を喜ぶことはできるが、ともに事のはじめを計画することはできない」〔『史記』商君列伝をふまえる〕とか「尋常ではないことの始まりは、民衆に恐れられる」〔『史記』司馬相如列伝をふまえる〕と言うだけでは、いずれもその場しのぎの政治であり、その国を生存競争で生き残らせることはできない。

訳　注

（1）淮河以南の橘が……　環境の違いによって物事の性質が変化してしまうほど、物事にとって環境が重要であることの比喩。ここでは、善政の成否は民智しだいであること。『周礼』考工記序をふまえる。

（2）たとえば、イギリスが……　アダム・スミスの自由貿易の主張と、それをうけた一九世紀半ばのイギリスの自由貿易主義への転換を指すと思われる。「導論十四」注（5）（6）も参照。

九　人口の淘汰〔汰蕃〕

しかしながら、かりに本当に〔ユートピアが実現するような〕時が来たとして、もしその盛期が長い間保たれると断定するなら、〔それも〕誤った考えである。というのは、「天地の偉大な徳を生〔万物を生みだすこと〕という」〔『易』繋辞下〕とあるように、生きているもの〔ここでは人間を指す〕はみな子を生む。〔人間は〕男女の性交を楽しみ、生まれた子を保護し育てる。これは教化されていない民と教化された民とで共通するところである。統治〔による教化〕がまだ進んでいないときには、洪水や旱魃によって死ぬ者があり、飢えや寒さによって死ぬ者がいる。さらに、教化が進んでいない国では、戦争や刑罰、疫病によってもとりわけ多くの人が死ぬ。〔戦乱などで〕秩序が大きく乱れたのちには、その様子は荒涼として、〔何もないところから〕新たに作った国と異ならず、流浪して〔餓死凍死し〕、「溝や谷に捨てられる」〔『孟子』公孫丑下〕者が多いのである。

新たな治世になって生存競争がおさまると、民は安らぐ場所を得ることで、生活が安定して人口が増え、各々が子孫を育てる。三十年もすると、小さな集落はその人口がおのずと倍増する。有限の〔その土地の〕産物を無限の人口の増加に供することになり、〔産物が〕不足すれば争いが生じ、戦争が再び起こる。そしてまたはじめ〔の統治が進んでいない状態〕に戻り、それが際限なく繰り返される。これが「この世に人間が生じてから」、「治まったり乱れたりしてきた」〔『孟子』滕文公下〕理由なのである。それゆえ、統治がうまくいけば民はそれだけ安らぎ、民が安らげばその人口の増加はそれだけ速くなる。なおかつ道徳と知力がともに高くなると、天行による害も防いで克服できるようになり、このような状態で十数世代を経る。何十世代の後にもなると、〔人の〕神通力がキリストのようになり、二つの饅頭《マントウ》〔中国蒸しパン〕で四千もの多くの人びとを食べさせる(1)ことができるくらいにならないと〔人口を〕維持できない。そうでなければ、人間というものは各々〔何としても〕生き残ろうとする以上、争わないわけにはいかない。争いが生じれば生存競争が起こって天行がはたらくため、先に述べた

「大いなる統治の隆盛」〔「導論八」参照〕はきわめて不安定で長くは続かないものである。それゆえ、人治は生存競争をおさめる方法であるが、生存競争は人治の実現の中に潜んでいるのである。これこそは人間および万物のあり方の必然であり、太陽や月の運行と同じように明白であって、美言で飾り立てていいかげんに自らを欺くことはできないのである。かりに先に述べた傑出した聖人〔「導論八」参照〕であれば、〔自らが〕新たに設けたユートピアの中にこのような状況があると前もって承知していることは、もとよりいうまでもない。

しかしわれわれ凡人がその状況を挽回する方法の探求を試みるとすれば、理論上わかることでいうなら、二つのやり方しかない。その一つは、人口が増えるにまかせておき、人口過多で食糧が不足した時に徐々にこれに対する処置を施すことである。もう一つは、食糧の量にあわせて出産を行い、結婚や養育は〔ある基準による〕制限を設けて、人口が多くなりすぎることがないようにするというものである。前者についていえば、その方法は現在のイングランド・フランス・ドイツの諸国が採用している。ところが〔この方法は〕過密な人口を人のまばらなところへ移動しているだけで(2)、あたかも「こちらの余りをあちらに注ぐ」〔『詩経』大雅・洞酌〕、あるいは「隣を水の捌《は》け場としてそこへ〔不要な〕水を流し込む」〔『孟子』告子下〕ようなものである。〔この方法は〕行き詰まる時がいずれ来て、行き詰まればそれがもとで大きな争いが起こる。後者〔の方法〕についていえば、制限の基準がきわめて決めにくいのはいうまでもないが、たとえ数学や科学が日増しに精密になって制限の基準が明確に策定できるとしても、その制限を実行する方法はどのようなものなのか。これもきわめて困難なことである。

そこで、次のように述べる論者がいる。「これは難しいことではない。世界には一見しただけでは無慈悲なようにみえるが、実は至仁であるものがある。人口が多くなりすぎると必ず争いとなり、争えば滅びるものが必ずあるが、滅びるものがすべてよくないものというわけではない。ならば、こうした場合はなぜ事前によくないものを取り去ってよいものを残さないのか。聖人が民を統治するのは、庭師が草木を管理するのと同じである。庭師は草木が茂りすぎると剪定をするし、〔枝や幹が〕曲がったりこぶだらけになったりするとすっかり取り除いてしまうのである。このようにするからこそ、庭師が育てるものはみなよい花が咲いて貴重な実がなり、種も日々進化していく。無用のものを取り去って有用なものを育てる、統治とはこのようなものに他ならない。老衰していたり、愚かで癲癇《てんかん》があったり、体に障害があったり、奇形で醜かったりする者や、盲人や聾唖《ろうあ》者、狂暴な人は、すべて集めて殺したりする必要こそないが、独身のままにして、子孫を残させないようにすればよいではないか。わが国土で数を増やすのは、必ず、強く立派で、聡明で、才知にすぐれた者の子孫であるようにする。これこそ、まさしく理想的な統治が目指すものであり、〔そうなれば〕人口が多すぎるのを憂うことなどない」と。それへの答えはこうである。「なるほど、あなたともっと詳しくお話ししたいものです」。

【厳復評語】

ここの論者の説は、ギリシアのアリストクレス〔プラトン、前四二七～前三四七〕の主張(3)とおおむね同じである。さらに婚姻に制限を設けるという政策は、スウェーデンでかつて行われていた。つまり、民が結婚したければ政府に届け出て、財産が基準を満たすことを証明してからでないと婚姻を結べないというもの(4)である。だが、この法令は施行されたけれども、世俗は逆に堕落していき、婚外子が街にあふれ、育嬰堂〔孤児を育てる施設〕に収容しきれないほど多くなったため、この法令はすぐに廃止されたのである。

訳　注

（1）二つの饅頭で四千もの多くの人びとを食べさせる　この部分は、イエスが五つのパンと二匹の魚で多くの群衆を養ったという奇跡（マタイによる福音書第十四章参照）をふまえている。

（2）過密な人口を……移動している　イギリス、フランス、ドイツ各国の植民政策を指す。イギリスとフランスは一七世紀から、それぞれニューイングランド（北アメリカ大陸）とカナダ地方を皮切りに世界各地に植民地を設け、多くの人が入植した。少し遅れてドイツも一九世紀以降にはニューギニアやアフリカなどに進出し、入植している。

（3）アリストクレスの主張　プラトンは、人間の生殖について以下のように述べている。「最もすぐれた男たちは最もすぐれた女たちと、できるだけしばしば交わらなければならないし、最も劣った男たちと最も劣った女たちは、その逆でなければならない。また一方から生まれた子供たちは育て、他方の子供たちは育ててはならない」（『国家（上）』第五巻、藤沢令夫訳、岩波文庫、一九七九年、四〇九頁）。

（4）婚姻に制限を設けるという政策　以下のスウェーデンの婚姻政策に関する厳復の記述が何に基づくかは現在のところ未詳。

十　選択の難しさ〔択難〕

進化論にもとづく品種改良家〔天演家〕が、種を選択して優良なものを残す〔人為淘汰〕という方法を園芸や牧畜の領域に適用すれば、〔選ばれた種が〕多く生まれ、盛んに成長するという効果は、あたかも約束手形を手にしているかのように〔確実に〕実現する。そこで、次のように考えることになる。「人も生物の一種であり、〔他の生物と〕知能の水準がかけ離れているとはいえ、身体の方は、その種を伝え繁殖させていくにあたって、「生まれた者は先祖に似ているが、世代を経るごとに少しずつ変わっていく」〔変異〕という点では、各種の動植物と何ら異なるところは無い。今〔人為淘汰という〕私の方法は、これを植物や動物に適用して大きな効果があがっているのだから、これを人類に応用しても、有効でないはずはなかろう」。こういうと、彼の主張は人を驚かせるもののようだが、このことについて成果があがるように求めていけば、確かに必ず結果は出るだろう。ただ〔問題は〕、この〔優れた種を〕選択し、〔その種を〕残すという作業は、いったい誰にさせるのかということだけなのだ。

さきに〔「導論八」で〕荒地を開いて国を立てるということについて、最初に統治者を一人設定するにあたり、「その人の将来を見通す力や他の人にはない洞察力は、人類がウシやヒツジやイヌやウマに勝っているのと同じぐらい、全ての人から抜きん出ていなくてはならない」というように述べたのは、このような者でなければ、一人で統治を行い、一人で判断できないからである。もしそういうことが可能であれば、アジア諸国の、「亶《まこと》に聡明なるもの元后〔天子〕と作《な》」〔『書経』泰誓上〕り、天下において異心をいだく者が出てこないような至尊の君主であれ、ヨーロッパの、「天の聴くは〔わが〕民の聴くに〔自《したが》い〕、天の視るは〔わが〕民の視るに〔自《したが》う〕」〔『書経』泰誓中〕ように、公正に選ばれ、公正な政治を行う議院であれ、一人だけか集団か〔のいずれにしても〕、聖人のように叡智が優れていてこそ、統治をゆだねてもよいし、〔人間の〕種を選択し優良なものを残すことも託してかまわない。しかしながら、不幸にして、この三大陸六十余国の範囲を見渡しても、その六千余年の記録を全てたどってみても、さきに喩えたような、将来を見通す力や洞察力が人類から抜きん出た者は、決して存在したことがない。さらにまた、種を選択し優良なものを残すという方法が、それを園芸や牧畜に適用して大いに効果があがったのは、選択される対象が植物や動物であり、それを選択する者が人間だったからである。

今、人が人を選択することになれば、それは上林苑〔前漢の武帝がつくらせた庭園〕のヒツジが自ら〔飼育係である〕卜式《ぼくしき》となろうとし、(1)汧水《けんすい》・渭水《いすい》地域のウマが自ら〔飼育を司る〕伯翳《はくえい》となろうとする(2)のと異なることではない。〔このように〕自己の能力の限界をわきまえないことは、よく見られることである。*

*【厳復評語】　原文は「ハトが自分でジョン・セブライト卿〔一七六七～一八四六〕になる」という例を用いている。セブライトはイギリス人で、ハトの繁殖に最も優れた者である。ここでは、それにかえて中国の事例を用いた。

さらに、この方法をとろうとするのであれば、選択を担う者は、その将来を見通す力が神がかっているだけでなく、無慈悲で冷酷に決断するという点でも最高を極めていなくてはならない。無慈悲で冷酷に決断することは決して難しいことではない。英明な君主や残忍な役人はみなこの点で優れている。ただ、将来を事前に察知するということについてだけは、天与の資質に限界があるので、人の力で何とかしようとしても決してできない。しかも、これらの才能は、一人の人間にそれを求めることが難しいだけではない。社会の才知を結集してそれを実現しようとしても不可能だろう。古来、多数の愚者を集めても叡智を発揮することはできないし、多数の不才の者を集めても賢明にはなれない。また、従来から、人間を序列付けすることの難しさは、鳥や獣の出生時の百倍どころではない。ある幼児がいて、その気質や品性について、両親は凡庸な子だと思い、親戚や近隣の者は出来の悪いやつだと見なし、〔その子は〕抑えつけられて能力を試してももらえず、他の子どもに及びもしないとされていたとしても、〔その子どもが〕やがて世間の試練を受けるようになると、めざましい変わりようを見せ、その功業によって名声が広く行きわたり、世を驚ろかすほど際だったものとなって、国はその利益を受け、民はその功績をたたえるようになる、などということもよくあることだ。

〔かりに〕何十何百という子どもをここに集めて、品種改良家に、その能力をふるって、思うがままに選別させたとする。そして、ある者は賢くて知的水準が高いが、ある者は才能が無く愚かであり、ある者は結婚して家庭を持つべきだが、ある者は生涯独身でいるべきだと、その場で判断させ、〔その結果に〕全く過誤が無いようにする。〔これは〕種を選択し、優良なものを残すというやり方を用いるということで、園芸や牧畜と同じだが、将来については分からないものの、現在の〔人間の〕能力の程度では、〔こうした選択によって〕園芸や牧畜〔と同様の効果〕を望むにはまだ不十分である。

訳注

（1）上林苑のヒツジが……　前漢の卜式が上林苑でヒツジの飼育を担当し、成果をあげた故事をふまえる（『漢書』卜式伝）。

（2）汧水・渭水地域のウマが……　秦の始皇帝の祖先の伯翳（伯益とも呼ばれる）が鳥獣の飼育に優れ、その後代が周王室のためにウマの飼育を司っていた故事をふまえる（『史記』秦本紀）。

十一　ハチの社会［蜂群］

そこでなんぴとよりも傑出した神のような人など探しようもないからには、〔「導論九」で述べたような品種改良家による〕種の選別という方法はとるわけにいかない。このことから、人が天の代わりをすると必ず行き詰まるのであり、それはいかんともしがたいことだと分かる。しかも人というものが互いに関係しあい、助けあっていること自体、その原理は深遠精妙で難解である。神のごとき人を得られないのに、無謀にもその〔人による人の選別という〕方法を行おうとすれば、統治をより良いものにすることができないどころか、それが強行されるとその社会はおそらく崩壊するだろう。人が人であるのは社会を組織できるからである。〔人間が〕社会を組織できる理由をよく考えてみさえすれば、〔社会の〕原理が分かってくる。

とはいえ、自然界の生物で社会を組織して生きるのは人だけではない。ためしにいくつかあげると、鳥類で集団をくむのはたとえばガン〔雁〕であり、カラスである。哺乳動物で群居するのはシカやゾウであり、さらにはアメリカのバイソン〔野牛〕、アフリカのサルはその顕著な例である。昆虫で集団をなすのはアリとかハチである。これらはみなそれぞれ集団になることで生存競争において生き残ってきたものである。ここでハチの社会についていうと、それは人の社会のあり方と同じなのか、異なるのか。いずれも深く考えてみると、それによって進化の原理を明らかにすることができるのではないか。ハチの社会の成り立ちをよく観察してみると、まことに古代の井田《せいでん》制(1)で国を治める規範に合致しており、近くは財富の均分を唱える政治論〔社会主義〕者の理想といえる。*

＊【厳復評語】　古《いにし》えの井田制と今の財富の均分は進化の原理と経済学の法則からいうと、古えにそのようなことはなかったし、今も実現できない制度である。それゆえハクスリー氏はここでは〔能弁ゆえに〕是非を混乱させるようなところがある。

財富の均分を唱える政治論者はこういう。「財の不均等は乱のもとである。社会の成員は力をだしあい協力するのがよい。とはいえ働くにあたっては各人の得意とするところに応じ、供給においては各自の欲するところをあたえ、均一でなんら区別しないようにすべきである。上に立つ者の職務は〔配分において〕重複や欠乏がないかを点検し、それぞれの人の希望にかなうようにし、〔誰かが〕兼併するようなことがないようにすることであり、そうすれば太平の世となる」と。それはハチの群生のありかたである。

ハチには女王がおり（ハチの王はメスなので女王バチという）、その民としてはオスバチは怠惰で、働くのは半メスバチ〔働きバチ〕である（花の蜜を採集して蜂蜜に醸成するのはみなメスバチだが、交配をせず産卵しない。オスバチは何も仕事をしないが、俗にメスだと誤解され「蜂姐」〔姐は女子を示す〕と呼ばれる）。一つの巣の中では、ハチの数によって食物が割り当てられ、各自がその任務を分担する。朝暗いうちから起き、花の蜜を吸って頭に花粉をつけ〔巣に運びこみ〕、甘く香《かぐ》わしい蜂蜜を製造し、それでそのハチ社会の生命を維持して万物と競う。その社会の組織は自然の機制によって動かされ、それぞれ〔のハチ〕が役割を分担して互いに養いあい、各自になすべき職分はあるが、受けるべき権利をめぐって争うことはない。ここに集まっている者たちに〔何か〕考えがあるのか、情があるのか、私には分からない。知り得ることからいえば、〔あるとしてもそれは〕もっとも低次な知覚や運動でしかないのではないか。かりにこの社会に「心を労する者」〔精神労働者。『孟子』滕文公上〕がいるとするなら、それはきっとオスで働かない怠惰なハチだろう。〔それは〕オスたちには〔「心を労する」〕暇があるからである。ハチが意識をはたらかせ智謀をめぐらすのは、みな自然のままに従っているのであって、いずれも生得のもので、あとから学びとったり、自ら会得したりしたのではない。もしその群れの中に「力を労する者」〔肉体労働者。同右〕がいるとすれば、それは半メスのはずで、一生、たゆまず懸命に蜜を作り蓄える仕事をするが、与えられる食物はやっと生きられるだけのわずかなものでしかない。この土バチはみな安んじてそうしているのであって、墨子流に他人のためにする〔兼愛〕のでも、楊子〔楊朱〕流に自分のためにする〔為我〕のでもない(2)。この〔オスと半メスのハチの〕両者は自ら蛹を割いて羽化して以来、その能力はすでにそれぞれ備わっている。

そうするとハチの社会はハチ自身の意思によって作られるのではなく、自然に形成されることは明らかである。自然はどのようにこの社会を作るのか。それはこうである。ハチに生存欲を与え、〔生存欲に従って〕自ら行動するという機制でそれを補い、それから生存競争で陶冶し、自然淘汰で錬成して、〔前の世代に〕似ながらも〔世代ごとに〕変遷した種が自分で自分を最適な型にはめていき、その種族を生き残らせる。こうして無始よりこのかた、徐々に変化していくというはたらきが積み重なってここまで到達したのである。

訳　注

(1) **古代の井田制**　周代に公田を除き田地を均等配分したとする、儒者が理想とする土地区分制度。田地を「井」字の形に九等分し、中央の部分を「公田」、残りの八つを「私田」とし、その分配を受けた八家が共同で「公田」を耕作して収穫を租税としたとされるが(『孟子』滕文公上)、実際に行われた制度か否かは疑わしい。

(2) **墨子流に……楊子流に……**　「楊氏は我が為《ため》にす。これ君を無《な》みする〔無視する〕なり。墨氏は兼愛す。これ父を無みするなり。父を無みし君を無みするは、これ禽獣なり」(『孟子』滕文公下)にもとづく。ハクスリーが原文で「彼〔道徳哲学の素質を持った思慮深いオスバチ〕なら、まったく正当なことに、労働者が生存に資するだけの賃金で際限のない労苦の生活に身を捧げるなどということが、啓蒙された利己主義や何らかの功利主義的動機によって説明されるはずがないと指摘するであろう」(ハクスリー原文、p. 25. 日本語訳『進化と倫理』、一〇五頁)とするところを、厳復はこの中国での例に置き換えることで、上記のハクスリー批判にあるように、労働者の立場からの均等配分の主張には当時の現実の中国の状況にかんがみて与《くみ》せず、ハクスリー自身による労働と分配の問題への批判を訳出していない。

十二　人間社会〔人群〕

人間が社会を形成したのも、その始まりはやはり自然の機制に動かされたものではないだろうか。それはまた天与のものであり、人によって作られたものではないであろう。社会は家族から始まり、最初は夫婦と父子〔親子〕の結合に過ぎない。その結合が長くつづいて絆がさらに強まり、家族が増えれば、ますますしっかりと互いに養育し保護しあうようになる。したがって宗法《そうほう》〔中国において同姓の父系親族集団である宗族を組織・維持する規範〕は社会の起源である。このような社会は、協力して外部のものと争い、〔争う相手が〕人であろうとなかろうと、恐れる必要もなくなり、自ら生き残ることができるだろう。〔社会は〕内部における争いをなくしてはじめて強くなり、外部との争いに勝つことになる。これは鳥や獣、爬虫類、水生動物の社会と同じである。

そうすると、人間と〔すべての〕動物の間には果たして違いがないのかといえば、それはある。鳥獣と昆虫はその社会において、生まれながらに身体が与えられると、爪・翼・牙・角はそれぞれ特定の機能だけを担い、別の機能は果たせない。たとえばミツバチがそうである。オスとメスは、ひとたび所与の身体が形成されると、その器官と身体は完成したものとなり、命つきるまでひたすら決まった機能を担い、その社会のために能力を発揮するのみで、〔オスもメスも〕それ以外のことは何も知らない。なぜかりに知識があっても特定のもので、欲望があっても特定の欲望でしかない。なぜかというと、形態が定まっているからである。人間の場合はそうではない。たとえ与えられた身体に大小強弱の違いがあり、生まれながらの資質に賢愚巧拙の差があるとしても、もちろん〔そうした〕天分によって各人の役割が限定されるわけではない。たとえば、この人は官吏になりえても農民になることができず、あるいはこの人はどのみち小人《しょうじん》でありつづけ君子にはなりえないというように、はっきりと一つの役割が決められ、ほかの役割を望んではならないということではない。これが〔人間が〕鳥獣昆虫と異なる一つの相違点である。

また人が生まれながらにもっている本性にはだいたい同じところがあって、甘さを好んで、苦みを嫌い、わがことが一番で他人のことは後回しにする。「天下の憂いに先んじて憂い、天下の楽しみに後れて楽しむ」〔范仲淹「岳陽楼記」〕という人が世の中にいるかも知れないが、それは本性ではないのである。人間の祖先を遥か遠くまで遡っていけば、最初は禽獣であった。それから何代を経過したか分からないほどの後に、山都〔『爾雅』釈獣およびその郭璞《かくはく》による注にあり、人に似たヒヒの一種という〕や木客《ぼっかく》〔中国伝説中の妖怪の一種、頭や顔は人に似るという。『太平御覧』巻八八四など〕になり、さらに何年を経過したか分からないほどの後に、毛民〔中国伝説中の長い毛におおわれた人。『山海経』海外東経〕や猺獠《ようろう》〔中国南方地域の先住民か〕になり、毛民と猺獠より何万年もの進化を経てしだいに今日のような人間になったのである。これはなにもことさら言及を避けるようなことではない。禽獣の段階から人間に至るまで、その間生存競争と自然淘汰の作用がやむことなくはたらいてきた。万物と生存を争い、その競争で勝って人類という種が繁栄してきたのは、その中には必ず〔競争に〕最も適したものがあったからである。この最適のものというのは何であろうか。それは独善的な自己主張[1]にほかならない。そもそも自己主張とは自己中心的なものであるが、自己中心的ということは人間に最初から備わる本性で、禽獣の段階からこうした性質を得て、しだいに人間となり、今日に至ってもその根は残っているのである。古人は人間の本性は悪であるといい、また人間は悪しき存在であり生まれながらにして罪を背負っているという。これらがどうしてすべて妄言であろうか。したがって生きている人間はだれでも欲望があり、その欲望を満たすことを求める。初めにはこれによって万物との戦いで勝つことができ、自然によって選ばれたのもこの欲望のためである。だが、後にはこれによって互いに傷つけあい、自然によって罰せられることになったのもこの欲望のためである。なぜであろうか。利己的な自己主張がはびこると、社会というものが崩れることになり、人類という種が滅びるのである。これはまた人が鳥獣昆虫と異なるもう一つの相違点である。

【厳復評語】

西洋人は次のように言う。十八世紀に人間の知識がおおいに進歩して、地球は惑星であり、昔から言われてきたような、〔宇宙の〕中央に位置してつねに動かず、〔「天地」として〕天と並び称される偉大なものではないことが分かった。十九世紀にも人間の知識がおおいに進歩し、人類は生物進化の中の一段階であり、昔から言われてきたような〔神に〕特別に寵愛されて〔その似姿として〕創られ、天地とともに三才(2)〔天・地・人を指す〕となるものではないことが分かった。この二つの説がはじめて提起されたとき、両説ともに世人を驚愕させた。頑迷固陋な者はその主張を断つためなら人を殺すのも辞さなかったが、結局のところ証拠が確実となり、攻撃を受ければ受けるほど堅固なものとなり、この正しい主張は揺らぐことはないということが確認された。ダーウィンの『人間の由来〔原人篇〕』〔*The Descent of Man, and Selection in Relation to Sex*, John Murray, 1871〕、ドイツ人ヘッケル〔Ernst Haeckel, 一八三四〜一九一九〕の『人間の進化〔人天演〕』〔*Anthropogenie oder Entwickelungsgeschichte des Menschen*, Wilhelm Engelmann, 1874〕、ハクスリーの『自然における人間の位置〔化中人位論〕』〔「導論一」注(10)参照〕の三書はいずれも人間の祖先はサルであるという学説を明らかにするものであった。現存する各種のサルのうち、アジアのギボン〔Gibbon, テナガザル属のサルの総称〕とオランウータンの両種、アフリカのゴリラとチンパンジーの両種がもっとも〔人間に〕近いものである。どうしてそれが分かるのであろうか。器官と骨格の機能に人間との違いが少なく、他の哺乳動物やサルとの違いが多かったからである。これ以降は、生物学の分類においてはみな人とサルを同一の系統とし、プライメイト〔霊長類〕と呼ぶ。プライメイトとは、中国語では「第一等の種」という意味である。

訳注

(1) 自己主張　これに対応する『天演論』の原語は「自営」である。漢語としての「自営」は「自己の利をはかる」の意であるので、「利己主義」などと訳すことも考えられるが、「利己主義」には消極的な不作為も含まれるのに対して、『天演論』における「自営」は、ほとんどの場合、ハクスリー原文の「self-assertion(自己主張)」に対応するものであり、積極的な自己利益の追求の意味で使用されている。そのため、「自営」に対する訳語としては基本的には「自己主張」を使用するとともに、適宜その「自己主張」が利己的なものであることを示す語を付加した。

なお、利己的な「自己主張」について、ハクスリーは、それはつねに社会を破壊する危険性をはらむものであり、適切な程度にまで抑制されるべきだと考えているのに対して、厳復は、社会の発展にともなってそれが合理的な形で発揮されるようになれば、利己的な「自己主張」はおのずと倫理道徳に合致するものとなるとして(「本論十六」の「厳復評語」参照)、利己的な「自己主張」の拡大と社会の安定は両立可能だとみなしており、ハクスリーと厳復の利己的な「自己主張」についての理解は大きく異なっている。

（2）天地とともに三才　『易』説卦伝によれば、人は天、地と並んで世界を構成する重要な存在で、聖人が易を作るに当たって「天の道を立てて陰と陽、地の道を立てて柔と剛、人の道を立てて仁と義と名付けた」（高田真治・後藤基巳訳『易経（下）』、岩波文庫、一九六九年、二八九頁）とされる。

十三 利己性の克服〔制私〕

利己的な自己主張が強ければ、必ず自由が限度を超えることになる。自由が限度を超えれば、他人を侵害し、他人を侵害すれば、争いが生ずる。争いが生ずれば、社会が崩壊する。社会が崩壊すれば、人間が〔競争を勝ち抜いて〕生き残る基盤となってきたものが失われる。したがって、利己的な自己主張が過度に行われれば、社会が崩れ人という種が滅びる、という。しかしながら天与の性質についていえば、人間より社会形成能力が優れたものはいない。そうすると、自然から与えられたものには、必ずこの利己的な自己主張を抑制する仕組みがあるはずで、そうしてはじめて社会を形成することができるのである。*

＊【厳復評語】 人間がはじめて社会をつくる場合、その原理は極めて精妙で奥深い。

社会学者の説明のうち最も明晰なものはスペンサー氏の『倫理学原理〔群誼篇〕』〔「導論一」注(13)参照〕とバジョット〔Walter Bagehot, 一八二六～一八七七〕『自然科学と政治学〔格致治平相関論〕』[1]の二冊の書である。二冊とも私がすでに訳している。

生物はその子孫を愛する。そうでなければ、その種は早くに絶滅して残っていないというのが自然の原理である。特に子どもを愛する感情は人間がとりわけ深い。人間は生物のうち最も貴いので、生まれてから父母の保護を必要とする時間が他の生物にくらべて最も長い。〔父母が世話をする〕時間が長いから、その愛情もより深くなる。次いで、類推によってこの感情を〔他の人間にまで〕拡大して、愛する者から愛していなかった者にまで及ぶようにする。したがって幼い子どもを慈しむのは仁愛の源である。そして幼い子どもを慈しむことも利己的な自己主張からはじまったと思われる。私心から慈愛が生じ、慈愛から仁愛が生じ、仁愛により私心を克服する。こうした〔複雑な〕過程が、〔社会形成の〕道理が捉えがたい理由である。

またもう一つ〔人間に〕特異なことは、人間は自らを他者に似せるのが得意で、他者の様子やすがたをまねるのは人間だけにできることである。*

*【厳復評語】昆虫や禽獣もまたものまねができる。たとえば、南洋地域の木葉虫

〔コノハムシ、メスは平たく、羽をたたむと木の葉に似る昆虫〕類はどこにでも多くいる。記録に残っている「寡婦の繭糸《まゆいと》」の故事(2)は非常に特異なものである。しかしこうした事例では〔人間だけがものまねをするという〕原則を突き崩すには十分ではない。

それで禽獣は〔他者のすがたを〕描くこともできず、〔他者の〕まねをすることもできないが、人は誰しも他人の事情と他人の感情について無関心のまま、心を動かさずにいることはできない。たとえ隠れて表にでないような意識についてもみな「感じて遂に通じる」〔『易』繫辞上。ハクスリー原文の「sympathy(共感)」に対応するもの〕ことがあり、他人は他人であり私は私であるとして、きっぱりと社会に背を向けたというのは全く聞いたことがない。そこでことわざでは、誰か一人でも部屋の片隅の方を向いていると部屋の中の全員が楽しめず、子どもが人を笑わせれば凶暴な人であっても笑顔になるというのである。楽しいことにかかわれば笑い、哀しいことを言うと嘆く。知らないうちに心が動き、やむにやまれずに感情が生ずるのである。

ある者は「昔、世の中のすべての人に誉められても、そのためにさらに励むということもなく、世の中のすべての人に誹られても、そのために意気阻喪するわけでもない人がいた」〔『荘子』逍遥遊〕という。これはまさに極端のありかたは〔常識と〕真逆であるということであり、一般的な原則で論じることはできない。だが、今たとえ、深い見識を持つ高明な人士が、世の中を「塵芥のようにつまらない」〔『荘子』逍遥遊〕とみなすような気概を持っていたとしても、突然道で子どもに出くわし、その子どもにあからさまに侮り軽んじられたとすれば、彼が心の中で少しも動ずることがなかったといっても、私はこれを信じられない。李将軍〔前漢の李広　?～前一一九〕が覇陵〔前漢の文帝の陵、陝西省西安市付近〕地域を管轄する下級官吏を捕らえて殺したことは行き過ぎたことであるといえるが、彼は「飛将軍」という威名を持ち二千石の高い俸禄をもらう高官であり、覇陵の下級官吏など物の数にも入らないのに〔そんな者が〕彼を軽んじたのである。李将軍が恨みを持ったのは人情の常である。*

*【厳復評語】　原文は以下のとおりである。エジプトのハマン[3]が〔王の命にそむいて自分に敬礼しなかったユダヤ人の〕モルデカイ[4]をなんとしても捕まえて高い竿の上にさらし首にしようとしたことはやはり行き過ぎた行為である。とはいえハマンは〔ペルシア王〕アハシュエロスの大臣の重責にあり、物の数にも入らないユダヤ人モルデカイがその彼を無視し、ハマンが再び王宮の門を行き来しても、モルデカイは傲慢にも敬礼を行わなかったのをハマンが恨むのはやはり人情の常である。この話が李広と覇陵

の官吏の故事と類似しているので、このように中国の話に改めた。

清議(5)を恐れる者を見たことがないだろうか。刑律と国法は必ずしも恐れることはないが、郷里の月旦評(6)なら気にせざるを得ない。好評・悪評、非難・称賛とははなはだ一定しないものだが、それが礼儀・習俗になった後には国中の人々はその範囲から逃れられなくなる。人は飢えと寒さに苦しんだとしても命を捨てようとはしないが、恥辱を覚えると、性急な者は自殺にまで至る。これはみな共感のはたらきであって、人が禽獣と全く異なるところである。共感のはたらきは非常に霊妙なものであり、これによって社会が成立するのである。だいたい人は社会の中にいて、知覚能力を持ってからは他人の行為についていつも自分の好悪で評価し、自分の行為についても他人の毀誉を気にする。他人と自分の言行はみな好評・悪評、非難・称賛と結びついて不可分である。これが長く続けば、何を思っても、全てに好評・悪評、非難・称賛の区別がつきまとう。これによって是非〔の心〕〔孟子のいう、人が誰でも持つ「四端」の一つで「智」の端緒。『孟子』公孫丑上〕が生じ、またこれによって羞悪〔の心〕〔同じく「四端」の一つで「義」の端緒〕が生じる。人間の通常の道徳はみなこの共感能力があってこそ成立する。かくして〔人間の〕心の中にはいつもその主宰となる、良心(7)というものがある。

良心とは社会を維持する要であり、利己的な自己主張が行き過ぎて社会を壊さないように、それを抑制するものである。

【厳復評語】

社会の保持に関するハクスリーの主張は明晰であるといえよう。しかし社会が人心の共感によって成立するとの説は原因と結果を倒錯させているという欠陥があることもまた知っておかなければならない。人が分散の状態から社会の段階に進んだのはもともと安全と利益のためであり、そのはじめは禽獣など下等な動物と同じであって、決して共感によって成立したものではない。社会の成立が安全と利益のためである以上、進化のはたらきは社会を形成できるものを生き残らせ、社会を形成できないものを滅ぼすし、社会をうまく維持できれば生き残り、社会をうまく維持できなければ滅びる。社会をうまく維持できるようにするのは何か。それはうまく共感しあうことである。そうすると、うまく共感しあうという性質は自然淘汰が行われた後のことであって、最初からこのようだったわけではないのだ。当初は共感をうまくはたらかせない者がいなかったのではない。しかし激しい生存競争を経過して、滅び、見られなくなったのである。ハクスリーはその結果をもって原因とみなしている。これが社会の原理に関する彼の主張がスペンサー氏の厳密さにおよばない理由である。また共感を人間としてのあり方の根本原理とする説は、経済学者アダム・スミスが唱えたものであり(8)〔『道徳感情論』*The Theory of Moral Sentiments*, 1759〕、ハクスリー氏が独自に掲げた新説ではない。

【厳復評語・再】

班固〔三二～九二　字は孟堅、後漢初期の『漢書』編纂で知られる歴史家、文学者〕は「愛することができなければ社会を作ることができず、社会を作ることができなければ物〔他の動物〕に勝つことができず、物に勝つことができなければ社会を養えない。社会を作ってもそこに不足があれば争う心が生じる」〔『漢書』刑法志〕といっている。この話は古代の先哲がすでに明らかにしていたはずで、班固の見識はこうしたことを発見できるほどのものではなかった、と私は考えている。

訳注

（1）バジョット『自然科学と政治学〔格致治平相関論〕』 *Physics and Politics, Or, Thoughts on the application of the principles of "natural selection" and "inheritance" to political society*, Henry S. King & Co., 1872. 大道安次郎訳『自然科学と政治学』、岩崎書店、一九四八年。なお、厳復による『格致治平相関論』の訳稿は現在確認されていない。

（2）「寡婦の繭糸」の故事　蚕は出会ったものに似せて繭《まゆ》を作るとされることにちなむ。ひとりものの女が宿泊先で寝付けず、壁の穴から隣室の蚕の網棚を覗きみたところ、翌日、繭がその憂いを帯びた女のすがたに似たものとなっており、その糸で弦をはった琴からは悲哀憂愁の音色がしたという（『賈氏説林』、『説郛』巻三一所収）。

（3）ハマン　『旧約聖書』エステル記に登場する人物。ペルシア王アハシュエロスの宰相であり、ユダヤ人の敵として描かれている。

（4）モルデカイ　『旧約聖書』エステル記に登場する人物。モルデカイの養女がペルシア王妃エステルとされる。

（5）清議　後漢以降、士大夫間で始まった人物品評で、それが官吏選抜に影響した。

（6）月旦評　許劭が毎月一日に郷里の人物の批評をしたという故事にちなむ語。『後漢書』許劭伝。

（7）良心　原文は「天良」（『厳復全集』巻一、一〇六頁）。ハクスリーはアダム・スミスの良心(conscience)概念を引用して、良心は生まれつき備わった人間の反社会的傾向を抑制する任務を背負っているとして次のように主張する。「人為的な人格つまりアダム・スミスが良心と呼んだ「内側の人間」は、もって生まれた人格とは別に形成されるのである。彼は社会の見張り番人であり、人間に生まれつき備わった反社会的傾向を、社会の幸福に必要な範囲で抑制するという任務を負っているのである」(ハクスリー原文、p. 30. 日本語訳『進化と倫理』、一〇九頁)。

(8) 共感を……アダム・スミスが唱えたもの　アダム・スミスは『道徳感情論』で人間の本性には利己心のほかにシンパシーがあるという。「人間がどんなに利己的なものと想定されうるにしても、あきらかにかれの本性のなかには、いくつかの原理があって、それらは、かれに他の人びとの運不運に関心をもたせ、かれらの幸福を、それを見るという快楽のほかにはなにも、かれはそれからひきださないのに、かれにとって必要なものとするのである。この種類に属するのは、哀れみ《ピティー》または同情《コンパッション》であって、それはわれわれが他の人びとの悲惨を見たり、たいへんいきいきと心にえがかせられたりするときに、それにたいして感じる情動《エモーション》である」(水田洋訳『道徳感情論(上)』、岩波文庫、二〇〇三年、二三頁)。

十四　思いやりと衰退〔恕敗〕

社会〔群〕が崩壊しないのは、人の心に良心が備わっているからである。良心は〔人が〕共感に長《た》けていることから生じ、その端緒は非常に微小なところにはじまるが、効力は最終的に極めて大きなものとなる。これを人治による教化という。このような教化は進化がもたらした現象である。その作用は、人間の生活を豊かにし、万物と競争する能力を高め、それによって天行が残酷にはたらくなかにあっても自ら生存を保持させることである。ゆえに人治による教化は、もとは自然からきているけれども、天行に逆らうものではないということはできない。礼制や刑罰の機能は、いずれもうらみをとき、争いを収めることであり、そのため、人治による教化が進むと天行は消えていく、つまりは教化が進むと利己的な自己主張は減少する。ただ、利己的な自己主張が尽きてしまうところまで減少すると、人が万物と競争する力もそれとともに衰えるのは確実であり、この点もまた知っておかねばならない。

したがって、対比的に論じるならば、社会を形成することで、社会の内部の生存競争をおわらせ、同時にそれによって社会の外部の天行に立ち向かうのである。人は当初、利己的な自己主張によって万物においてひとり繁栄することができたが、自己主張ばかりが行使されるのでは、その社会はつながりが失われる。社会を形成することから人治による教化がうまれ、教化が進むと利己的な自己主張は減少して自己抑制や譲り合いの気風がおこる。しかしながら、その社会はさらに外部のものたちと争わないわけにはいかず、それゆえ自己抑制が過ぎて利己的な自己主張をなくしてしまうと、その社会もまた必ず〔競争に〕敗れてしまう。〔『易』泰に〕「平らかなものもいずれ傾き、前進すればいずれ後退がある」〔いい状況がいつまでも続くことはない〕というが、理屈はまさにこのとおりで、逃れようがない。今、世の中で道徳を語る者はみな「生涯にわたり行っていけることには「恕《じょ》〔思いやり〕」以上のものはない」、「天下を治めるには「絜矩《けっく》〔他人の気持ちを推し量り、その望みをかなえる〕」以上のものはない」といっている(1)。東洋の人は「自分の望まないことを他人に行ってはならない」〔『論語』衛霊公〕、

「友人に求めるものをまず〔自分から〕行う」〔『中庸』〕といっている。西洋の人は「自分がしてもらいたいと思うことを、他人にもしなさい」、また「相手の身になって、自分が他人に望むように他人に接しなさい」〔『新約聖書』マタイによる福音書、ルカによる福音書にもとづく〕ともいっている。こうした言葉は、いずれも誰もが知る金科玉条〔黄金律〕として、社会全体にいきわたっている。だが、普通の人がこれを行おうとしても、すべてそのとおりにするのはまず不可能なことである。

しかしながら、学問というものは、真実を明らかにすることに重きを置くのであって、学説の〔道徳的な〕善悪・是非は問題にしない。真実を明らかにするならば、「恕」というあり方は、自己の生存とやはり完全には両立しない部分がある。結局のところ、世の中で悪事をなす者は、誰しも誅殺を免れようとする。ここに私の財産を盗む者がいたとして、もし自分が盗む側の立場にいたなら、捕まったり罰せられたりしないに越したことはない。ここに私の頬を打つ者がいたとして、打つ方の身になってみれば、左頬を打たれてその後に右頬を打たれずにすむなら、もう十分幸運ではないか、ということになる。[2]〔こうした中で〕「恕」の道をまもって万物と競争したなら、自己の生存をはかる手立てはどれほどあるというのか。だからこそ、両立しないというのである。

また、「恕」の道は、民と民の間では使えても、国と国の間では使えない。なぜだろうか。民には〔その上に〕さらに国家の法律があって、民のために公平・公正を実現してくれるが、国となると、〔その上に立って〕公平・公正を実現してくれる者が誰もいないのである。

【厳復評語】

ハクスリー氏がこのように述べたのは、社会を保持し自己の生存をはかる方途として、利己的な自己主張をすべてなくすのは望ましくないことを示そうとしたのである。しかし、その内容は不十分なもので、かつ取り上げられている東洋・西洋の言葉は、いずれも社会学の理想としての最も重要な原理「最大公例」ではない。その原理は「人は自由たりうるが、他人の自由をその境界とする」(3)というものだ。この原理によるならば先の〔「恕」の道が生存をあやうくするという〕ような欠陥は生じない。スペンサーによる『群誼篇』(4)という書はこの原理を解き明かすために書かれたものである。最近のヨーロッパで富強が実現していることについて、学識者はみな経済学のおかげだとしている。経済学はアダム・スミス氏に始まるものである。そこにも最も重要な原理があり、「大きな利潤が生まれるところには、必ず双方に利益がある。他人に損をさせて自分を利してはいけないし、自分が損をして他人を利するのもいけない。下の者に損をさせて上の者を利してはいけないし、上の者に損をさせて下の者を利してもいけない(5)」と述べている。その著作五巻数十篇はだいたいにおいて、このことを繰り返し明らかにしている。それゆえ、道光〔一八二一～一八五〇年〕・咸豊〔一八五一～一八六一年〕の時代以来、〔イギリスは〕保護貿易の法律を撤廃し、輸出入にかかる税をなくした(6)ところ、商業は著しく発展し、国も民もともに豊かになった。ああ、これより後、〔進むべき〕道は大通りのように分かりやすい〔『孟子』告子下〕のに、彼我の損得をあれこれと気にするのは、まったくの的外れである。

訳　注

(1)「恕」……「絜矩」……　「恕」については『論語』衛霊公で、弟子の子貢から「一言で生涯にわたり行っていけるものがありますか」と問われた孔子が「恕」と答えている。また、「絜矩」については『大学』で国を治め天下を平らかにする方途として「絜矩の道」が示されている。なお、厳復は「時勢の激変について」(前掲、「導論二」注(1)参照)の中で、「中国の道理で西洋の自由と最もよく似ているもの」として、「恕」と「絜矩」をとりあげつつ、しかし双方の内実は異なっており、西洋の自由には他者との関係を通した自己の確立が含まれていると説明している(日本語訳、三三一頁)。

(2) ここに私の頰を打つ者がいたとして……　『新約聖書』の「悪人に手向うな。むしろ、〔あなたの〕右の頰を撲る者には、もう一方の頰をも向けてやれ」(マタイによる福音書)、「あなたの頰を叩く者には、もう一方の頰をも差し出してやれ」(ルカによる福音書)(新約聖書翻訳委員会訳『新約聖書 改訂新版』岩波書店、二〇二三年、九二、二一七頁)という語をふまえ、こうした立場には「自己の生存」とは両立しない部分があることを示す。

(3) 「人は自由たりうるが……」　スペンサーは、一八五一年の『社会静学』(*Social Statics, or the Conditions Essential to Human Happiness Specified, and the First of Them Developed*, John Chapman)の第二部第六章に掲げた「第一原理」の中で、「すべての人は、他のすべての人の等しい自由を侵害しない限り、自分の欲するあらゆることを行う自由を持つ」(森村進編訳『ハーバート・スペンサー コレクション』、筑摩書房、二〇一七年、一三七頁)と記している。

(4) 『群誼篇』という書　『群誼』については「導論一」注(13)参照。

(5) 「大きな利潤が生まれるところには……」　アダム・スミスは、一七七六年の『国富論』(*An Inquiry into the Nature and Causes of the Wealth of Nations*. 水田洋監訳・杉山忠平訳、岩波文庫、二〇〇〇〜二〇〇一年）の第四編第七章「植民地について」の第三節で、アメリカ植民地のタバコを例に独占と自由貿易について論じている（同書、第三冊、一八〇〜一八二頁）。厳復が『国富論』を翻訳した『原富』（「導論三」注（3）参照）では、該当箇所を「結局のところ、真の利益とは公共の利益なのであり、公と私はもともと両立しない」とまとめ、さらに直後の評語でスミスの議論を高く評価しつつ、「つまり、〔商業においては〕自分は損をせずに他人に損をあたえるのも、またただ他人に利益をもたらして自分に利益がないのもありえないということで、それは人間にとって極めて重要な原理なのである」と記している（『厳復全集』巻二、四〇五頁）。ただし、スミスの原書にはここで引用されているような記述は見いだせず、厳復の解釈を記したものであると考えられる。

（6）保護貿易の法律を撤廃し、輸出入にかかる税をなくした　イギリスにおける重商主義から自由貿易主義への転換を象徴する一八四六年の穀物法廃止、一八四九年の航海法廃止などを指すものとみられる。

十五　各章の要旨［最旨］

これまでの十四章は、いずれも進化の意味を解き明かしたものであり、一つ一つ繰り返し考察してゆかなければならない。第一章は、世界は恒常的に変化するものであり、進化の作用は生存競争と自然淘汰にあることを明らかにしている。第二章は、進化の要旨を示し、それが万物の変化の大本《おおもと》であることを明らかにしている。第三章は、もっぱら人のあり方から進化を論じ、変異・淘汰・競争の三者によって政治や教化が進むわけを明らかにしている。第四章は、庭師の造園にたとえて天行と人治とが必ずあい反することを明らかにしている。第五章は、天行と人治は対立しているがどちらも同じ根源から現れたもので、ただ天行は生物が競争するのに任せて適者を残すが、人治は生物の生存に適する環境をもたらして人が望むものを得ようとすることだと述べている。第六章は、天行が完全に消滅し生存競争がすっかりおさまっても、生物は祖先に似ていながら変異するという性質を有しているので、人治は生物を〔人の好みに合わせた〕枠にはめながら、その生物が気づかないうちに日々よい方向へと進化させることができる。だからこそ人治による教化が大いに頼りになると述べている。第七章は、さらに土地の開墾や国家の建設といった事業を例として、人治の正道を明らかにしている。第八章は、もし民の人口が日々増加した場合、聖王が統治するのであれば、その方法はもとより庭師にならえばよいということを述べている。第九章は、そうしたやり方は結局は行き詰まってしまい、天行がまた現れ、人治は中途で廃れてしまうということを述べている。第十章は、ゆきすぎた繁殖を抑える方策は、悪しき雑草を駆除して苗を保護するしかないが、人間が人間を排除するという方策は決して用いることはできないということを述べている。第十一章は、社会は進化の自然な過程から生まれたもので、社会を形成できるという天分があり、生存競争がそれを〔自然という〕炉の中で鍛え上げた。人が最初に社会を形成した際には、昆虫や禽獣と変わりはなかったということを述べている。第十二章は、人が他の生物と異なる点を述べている。一つは、〔人はみな〕生まれつき有する能力が同じであり〔ある職分だけに特化されておらず、可能性としてはどのような地位も望めること〕、もう一つは利己的な自己主張に際限がないことであり、この二者は競争を勝ち抜くための資質才能であるとともに、社会を損なう悪徳でもあるが、最初はこれらを用いなければ生き残れなかったことを述べている。第十三章は、社会を形成できるための美徳は、共感に始まり最終的に良心となり、人が良心を持つようになってはじめて社会のあり方は安定するということを述べている。第十四章は、利己的な自己主張は悪いものであるとはいえ役に立ってもいるのであり、私欲を完全に抑えてしまえば害となりうることがあることを明らかにしている。

今、これら十四章が論じていることをまとめて考察すると、人による選択という方法は、草木禽獣に対しては行うことはできても、人の社会に対しては絶対に用いることはできないことが分かる。〔人が人を選択するための〕知識が依拠するに十分でないことは措くとして、知識が依拠するに十分であっても、もし惻隠《そくいん》〔他者へのあわれみ〕や仁愛の気風が衰えれば、その社会は崩れるであろう。さらにそこから類推して言えば、老齢や病気で働けない者を救済したり、障害のある者の面倒をみたりするといった政策は、みな人による選択というやり方と食い違うため行われなくなり、医薬や治療についての学問は廃棄してもかまわないということにまでなる。そして男女の交わりもまた〔種馬のために〕雌馬を集めるようなものになり、それは夫婦の間の倫理を破壊しないと実現されないであろう。ますます非寛容で厳しい統治が浸透し、いつくしみやあわれみの心は減少する。これが何代か継承されて、〔社会の〕気風となる。その社会がよいものであるかどうかは分からないが、〔人が〕互いに支え保護しあうためのよりどころである良心を有する者は、少なくなってしまうだろう。

それゆえ人による選択によって〔社会を〕強化しようとしても、その効果はかえって〔社会を〕弱体化させてしまう。人口過剰の問題は、対処するのがこのように難しい。しかしながら、現在世界の人びとは一つの家族ではなく、五大陸の民も一つの民族ではない。生存競争の激しさは、安定した時代であれば通商や工業に潜んでおり、時世の変乱期には戦争や外交戦略に現れる。その中で自然淘汰のおかげをこうむって生き残るのは何者か。社会というものはどういう理由・原因によって栄えたり衰退したりするのか。国家は何をたよりとして生存競争の後にも存立できるのだろうか。その原理はまことに奥深く広いもので、わずかばかりの導論では究明できないが、時世の変化を深く洞察する人士であれば、おそらく考えをめぐらしてその言外にこめられた趣旨の概略を理解できるであろう。

【厳復評語】

ハクスリー氏のこの書の要旨は、生存競争をわざわいの根源とし、人治は最終的に人口の過多に行き詰まるとするものである。この点こそ彼の持論がスペンサー氏と大いに異なっているゆえんであり、〔ハクスリーは〕社会の理想的な状態など存在しないのだと主張する。スペンサーはといえば、どのくらいの速さかは分からないものの、人間は必ずや完全な理想社会に至ると考える。

スペンサーは次のように述べている(『生物学原理［生学天演］』第十三章「人類の結末について［論人類究竟］」)[1]。

今もし過去のことに基づいて将来を推測すれば、次のことが分かる。一つの社会で政治が発達し教化が進むと、人口が必ず増える。当初は猛獣や有害生物がわざわいとなるが、人口が多くなればそのわざわいはまず取り除かれる。しかし部族に分かれてそれぞれ土地を占拠するようになると、民は有害生物や猛獣以上に互いを傷つけあう。部族を統合して国家を建設すれば、このわざわいも減少するが、人口の漸進的増加の方がわざわいとなる。社会に〔食糧の〕不足があれば、大きな争いが発生する。もしこの時、民の性質や知能がずっと当初のままであれば、その死亡率は人口と正比例する。正比例しない場合は、必ずその食糧が豊かであるはずであり、食糧が豊かであるということは、必ず互いに養いあう能力が発展してこそ可能なのである。ここにおいて進化が民衆を陶冶する仕組みや、民衆が自ら適応〔体合〕していくことが分かる（生物は自らその形態を変化させて、おかれた環境に合わせることができる。進化論者はそのことを「適応」と呼ぶ）。適応とは、〔社会の〕進歩発展のための秘められた仕組みである。しかしながら、この人口過多の圧力は食糧を豊かにすることで削減できるが、その圧力はまた結局人口増加によって増してしまうのである。民が得たがるものは、つねにすでに手にしているもの以上であり、ひたすら追い求めようとするその様子は、まるで陰でそれを駆り立て導く者がいるかのようである。昔から民の欲は〔永続的に拡大するので〕、一時も満たされることはなかった。ゆえに人口過多の圧力からは最終的に逃れることができず、つまりは〔生存競争・自然淘汰といった〕自然の進化の作用がはたらくことになる。その間に移住や開墾が行われたとしても、いずれも一時的に過剰な人口を人口の少ないところに移すことでしかない。そうするうちに、地球は人で満ち、そうなれば、人口過多の圧力は地球全体に及ぶ。

それゆえに、人口が日々増加し、〔その生存に必要な食糧が、実際にある〕食糧の量を超過してしまうことになり、それこそが民が技術や才知、そして自治の能力を発展させざるをえない要因なのである。それらの能力は用いざるをえないために発展せざるをえず、つねに用いるのでつねに発展するのである。すべての産業〔水火工虞〕[2]は、いずれも民智のあらわれであり、知力が発達してはじめてそれらの産業も発展する。産業が発展すれば、知力が発達した者でなければそれを運営することができない。科学者は、もっぱら物の性質を解明することを任務と考えている。農工商の民はその理論に基づいて技術を改良し、それによって物産の産出はさらに多くなるが、民智が日々開けていかなければ、このようなことができようか。十頃[3]の耕地は、現在の収穫は以前の倍であるが、〔それは〕その農民が化学や植物学に精通し、水利について理解し、新たな機器にも熟達し、さらに自身や雇った者の技術がいずれも極めて高くなってはじめて可能となるのである。製造業の職人については、朝に商品を出荷すれば夕方にはそれが売れてしまうようにするには、その製造につかう道具や職人の技術がいずれも他人におくれをとっていてはいけないのは明らかである。通商の範囲は日々拡大しており、それに従事する者は必ず世情に詳しく、利益の計算に緻密でなくてはならず、そうでなければ〔同業者との競争に〕敗れてしまうのである。商業戦争〔商戦〕が激しいと利潤率が低下するため、機器の使用においては最も効率的に、造船においては最も理にかない、操船においては最も熟達してはじめて、元本にも相当する利息が得られるのである。以上のような各種産業の進歩は、その原因を追求してみると、いずれも一つの社会の過剰な人口の圧力によってもたらされているのである。苦労をいとい、安逸を好むのは、どの民もそうである。もし生存をかけて争うのでなければ、目や耳や頭の能力はいずれも発揮されることがない。それらが発揮されなければ適応は起こりようがなく、人ができることも発展しない。ゆえに進化の秘密は一言で言いつくすことができる。

天は、生物が子孫を増やし生に執着するようにさせているので、その種は自ずと日々向上する。あらゆる生物はすべてがこのようであり、人もそのうちの一つである。〔前に〕進む者は生き残り継承され、進まない者は苦境に陥って滅びる。これは大地の奥底に原始動物の化石が数多く存在する理由である。家族や国家の中において、人口がただ増えるだけで智力が以前のままであれば、〔その家族や国家は〕ほどなく滅亡してしまうであろう。たしかに生存をかけた争いのために、その食糧を奪われた者はいる。以前のアイルランドはどうだったか。人口が家畜なみに増加したが、その結果たるや、〔困窮のために〕野垂れ死にした人びとの死体で谷間が埋め尽くされただけであった。飢饉や疾病、戦乱や水害干害など言い尽くすに忍びないものがある。これらは人間の方の問題であって、自然によるものではない。しかし一般的な法則から言えば、滅びてしまった者はみな自ら生きぬくことにたけていなかったのである。生き残り跡継ぎを育てた者は、みなその能力が最も高く、時運にもことに恵まれていて、天によって選ばれた者なのである。したがって、宇宙には生の妨げになるものが極めて多く、人口過多のみではないのであるが、〔いずれにせよ〕人が生存を図ろうとすれば、必ずその才知を発揮してその生の妨げになるものと闘わなければならない。敗者は日々衰退し、勝者は日々繁栄するのである。勝者とはほかでもない、智・徳・力の三つがいずれもすぐれたものである。この三者がすぐれていてはじめて環境に適応する能力が高くなり、生命活動や器官の機能が十分なものとなる。このことから見ても、人口過多は人間にとっての究極的なわざわいではないのである。

私のこの著書の前の章では、生命活動や器官の機能が発展すれば、種は高等になり繁殖することが稀になるという道理を、すでに繰り返し証明している。

種が高等であればその栄養の摂取のしかたは、日を追うごとに、自分自身に対しては贅沢に用い、子孫の育成に対しては吝嗇《りんしょく》になる。一人の身体において、その感情や思考は、いずれも脳がつかさどるものである。社会秩序が進化すると、民の脳がますます大きくなり、脳の襞《ひだ》がますます多くなり、共感もますます速度を増す。ゆえに自ら生きぬき種を保持する能力は、脳の形の大小と比例するのである。物を観察して理を窮め、自らを治め他人を治め、種を保ち子孫について考慮するということは、脳の襞が複雑か単純かに比例するのである。しかし、最高の統治が行われる時代において、人の脳が重く大きく〔その構造が〕複雑で緻密なのは当然であるが、感情や思慮もまたこのうえなく深遠で変化に富み、広がりを持ち玄妙なものとなる。その本体は大きいうえに、その作用も広大であるため、脳の消耗はまた感情や思考の作用の多寡、深浅、遠近、精粗と比例するのである。大小・襞の多寡・消耗度の三つの比例は結びついたものであり、それゆえ人がそのような時〔社会が高度に発達した時代〕に物から栄養を摂取するそのしかたは、その脳を助け補うための消費が最も多くなるのである。脳のための消費が多くなれば、生殖のための消費は抑制される。生物でこの二つ〔の消費〕がともに盛んであるものは存在しえないのである。現在、ヨーロッパの民の脳は、野蛮の民と比べると、十対七になっている。脳の中の襞の重なりについても、また野蛮の民はそれが少なく浅いのであるが、ヨーロッパの民は多く深いのである。そうであれば今後脳がどのように変化するかは、前もって知ることができる。その盛衰の理由については、生存競争や自然淘汰の作用によって脳が大きいものが生き残ったのか、それとも、適応のはたらきがあると、必ず構造がより複雑で機能にすぐれた脳を獲得し、多様で変化に富み広く奥深い事理とつりあうようになるのであろうか。それについて私には分からない。分かるのは、〔物から摂取した栄養を〕一方に多く使ってしまうと、他方には少ししか使えないということである。完全な理想社会の時代には、脳をよく使うのは疑いない。私はすでに脳が発達した生物は成熟する（オス・メスが交わる時のことを言う）のに時間がかかることを明らかにし(4)、さらに男女の情欲が極めて盛んになった時、〔そうでない時と比べて〕思考能力は必ず劣ったものとなり、思考能力がよくはたらいている時は、例えば初学者が数学の難題に懸命に取り組んでいる場合のように、生殖能力はしばしば阻害され、十分発揮されないことを明らかにした(5)。

以上をまとめて見れば、社会が最高の段階まで進化し、世界が人で満ち溢れている時でも、人口の過多は心配しなくてよいのである。人口増加の速度は、その国の政治や教化の程度とつねに反比例するものなのである。

スペンサーの発言は以上のようなものであるが、その説がでてからというもの、進化を論じる学者の八割九割がそれを尊崇している。経済学者バジョットの『自然科学と政治学〔格致治平相関論〕』〔前掲、「導論十三」注(1)参照〕はその説を多く採用している。種が下等な者は子が多いがその子は早死にし、種が高等な者は子が少ないがその子は長命であるというのは、進化における法則である。植物、小動物から人類にいたるまで、あらゆるところで見ることができるものである。スペンサー氏の説はまさにその通りなのである。

訳　注

(1)『生物学原理〔生学天演〕』第十三章「人類の結末について〔論人類究竟〕」以下のスペン

サーの発言は、一八六七年の『生物学原理』第二巻の第一三章〝Human Population in the Future〟に基づく。

(2) すべての産業[水火工虞] 実学を重視した清初の思想家、顔元(一六三五～一七〇四)の『存学編』などに見られる用語で、「水」「火」「工」「虞」は、それぞれ「水利」「鋳造」「工業」「資源管理」を指す。

(3) 十頃 頃は畝の一〇〇倍の面積。したがって「導論一」の注(1)の換算基準によれば、「十頃」は六一万四四〇〇平方メートルに相当する。

(4) 脳が発達した……明らかにし スペンサーの原文では、この箇所には『生物学原理』の第三四六節を参照するよう注記がある。同節は第二巻第七章〝The Antagonism Between Development and Genesis, Asexual and Sexual〟にある。

(5) さらに……明らかにした スペンサーの原文では、この箇所には『生物学原理』の第三六六節、第三六七節を参照するよう注記がある。同節は第二巻第一二章〝Multiplication of the Human Race〟にある。

十六　進化の微細な発端〔進微〕

前に人治による教化が進めば生存競争は行われなくなるのは当然であるとしたが〔「導論十四」参照〕、これは天行の中での生存競争に限ってのことである。天行の中での生存競争というものは、自分の命さえ救いかねるほどの状態において、人びとが食糧を争うものである。〔こうした競争とは別に〕人治の領域での生存競争の方は変わることなく存在している。人治の中での生存競争では、功名や利益へと向かい、人より上に立つことを求める。〔こうした人治の中で〕生存競争が長く続いてこそ、統治者は〔民に〕研鑽をうながすように権力を操って社会全体をよい方向へ導くことができるのだ。そもそも統治者というのは、ただ一人だけが全権を備えた君主であるか、太古の共和の時代(1)のように幾人かの賢人が国をつかさどるか、あるいは今日の民主のように全国の民の権利を合わせるかのいずれかである。その制度は異なるものの、統治者の権力は実のところ等しい。ただ、〔統治者が権力を〕行使するにあたってそれぞれに利点と欠点がある。*

＊【厳復評語】現在西洋では、イギリス・ドイツの両国のように、多くがこれら三つを併用して、それぞれの〔政体の〕利点を兼ね備えている。国王のほかに貴族院と庶民院〔上院と下院〕が存在するのはそのためである。

要するに、社会の安定度や強さは人びとの品性や徳の高さ次第であり、統治者〔のあり方〕は二の次なのである。しかしながら、統治というからには、みなその社会を導きすすめる能力がある。その方法についてみれば、〔統治者が民の〕行動を誘導したり、人材を登用したり、刑罰や恩賞を定めたりということにほかならない。統治者がある基準を示して人材を求め、もしこれに従えばその者に高い官位と報酬を与えるとして、〔その者が〕享受する権利や利益を通常の者より多くすれば、全国の人びとがこぞって才能や知力を存分に発揮してその基準にかなうようにするのは、必然の道理である。はじめは〔その基準にかなうように〕競争するが、最終的には〔そのようにすることが〕習慣となってしまう。ひとたび習慣になってしまうと、統治者であってもその社会に打ち勝つことができないところがある。のちに〔社会が〕衰え次第に滅びていくのは、先には〔社会にとって〕利益となったもの〔統治者が先に掲げた出世の基準を指す〕が〔統治者ですら制御できない習慣となって〕まさに社会の弊害となったからだ。〔統治者が〕民を導き、〔人材を〕取捨選択する場合、その機制はこのようなものなのである。

したがって、〔社会における〕進化のはたらきは、はじめはいつも極めて微細なところに兆《きざ》し、並の知性〔の人〕には見逃されてしまうものである。それが一国の風俗にまで醸成され、〔人びとの〕気質にまで浸透してはじめて弊害に気づき、ようやくそれに抵抗しようとするのである。〔だがこうした抵抗は〕一本の葦で荒れ狂う波を防ぐ、あるいはコップの水で燃え盛る野原の火を消そうとするようなもので、亡国乱世がそれに続く所以である。一つの社会が崩れ、人治がその力を失ったら、たとえ聖人が〔統治に〕あたっても、せいぜい離散した人びとをよせ集め、衰退した社会を支えて、できるだけ〔環境に〕適したものに近づこうとするくらいで、あとは天の選択にまかせることしかできない。なぜか。進化の効用は一朝一夕に得られるものではないからだ。したがって、人治による進化においては、動植物の場合とは異なり、〔社会の様相の〕変化は容易におこるが、人の性格や気質は変わり難いのである。現在のイングランドをテューダー朝と比べてみると、*貧富や強弱には大きな差があるが、人びとの身体や性格は、〔テューダー朝の〕当初と少しも変わっていないようである。作家シェイクスピア〔一五六四〜一六一六〕が描きだしたものは、**現在の人と声や笑顔が同じであるだけでなく、およそ反発したり、ひかれあったり、気が合わなかったりするといった感情も異なるところがないのである。

*【厳復注】 ヘンリー七世〔在位、一四八五〜一五〇九〕からエリザベス女王〔エリザベス一世、在位、一五五八〜一六〇三〕までがテューダー朝の時代で、明の成化二十一年〔一四八五〕から万暦三十一年〔一六〇三〕までである。

**【厳復注】 シェイクスピアは万暦帝〔在位、一五七二〜一六二〇〕の時代のイギリスの劇作家で、その残した作品は各国で盛んに翻訳され、きわめて価値があるとされている。

もし人びとの品性や徳の向上が、人治による教化がうまくいき天行がなくなってはじめてなしとげられるというのであれば、〔たとえば〕エリザベス〔一世〕からヴィクトリア〔在位、一八三七〜一九〇一〕という二人の女王の間の三百年あまり、イギリスでは戦争がおおむね少なく、天行の猛烈なはたらきにさらされることもなかった。種を選択しよいものを残す方法は、あらゆる場合に用いられていたわけではないものの、時折実施されることもあった。刑罰が適切に執行されてこなかったというわけではなく、社会に害を与えた者を流罪に処したり、死刑にしたり、終身刑に処したりしてきた。さらに、怠惰な放蕩者、困窮者の種は劣るからと、貧民救済の法令で「働かずに官府に〔生活を〕頼る者は、男女で同居させない」と定めた。こうしたことはすべて、劣った者が子孫を残し続けて、社会に損害を与えることがないようにするためのものである。

しかしながら、そうしたことは結局は効果がなかった。それはなぜか。このような法令のはたらきは、全国で合わせてみると、その及ぶ範囲が狭いというのが一つ〔の理由〕である。また、民が法を犯したり正業を投げ出したりするのはたいてい中年以降にみられることであるが、刑罰や法令がその者に及ばないうちに、こうしたならず者や浮浪者はすでに結婚をして子どもを育てている。これも〔理由の〕一つである。さらに、このやり方が行き詰まるのは、こうした点だけではない。社会で不幸にも法を犯した者や、節操がなく正業につかず自堕落に暮らす者は、その〔先天的な〕気質や種がすべて劣っているとは限らない。死刑囚も貧窮者も、彼らがそのような境遇に陥るのはつねにその〔生来の〕性質に〔原因が〕あるとはいえ、大半はその人がどのような環境にいたかに関係する。イギリスのことわざに、「糞は田んぼにあれば肥料となるが、衣服につけば汚物である」(2)というものがある。そうすると、汚物というのは、肥料がそのあるべき場をあやまったものである。それゆえ、富豪の家は金目のものを塵芥《ちりあくた》のようにみなすことで〔気前がよいなどと〕名を上げるが、そこそこの財産しかない家が〔同じことをすれば〕そのために凍え飢えることにもなる。勇猛で果敢に功を立てようという気質によって大将としての名声を博すこともあり、利にめざといずる賢さによって商魂たくましい商人が財を成すこともあるが、ひとたび〔こうした気質を〕不当に用いれば、まちうけるのは刑罰や監獄である。こうしたことからみれば、刑に処された無頼の徒は、必ずしも先天的な品性や徳が劣っているからではなく、多くの場合、世間での境遇に問題があったから〔無頼の徒になったの〕だということは明らかなのである。これより、〔社会的に問題がある者の〕種を絶やして跡継ぎを残さないようにしても、それは全く適切でないことが分かる。

今、イングランド一国について述べると、最近二百年の統治の進歩は、まるで〔名馬の〕絶景(3)が疾走するがごとく〔急速なもの〕であるが、その民の気質や性格についてはまだこれといった進歩はない。しかし欧米では生存競争が燃え盛っており、進化〔天演〕を炉とし、自然淘汰〔天択〕を鋳物師として(4)〔鋳造が〕日々進みつつあるのは、政治や学術、そして商工業や軍事の方面なのである。ああ、奇観といえるではないか。

【厳復評語】

進化の学問は地質学における化石の原始的動物〔の研究〕に端を発する。〔化石の時代を〕計算すると往々にして数億年以上であるので、わずか数千年、数百年の間では当然その〔進化の〕はたらきを目にすることはできない。かつてナポレオン一世(5)〔一七六九～一八二一〕がエジプトに侵入したとき、生物学を研究していたフランス人が、数千年〔前〕の古物を多く持ち帰って検証し、古今の人や生物はさしたる違いがないと明らかにしたことから、造化〔の作用〕が生物のかたちを作り上げるのは、きわめてゆっくりで微細な〔過程を経る〕ものであることが分かる。

しかしながら、生物のかたちの変化はすべて外部の環境に対応したものであるはずだ。もし外部の環境が変化することがなければ、世界の〔生物の〕諸々の形状は、現在でもその最初〔の形状〕のままでよいであろう。だが外部の環境が移り変わると、

〔生物の〕形状はその中にあって外部の環境の変化に圧迫され、古いものを捨て去って新しいものにならざるをえない。よって変化の速度はつねに〔外部の環境の変化からの〕圧迫の度合いによるのであり、昔の変化の速度がきわめてゆっくりであったからといって、後の変化の速度がずっとこのままであり、速まることなどありえないとはいえない。ヨーロッパの政治や教化、学術、農工業、商業戦争といった側面についていえば、以前の数千年の変化をあわせてもおそらく最近の数百年に及ばないだろうし、直近の数十年に至ってはその変化はますます激しい。それゆえ、キリストが生まれて二千年経ったとき世界がどうなっているのか、いかに独断的な人であってもはっきりと述べることはできない、といわれているのである。しかし、そのこと〔将来の変化〕について予見できる点がある。それは、時世の変化がどのようであれ、結局は苦痛に背を向けて幸福に向かうはずだということである。これは動植物の変化でたとえれば、自らを利するものでなければ生き残らないということである。

種の子孫〔がどのようになるか〕に至っては、その道理は、まさにハクスリー氏が述べるように、きわめて奥深く究め難いものである。「先祖返り」のように、生物が何世代にもわたって生殖を続けたあと、突然遠い祖先にきわめて似たものがその中に現れることは、無数に代を重ねていても絶やしようがない。たとえば今のウマの種であっても、なおも突然体中にトラのような斑紋《はんもん》があり、〔ウマの〕もととなったゼブラ〔シマウマ〕の野生種と似ているものが現れる場合がある。*ロバの種も同様で、これは〔ウマとロバという〕二つの種は同じ祖先を持つという証である。[6] 一方、ゼブラ〔の野生種〕がロバやウマとなったのは、途方もない時間を経てのことである。ダーウィンはハトを飼っていたが、数十世代後になると、カワラバトの野生種[7]が突然現れることがしばしばあった。また、天性において一部の点に優れたものが、〔別の点で優れたものと〕交配がうまくいって互いに〔その長所が〕合わさるたびに、生まれた子が両親に勝るということがある。これは生物学の道理であり、古人のいう「男女が同じ姓〔の夫婦〕であれば、子孫は殖《ふ》えない」〔『春秋左氏伝』僖公二三年〕というのも理にかなっているのである。だが交配には適不適がある。だからこそ、瞽瞍《こそう》〔舜《しゅん》の父親〕[8]が舜を生み、堯《ぎょう》[9]が丹朱〔堯の子。不肖の子とされる〕を生み、そして前漢の高祖〔劉邦　?～前一九五〕とその皇后の呂雉《りょち》〔?～前一八〇、悪女として知られる〕のような凶暴で残酷な者が恵帝〔前漢第二代皇帝劉盈《りゅうえい》　前二一〇～前一八八〕のような温和で善良な者を生むといったことがあるのはいうまでもない。この道理が及ぶ範囲はとてつもなく広いので、西洋諸国の生物学者の書を幅広く読み、自分自身でこのことを数十年にわたって考察しなければ、その深奥にまで到達することはできないのである。

＊**【厳復注】**　これこそが『漢書』のいう天馬〔『漢書』礼楽志〕だという人もいる。

訳　注

（1）太古の共和の時代　周の第一〇代厲王《れいおう》は暴政を行ったために貴族たちに都を追われ、賢臣であった召公と周公とが共同して統治にあたった。そこから次の宣王の即位までの一四年間（前八四一〜前八二八とされる）が「共和」の時代だといわれる。

（2）「糞は田んぼにあれば肥料となるが、衣服につけば汚物である」　ハクスリーの原文は「dirt is riches in the wrong place（汚物も場所が違えば財宝だ）」（ハクスリー原文、p. 39. 日本語訳『進化と倫理』、一一六頁）。

（3）絶景　『三国志』魏書・武帝紀に登場する良馬の名称で、影すら踏ませぬほど速く走るという意の「絶影」とも称する。曹操が乗っていたとされ、敗走の際に流れ矢にあたったという。

(4) 進化を炉とし、自然淘汰を鋳物師として　原文は「天演為炉、天択為冶」。この表現は、『荘子』大宗師の「今一以天地為大鑪、以造化為大冶（いま、かりに天地の広がりを大きな鑪《るつぼ》と考え、造化の自然をすぐれた鋳物師と見立てよう）」（金谷治訳注『荘子』第一冊、岩波文庫、一九七一年、一九八、二〇〇頁）をふまえているとみられる。

(5) ナポレオン一世　原文の表記による。ただしナポレオンのエジプト遠征は一七九八年から一七九九年だが、その当時はまだ皇帝として即位していなかったため、正確には「ナポレオン一世」ではない。

(6) 二つの種は同じ祖先を持つ……　ダーウィンは以下のように述べる。「私自身は、確信をもって、何千世代も何百万世代ものむかしを、ふりかえってみることをあえてして、シマウマのようにしまがあるが他の点ではおそらくひじょうにちがった構造をもつ動物を、家畜のウマ——一つの野生原種に由来したものかそれ以上からかは別として——、ロバ、ヘミオヌス、クワッガ、シマウマの共通の祖先とみるのである」（岩波文庫版『種の起原（上）』、二一八頁）。

(7) カワラバトの野生種　この点について、『種の起原』第一章においてダーウィンは次のように述べている。「われわれはこれらの事実（引用者注：交配種の色彩の特徴が野生のカワラバトと一致すること）を、もしもすべての飼育品種がカワラバトに由来するものとすれば、よく知られた祖先形質への復帰の原理にもとづいて、理解することができる」（同前、四一頁)。

(8) **舜**　太古の伝説上の帝王。黄帝、顓頊《せんぎょく》、帝嚳《ていこく》、堯《ぎょう》と並んで五帝と称される。盲目の瞽叟《こそう》の子として生まれ孝行によって名を成し、帝堯から天下を譲り受けた(禅譲)。

(9) **堯**　太古の伝説上の帝王。五帝の一人。帝嚳の子として生まれ、帝堯となった。自らが老いると民間の人であった舜に政務を執行させた。堯が没すると、人々は堯の不肖の息子丹朱ではなく、舜に帝位を継がせた。

十七　社会の改善〔善群〕

今の人間社会での生存競争は〔生存をめぐる争いではなく〕富裕や高い地位、優遇された生活を得ようと争うものではないか。競争に勝った者が上位にたち、米飯や肉のご馳走を食べ、堅牢な車や壮健な馬を走らせるような贅沢な暮らしをしながら、社会の多くの民を使役する。競争に負けた者は下流におかれ、なかでもひときわ困苦をなめている人たちは生活ができず、〔法を犯して〕刑罰を受ける者もいる。ためしにイングランドの全国民で数えると、そうした競争による勝者は百人のうち二人〔二パーセント〕ほど、赤貧で法を犯す者も百人のうち二人をこえない。論者は百人のうち二人というのは少なすぎるというかもしれない。ならば百人のうち五人〔五パーセント〕いるとみなしてもよいだろう。するとこの社会の中で先述の「天行の残酷さ」といわれるものがみられる割合は、総計してみて二十分の一〔五パーセント〕をこすことはないのである。この二十分の一〔の国民〕は、じめじめした汚いところで、日々、凍え、飢えていて、その身の周囲はどこも猥雑で不潔で、まともに生活していけるものではない。彼らの夫婦生活には節度がなく、檻の中の家畜なみにたやすく子が増え、そのため子どもは貧しさから衰弱していて育たない者が多いとはいえ、その出生率は死亡率よりつねに高い。しかし、そうした貧しく地位の低い者たちはもとよりおのずと一つの階層をなしていて〔天行の残酷さにさらされている〕この二十分の一の者は〔社会の残りの〕二十分の十九の者に対して選択、淘汰をもたらすような影響力をもちえない。とすれば社会が進化しないのはその少数者の罪ではないのである。

いま牧夫〔育種家〕がいたとして、千頭の羊の中からその最も劣った五十頭を選別して土地が痩せた不毛の野に追いやり、弱いものはおのずと死に、強いものは生き残るにまかせ、そうしてのちにその生き残った羊をもとの群れにもどして一緒に飼育するというなら、こんな牧夫はどんなものだろうか。これは〔人間の社会については〕行きすぎたやり方の喩えではなく、そもそも実現不可能なことの喩えである。なぜなら、今、われわれの社会にあって飢え凍えて法を犯す者は、〔牧夫が〕選んだ五十頭の羊のように、最も弱く極めて愚かな種というわけではないからである。また、今において、富裕や高い地位、優遇された生活を得ようと競っている者はどのようであれば勝利を得ることになるのか。常道からいうと、その精神力が強固で、勤勉で功績をあげ、知的能力が高くて周到に仕事をこなし、ねばり強く仕事をなしとげることができ、さらにそういう人が〔他人に〕それなりに思いやりをもっていてこそ、ほかの人たちの信頼を得られて、つねに仲間の助けを得られる。これこそが勝ちを得る上での変わらぬ道理というものである。

けれども世の中でこうした〔優良なる〕人がその社会で競っても、必ずしも勝者にならないのは、またどうしたことか。それはこういうことであろう。世の政治で最も不幸なのは、賢明な者が下位にいて上に昇れないということにあるのではなく、賢明でない者が上位にあってそういう者たちを降格させられない、ということにある。地位の高い一門、親族、〔悪事で結ばれる〕徒党、〔利権がからむ〕賄賂、慣例、それに統治者の無理解と利己主義。これらはみな〔賢明でない者の〕降格を阻む力である。これをたとえてみれば、重く濁った物体が〔川を渡るため空気でふくらませた〕動物の〔膀胱、あるいは革をはいで作った〕袋や木の皮に助けられたり、泳げない人が救命の浮き輪をかかえたりするようなもので、この場合、それが浮いている理由は、そのもの自体が流れに逆らって泳ぎ、水に潜りながらも、自分で浮き上がっていくというものではない。一旦、助けとなっていたものが取り去られると、「地に本《もと》づくものは下に親しみ〔その類に従う〕」〔『易』乾〕、必ず最終的には本来のところに帰することになる。

一方、生存競争、自然淘汰のはたらきはいわば一国の民をポットの中の水のようにしてしまうようなものである。火で熱すると、その中の無数の原子〔莫破質点〕のうち、暖かいものはおのずから浮き上がり、冷たいものはただちに沈み、〔ポット全体が〕同じ温度・熱量になるまで回転循環する。それゆえ、進化の自然に任せて〔上述の賢明でない者の降格を〕阻む力を取り去ると、同じ社会の民で競争に勝って順調にいき、社会の多数者となる者はもとより必ずしも最適者ではないが、各自、〔社会での生活に〕適したものを持ち、それによってその社会と力をあわせるだろう。その数は多いうえに、合わさった力も強大で、人口もおのずと増える。そもそも多数が少数者に勝つのが天の道理であり、先にあげた二十分の一の不良民のことは考えるまでもない。これが社会を改善し、種族を進化させる最高の方法である。

いま一国の政治では、外には外交があり、内には民政がある。外交と民政という事業は聡明で強固、勤勉で剛毅にしてなおかつ仁心を持つ人が采配してこそ国は強くなり、民も富む。これは普通の人なら分かることである。わが方法に従うと、愚かな者はおのずと下降し、賢明な者はおのずと上昇し、外交と民政という事業はその適任者を得て采配され、時宜にかなった正しい判断と選択がされ、〔それぞれの変化に〕対応して滞ることなく、富強になるのみならず、種族の進化という効果も得られよう。これはもとより〔社会において〕人のはたらきが十分に頼みになるもので、成果が得られるということである。庭師が草木を育てる場合のように、種を選び良い者を残す〔優生術の〕必要はない。

【厳復評語】

ハクスリー氏のこの章でいう、「〔賢明でない者が上位を占める〕助けとなっているものを取り去る」ということほど国の治者にとって難しいことはないが、そうできるとその国は必ず強くなり、その民は必ず進化する。これはすなわち、「質〔朴〕」を重んじる立場は親族を貴ぶ〔親親〕ゆえそうできず、「文〔華〕」を重んじる立場では尊い位にある者を貴ぶ〔尊尊〕ので、やはりそうできない(1)。それができるのは賢明な者を尊び、名と実〔の符合〕を課す者のみである。賢明な者を尊ぶのは墨家に近く〔『墨子』に尚賢篇がある〕、名と実の符合を求める〔戦国時代の尹文《いんぶん》の主張として知られる〕のは〔戦国時代のいわゆる法家〕申〔申不害〕、商〔商鞅《しょうおう》〕に近く、それゆえそういう方法は中国の中古〔儒教体制が確立した漢代以降〕からは、滅多に用いられず、それを活用したのは今日の西洋諸国であった。イングランドの民衆は最も気概を示し、そのためこうした方法はイギリスで最も先んじて用いられ、しかも最も有効に用いられた。たとえば広く新聞社を設け、王への直言を禁じない〔イングランド国王の権限を制限する〕誓約を守った〔宋の寧宗嘉定八年〔原文は七年だが、誤記を修正。一二一五年〕、イングランドのジョン王がその〔統治下の〕民に誓約をし、『マグナ・カルタ〔大憲章〕』〕、中国語でいう大典、と名付けた〕。保守党・自由党の二党が代わる代わる政権をとって国のありかたができあがり、互いに点検して監督した。これらはみな、「助けとなっているものが取り去られない」のを恐れたためにほかならない。

スペンサーの社会学における種の保存原則には二つある。生物が種を伝えて繁栄しようとするなら、成体となる前に得る利益はその働きとは反比例するべきであり、成体となった後に得る利益はその働きと正比例すべきである。この二原則に反すると衰退し滅亡する、というものである。氏の『群誼篇』では種の進化の三原則(2)をあげる。第一に、民の成人後は働きと〔得られる〕食物とがつりあうこと。第二に、各人〔の間に〕はそれぞれ境界があって互いに侵犯してはならないこと〔各人の自由は他の人間の同等の自由を侵害しないことを条件とする〕。第三に、〔個人と社会が〕両方とも損害を被る時は、個人を軽くみて社会を重んじること。これらはギリシア、ローマとこの二百年来の科学の諸学を集大成したもので、国家が安定発展する際に実施されているものである。国を治める者が危険を安全とみなし、災害を利益とみなすならどうしようもないことだが、まことに自国の生き残りを欲するなら、ハクスリー、スペンサー両氏の言はまず動かしがたい。ハクスリーが〔上位にある賢明でない者の〕助けとなっているものを取り去るというのと、スペンサーが〔民の成人後は〕働きと〔得られる〕食物とがつりあうようにするというのは、言いかたはまるで逆だが、その道理は同じなのである。

訳注

(1)「質」・「文」・「親」・「尊」　親族を貴ぶ「親親」と尊位にある者を貴ぶ「尊尊」はともに

『礼記』王制や前漢の董仲舒『春秋繁露』にもみえるが、『春秋公羊伝』隠公元年の「伝」に後漢の何休が「質家〔質朴に重きをおく王朝〕は親親」を、「文家〔文華に重きをおく王朝〕は尊尊」を旨とするという説明をつけている（『春秋公羊伝解詁』、岩本憲司『春秋公羊伝何休解詁』、汲古書院、一九九三年を参照）。

（2）種の進化の三原則　『群誼篇』にあたると思われる『倫理学原理』第二巻第四部（「導論一」注(13)参照）の第二章〝Subhuman Justice〟に類似の内容がある。二つの種の保存原則のほうも同書第一章〝Animal Ethics〟に類似の内容がある。

十八　新たな反転[新反]

前に、庭師が庭を管理する場合、なすべきことが二つあると述べた。第一は、適切な環境を作り、様々な植物が育つようにすること、第二は、〔庭の〕害になる種を取り除き、〔庭の目的にかなった〕よいものが子孫を残すようにさせること、である。〔これを〕人間の統治になぞらえていえば、前者は民を安んじ民を養うこと、後者は社会を改善し発展させることになる。社会を改善し発展させることについては、庭師のやり方は使えるはずもないので、作為的に無理に実現できるものではない。公正につとめ、すぐれた人物が社会的に尊重されるようにするしかなく、そうすれば社会の安定がおのずともたらされる。だとすると、昔も今も統治というのは、民を安んじ民を養うこと以上のものではない。社会の改善や発展については、民の教化を通して、彼らが等しく備える道徳性〔明徳〕と固有の知能を日々新たに拡充させ、社会全体がその幸福と利益を享受することによって、〔その実現が〕期されるものである。

かつての学問は、物質〔形気〕〔に関するもの〕と道徳〔に関するもの〕が二つに分かれていたが、今は両者を合わせて一つのものとしている。論じる対象は道徳や政治のような抽象的なことでも、その議論の方法は、科学者が具体的なものについて推論し証明するのに用いるものだ。その要点をかいつまんでいえば、三つの言葉で言い尽くすことができる。事実の観察〔実測〕にはじまり、次いで〔それらのデータの〕共通点から法則性を見いだし〔会通〕、最後に〔導き出された法則を〕検証する〔試験〕。三者のうちどの一つが欠けても、学問とはいえない(1)。そして、三者のうちでは、事実にもとづいた検証が特に重要となる。昔の学問が今のものに劣っているのは、大体においてこの検証を欠いていることによる。およそ政治や教化における施策は、いずれもこの方法を用いて考察して評価すれば、その施策がうまくいくかどうか、意図した結果が得られるかどうかがそれによって分かる。

天行による生存競争は天地の間に絶えることはありえない(2)。もしも本当に世界が統一される日がやってきて、文物すべての規格が同一化し、政治権力の行使が統一され、社会に太平が実現したとしても、人間社会とその外部の自然との競争は依然として変わりはないし、人口過剰という災禍は逃れようがない。人類という種の祖先は、利己的な自己主張と無慈悲さによって、全ての生物の中で独り勢力を伸ばしてきた。〔このような人類の祖先と現在の人類との〕つながりは遠いものではあるが、悪しき本性は依然として残っていて、〔人は〕この世に生まれ落ちたその時から、すでに際限の無い利己的な性質を持っている。よって、〔人類の〕利己心がなくならないかぎり、争いは絶えることがない。争いが絶えることがなければ、〔人間の営みを破壊する〕天行が機能しつづけるということは、太陽が世を照らすのと同様、何の疑いもないことだ。もし仮に将来の民が、純粋に公理のみに従い、私欲を持たないということが可能になったとしたら、〔その時の人類の〕利己心が除去されたのは、自然によるものなのか、それとも人為によるものなのか。われわれの現在の知力では、それを知ることなどできない。とはいえ、一つ明確なことがある。それは、今の人びとはすでに互いに社会を構成し、一人一人バラバラに暮らしているのではない以上、利己心を過剰に発揮してしまうと、必然的にその社会を害《そこな》うだけでなく、結局自分自身も傷つけることになるということだ。なぜかといえば、〔人は〕社会に依存しているのに、〔過度に利己的だと〕社会に容れられなくなるからだ。従って、自分と他者がともに自己実現できるようにするためには、感情を制御して欲望を抑制し、利己心をおさえて社会のためにつくすことが必要になる。それは、確かに〔個人にとっては〕幸福たりうることではないが、それが実行された場合、その効用の素晴らしさは、〔単なる個人の〕幸福以上のものだ。

そもそも、人類は、その天与の才という点からみれば、自身で知的能力を発展させ、さらにその上に〔外からの〕教化が加わって道徳に外れる者がいなくなれば、日々無限に進歩しうることは疑いない。しかしながら、人がその知的能力、道徳的能力を用いるとすれば、たとえ聖人や賢者といえども過ちが無いということはありえないし、天行は結局人治に対立するものであるならば、つねに人の営為による成果を破壊しようとする。人類の感情は〔現状に対して何かしら〕不満を抱かないではいられないものだとすれば、決して近づくことができない境地をなおも望み続けるが、人類は結局肉体の制約を受けていれば、その知識が宇宙の深奥まで窺うのは不可能である。もしも、それにもかかわらず、「人間世界には、善のみで悪が無く、幸福のみで憂患が存在しない理想的な境地があり、そこへ到達するには時間が必要なだけで、その境地は必ず自ずとやってくる」というのは、ほとんど理屈から考えて決してありえないことで、人間世界について悲観的になるのに十分な理由となる。私が思うに、こうした〔理想的な〕境地は、円錐曲線論の中の、双曲線の漸近線のようなもので、日ごとに接近することはできるが、結局交わることはできないのだ。

しかし、〔この世に〕生まれて人となった以上、今にいたるまで、なしえたことも数多くある。太古以来、人類がなしとげてきたことは、いずれも自然の不足を補い、民を助けるものだった。すでに実現したものについては、その成果をそこなうことなく、いまだ実現していないものについては、〔その実現にむけて〕精進を怠ることがなければ、人治は時間の経過とともに新たなものとなり、先人の夢想だにしなかったものも現れるだろう。すでにこれまでの事実がつぶさに残っている以上、それは間違いのないところだ。とはいえ、このようにして〔人類がなしとげてきたことを〕保持し、さらに進めていったとしても、この物質世界の事象はいずれも放物線のようなもので、極点に達すれば、反転せざるをえず、反転すれば、宇宙においては、再度、天行が支配的となり、人治は徐々に退潮し、何の力も持たなくなる。だが、〔現在の〕われわれがはるか先の世のその先のことについて〔思い悩み〕、海の水が減ることを心配して、〔われわれの〕涙によってそれを増やそうとする必要などなかろう。

【厳復評語】

私に「人の生き方〔人道〕は、苦楽を究極のところとするのか、善悪を究極のところとするのか」とたずねた者がいる。それに対しては「苦楽こそが究極のところであり、善悪は苦楽の範囲如何によって分かれる。幸福は善、苦痛は悪、苦楽こそが善悪を定める基準となる。もし苦楽の間に区別が無いとすれば、善悪の境界も判然としなくなる。なのにどうして〔善悪が〕究極の目標だなどといえるだろうか」とこたえた。〔さらに〕「それでは、〔人につくすために〕禹《う》や墨子(3)が手足をすり減らしたことは誤りで、桀《けつ》や盗跖《とうせき》(4)のようにやりたい放題することが正しいということになってしまう」というので、次のようにこたえた。「人間の生き方を論ずる場合、できるだけ全体をくまなく観察するべきで、一部分のみによって論じるべきではない。人の思量〔する範囲〕の差が大きければ、そこでいう苦楽も全く違ったものとなる。ゆえに、ある人は一生涯利殖に汲々とし、ある人は日夜人を救うことに没頭しているが、それがうまくいけば、どちらの人も幸福を得られるという点では同一である。また、他者のためにつくす人士が「頭のてっぺんから足の踵まですりへらして〔身を犠牲にして〕天下を利する」〔『孟子』尽心上〕のは、わが身は苦痛を受けても、世の中でそれによって幸福を得る者が数多くいるからだ。もし幸福を得る者がいなければ、身をすりへらすようなことをしても甚だ無意味なことになる。慈しみ深い母親が、苦労しながらもわが子を大切にするのは、まるでわが身を忘れたかのようだが、〔そこでは〕母は苦痛を受けているが、子の方は幸福を得ている。〔子どものためになるという、母親の〕目的が達成できたならば、母親はたとえ苦痛を受けていたとしても、それは幸福だと思い、苦痛とは感じない。それは、バラモンの旧い教えで、苦行によって心身の修養を積むのも、大きな苦痛の後に代償として自分が究極的な幸福を得られると考えるからこそ、それに従事するのと全く同様である。だとすれば、人間の行為は、いずれも苦痛を避けて幸福に向かうもので、何らかの幸福があって、はじめて善だといえるということは、明明白白たることだ。それゆえ、「善悪は苦楽の範囲如何によって分かれる」というのだ」[5]。

そうだとすれば、一つの社会の中で、あちらで苦痛を受ける者がいるからこそ、こちらで幸福が得られるとか、自分が苦痛を受けるからこそ、他の人が幸福を得られるというのでは、いずれも理想的な状態ではないということが分かるはずだ。理想的な状態であれば、人はそれぞれがみな満足できる〔幸福の〕量を考え、よそから不足分を取ってくることはない。こうした時には、幸福が即ち善となり、苦痛が即ち悪となる。それゆえ「善悪は苦楽を基準とする」というのだ。以前、私が西洋の経済学を、永遠の精義、人間社会の原理の極致だと述べたのも、それが「当事者双方にとって利益になってこそ、本当の利益である」ということを明らかにしたためだ。こうした観点からみれば、ハクスリー氏がここで「利己心をおさえて社会のためにつくすことは〔個人にとっては〕幸福たりうることではないが、その効用の素晴らしさは、〔単なる個人の〕幸福以上のものだ」というのは、理屈としておかしいことになる。さらに、幸福たりうること以外、いわゆる「素晴らしいこと」がいったいどんなものなのか、私には分からない。ただ、「理想的な治世は漸近線のようなもので、近づくことはできても、交わることはできない」というのは、極めて優れた比喩だ。また、「この世には善のみがあって悪が無いということはありえない」「幸福のみが存在して憂患が存在しないということはありえない」という二語も、動かしえないものだ。(6)

思うに、「善」や「幸福」というのは二項対立的なもので、「悪」や「憂患」があってこそ現れるものだ。もし後の二つが無ければ、前の二つも知ることはできない。生まれながらにして目が見えない者は明暗の違いを知らないし、長きにわたって寒冷地にいる者は寒さを知らず、久しく富裕な地位にいる者は富裕であることを喜ばない。差異を示すものが無ければ、対象が〔どういうものかは〕認識されない。「では、スペンサーの言うような極限の理想的な境地は、あるはずがないということか」という問いには、次のようにこたえる。「それは何ともいいがたい。およそ宇宙が究極的にどうなるかということや、宇宙の始原がどうだったか、ということは不可思議に等しいことだ。不可思議というのは、論理によって論証できないということである。今日においてわれわれが知りうることは、世界は必ず進歩し、後の時代は今より優れたものになるということのみだ。〔進歩の先の〕究極の状況がどのようなものになるかは、千年後についてなら何か言えるとしても、それは〔究極の時点からすれば〕ほんの一日先のことのようなものでしかない」。

訳注

（1）かつての学問は……　この段落のハクスリーの原文は、「そして道徳哲学者や政治哲学者の任務は、その他の科学研究の場合と同じ観察や実験、論理的推論という方法を使って、この目的にもっともうまくつながる行為の道筋を確認する点にあるように私には思われる」(ハクスリー原文、p. 43. 日本語訳『進化と倫理』、一一九頁)というように、特に近代科学の方法の画期性を説明するものではない。

ハクスリーの原文には、近代科学の方法的特徴を説明する以下の「三つの言葉」に相当する部分は存在しないが、厳復は中国の読者に向けて原文に無い内容を訳文に加えて、近代科学以前の学術と近代科学の方法の差異を強調している。

ハクスリーの著作で「三つの言葉」に類似する表現が見られるものとしては、例えば"Science"(Thomas Humphry Ward, ed. *The Reign of Queen Victoria: A Survey of Fifty Years of Progress*, Vol. II, Smith, Elder, & Co., 1887 所収。後に"The Progress of Science 1837-1887"の題名で T. H. Huxley, *Method and Results: Essays* (*Collected Essays*, Vol. I), Macmillan and Co., 1893 に収録)などがある。そこでハクスリーは、「物質的知識(physical knowledge)」のあらゆる分野の発展には三つの段階があると述べ、第一段階を、観察と実験によってなされる「諸現象の知覚可能な性質と秩序の決定(the determination of the sensible character and order of the phenomena)」、第二段階を、「(第一段階で)このように明確にされた諸現象間の恒常的な諸関係の決定(the determination of the constant relations of the phenomena thus defined)」、第三段階を、「これらの特殊的な法則性を、最も一般的な物体

と運動の法則からの演繹によって説明すること(the explication of these particular laws by deduction from the most general laws of matter and motion)」とする。厳復の挙げる「実測」「会通」はそれぞれこの第一段階、第二段階にほぼ相当するように見えるが、「試験」とこの第三段階はかなり内容が異なっており、厳復のいう「三つの言葉」がハクスリーの文章を直接参照したものか否かは未詳。

なお、厳復は「西学門径功用」(一八九八年九月一八日の演説の記録。九月二二、二三日に『国聞報』に掲載)では、「試験」について、帰納によって得られた法則を演繹的に適用し、事実において所期の結果が生じるのを確認することを「試験印証之事」としている(『厳復全集』巻七、九〇頁)。

(2) **文物すべての規格が同一化し**　原文は「書車同其文軌」。『中庸』の「車同軌、書同文(車の轍の幅が統一され、文書の文字が統一される)」をふまえたもの。

(3) **禹や墨子**　禹は中国古代の伝説上の帝王。堯・舜の後を継ぎ、夏王朝の祖となった。舜の時代に治水で功績を挙げ、その事業のために一三年間自宅に戻る暇もなく奔走したとされる。墨子は諸子百家の墨家の祖で兼愛(無差別の愛)説を主張し、利他のために力をつくしたとされる(「導論十一」注(2)参照)。

(4) **桀や盗跖**　桀は夏王朝の最後の王。殷王朝の最後の王の紂《ちゅう》王と並んで、中国の暴君の代表。盗跖は春秋時代の盗賊とされるが、実在の人物か否かは不明。

（5）頭のてっぺんから足の踵まで……　孟子が墨子の兼愛を評した語。なお『孟子』尽心上の原文は「摩頂放踵、以利天下為之（頂《あたま》を摩《すりへら》して踵《くびす》にまで放《いた》るとも、天下を利することは之を為す」だが、『天演論』の原文では「以」「為之」が無い。

（6）この世には善のみがあって……　この部分はハクスリーの原文には類似した内容は見られず、典拠は未詳。また、前出の双曲線の漸近線の比喩も、ハクスリーの原文には見られず、こちらも典拠は未詳。

本論

一　潜在エネルギーと効果〔能実〕

真理は些末なものの中にこそ、よりはっきりとその姿をあらわす〔『荘子』知北遊〕。どれほど微細なものにおいても、その性質を知りつくせば万物の性質はことごとく知ることができ、その道理をきわめれば万物の道理はどこまでもあきらかとなる。〔大事なのは〕自分自身の知性をうまく用いることである。〔知性によって〕遠大高邁なものを追い求めてこそ立派だというわけではない。*

*【厳復注】　このようなことを書きのこしたのは、ベーコン〔Francis Bacon, 一五六一～一六二六〕が最初である。その内容は、「科学の研究では、およそ神の創造のみわざで作られたものであれば、すべてわれら〔人間〕によって解き明かされなければならない」というものである。自然は事物を生みだすにあたって、もともと貴賤や高下とい

った心情などなく、したがって人間の意向で高下・貴賤を決めようとする者は真理からはるかに遠く隔たっており、科学の研究に従事することなどできるはずがない。(1)

さて、〔豆類の〕さやは両方を閉じて外殻とし、一つのさやには数粒の種があるばかりで、〔『詩経』唐風・椒聊にあるようなたわわに実る山椒などとは違って〕目立たず両の掌をみたしそうにもないものである。しかし、もし栽培する人が豆の特性にたがうことをせず、雨がたっぷりと潤し、日差しが十分暖かければ、まもなく豆は内部に蓄えた力を発揮し、外部に付着した養分を吸収して、まず芽を出し、さらに伸びていく。ほどなくして生い茂り、実を結び、刻々と古いかたちから変化して新しくなるが、人は気がつかないか、気づいても不思議だと思わない。尋常でないものを目にすると驚くが、慣れ親しんだものを見ればくわしく知る必要はないと考える。それが、「生涯それに従っていながらその道理を真に理解していない者が多い」〔『孟子』尽心上〕理由である。

そもそも、ほんの小さな一粒の種が突如として、根、枝や幹、花や葉、果実を生じるようになるのは、一朝一夕の出来事ではない。その継続的なはたらきの積み重ねは人間の手による育成や剪定・伐採とは異なるが、〔自然の法則に即しているという点で人為と〕実のところ何も変わりはしない。萼《がく》や花托《かたく》の一つ一つでも、極微細な原子にまでつきつめて、その仕組みやパターンを詳らかに見てみれば、構造やつながりは複雑多彩にしてきわめて精巧で、しかもすべてに変わることのない自然の法則があらわれている。これがいわゆる「きわめて錯雑した状態だが、その条理の正しさはこれを乱すことができない」〔『易』繫辞上〕というものである。一本の植物にしても、その個体を分析すれば各器官に分かれ、それらの器官を統合すれば〔植物としての〕個体を具えたものとなる。根や幹は地中の養分を吸収し、枝葉は二酸化炭素を吸収する。色は無意味についているのではなく、形もただいたずらにそうなっているのではない〔草木には葉緑体があり、さらに日光を受けて二酸化炭素から炭素を分けることができる〕。〔各器官が〕あつまって互いに力を合わせてはたらくのは、その植物の生命をまっとうさせるためにほかならない。それは自然のなせる業で、ただ「作為がないままに〔すべてが〕成しとげられ」〔『中庸』〕、神がいたとしてもその痕跡はみつからない。さて、ある植物が育っていくと、その形態はあれほど巧みで精密であり、そのはたらきはこれほど見事に整っているにもかかわらず、自然は〔それらが失われることを〕あまり惜しまないようで、うっそうと茂っていたものは次第に凋落し、明るくつややかに輝いていたものは次第に枯れていく。傷み枯れしぼみ落葉して、何もかもなくなる。残ったものはわずかにかつて収穫したのと同じような実だけだが、それはまたつきることのない生命の活力を含んでいる。なんという神業であろうか、〔自然が〕生命を生み出すことの奥深さはこれほどまでのものなのである。

いま『易』の道があまねく行きわたって、盛衰は交互に起こり、いわゆる「万物は同一の円環のなかにある」〔『淮南子』俶真訓〕(2)ということが、どこにおいても見られる。小さな子どもが〔遊びで〕瓦を投げるのを見たことはないだろうか。空中で軌道を描き、その動きはちょうど〔弦を下にして壁に〕かけられた弓のようなかたちで、これを放物曲線という〔この線はつまり極めて細い楕円の両端である。もし、物体が地面によって遮られることがなければ、地球の中心点のまわりを巡り、投げたもとの場所に戻ってきて楕円をつくる。その二つの焦点は、一つは地球の中心点であり、もう一つは地平より上にあって、互いに呼応している〕。頂点から〔放物線を〕半分ずつに分ければ、前半は飛翔して上へと行くが、後半は傾いて下に向かう。これは、生物の法則として、何もないところから生まれ、生まれたのち盛んになり、盛んな状態から減退して、減退ののち何もないところへ帰るのに似ている。したがって、進化とは〔開いたり閉じたりする〕網や扇のようなものである。また長江の流れのようでもある。最初は崑崙に源を発し、梁州・益州を出て荊州・揚州へ下り、[3] 広々とした流れはついに海へとそそぐ。それから雲を生じて雨をもたらし、再びその始源に戻る。はじまりは単純だがそこに変化の機運が伏在しているもの、これを「潜在エネルギー」〔儲能〕と名付ける。後に次第に複雑となり、変化のはたらきが極まったもの、これを「顕在化した効果」〔効実〕と名付ける。[4] 潜在エネルギーと顕在化した効果とを合わせて進化というのである。天地のあいだにおいて、上に〔天体の現象を〕観察し下に〔大地の理法を〕観察し、遠くはあらゆる物象に求め、近くは身体に求め〔『易』繋辞下〕ても、それから外れるものはありえない。

ギリシアの哲学者ヘラクレイトス[5]〔Hērakleitos, 前五四〇頃～前四八〇頃〕は「世界には「いま」というものはない。過去と未来はあるが、現在はない」と述べた。たとえるなら、川の流れで足を洗うとき、足を引き抜いてもう一度水に入れても、それはすでに先ほどの水ではない、滔々と流れゆくものは待つことをしない、というようなものだ。ある出来事を「いま」と言った瞬間、その「いま」はすでに過去である。さらに厳密に考えてみれば、「いま」と言ったときのことだけだろうか。「いま」と思った段階で、その「いま」はすでに過ぎ去っているのだ。*

*【厳復評語】ハクスリーはかつて、「人間の生命とは水中の渦のようなものです。その形はしばし保たれていますが、渦の中にあるすべての水の粒子は刻々と移り変わっているのです(6)」〔一八八四年四月八日付け「ウェルビー夫人への手紙」〕とも述べ、一時名言だともてはやされた。また、仲尼〔孔子〕は川のほとりで嘆息して「〔顔〕回よ、事物が新しく変化しているのを見よ、親しく交わっていてもそれは一瞬のうちに過去のものとなる(7)」〔僧肇『肇論』物不遷論〕といった。東洋・西洋の奥深い言葉はこのように一致しているのである。

こうしてみると「静止」とは気づかれていない「活動」であり、平和とは静かな闘争であることが分かる。さまざまな力がせめぎ合い、均衡している。いくつもの流れが合流して波立ち、勝負は移り変わる。広大かつ悠久の宇宙では、長きにわたり摩擦をとおして変化がうまれ、すべてがめぐっていくのである。「天には調和の歌声があり、地には〔天下に利をもたらす〕器物がある(8)」〔ジョージ・バークリー(George Berkeley, 一六八五~一七五三)『人知原理論』第一部六節〕。それが目に見えるかたちでは物質や力となり、目に見えないかたちでは思考や精神となる。物は何によって色やかたちを持つのか。心は何をもとに知覚するのか。はたして名付けることも言葉にすることもできない存在があって、この「変化」の根本となっているのか。それともそれぞれが本来のあり様にもとづいて、互いに無関係なのか。〔古代〕エジプトやギリシア以来、人間の知恵の開化は四千年になろうとしている。しかし、この点については長い夜がいつまでもつづき、いつ明けるとも知れないのである。

【厳復評語】

この章は植物が実から樹となり、樹はまた実を結んで生死を繰り返し、まるで円環に終わりも始まりもないようなものだと述べているが、その通りである。近年の生物学者は人や鳥・昆虫・草木といった類の生き物は器官を持った物ということで、「官品[9]〔生物〕」と名付けている。一方、金属や石・水・土には器官がないので、「非官品〔無生物〕」と呼んでいる。器官がなければ死ぬことはない、というのはそもそも生命を持ったことがないのだから。しかしながら、官品の身体の中には、死ぬ部分と死なない部分とがある。死なない部分とは霊魂のことではない。死ぬものを「甲」とし、死なないものを「乙」とすれば、〔両者は〕はっきりと別物である。たとえば草木においては、根や枝や幹、果実や花や葉は「甲」であるが、「乙」のほうは母体を離れると転じて子に受け継がれて連綿と続き、世代が交代する際に少しずつ変わりながら死ぬことはない。あるいは、そのうち幾分かは死ぬかもしれないが、死に絶えることはない。これは動物・植物もみなそうである。したがって、一人の人間の身には父祖が持っていて、自身へとその生を託した何ものかが存在している。〔それは人類がこの世に〕生を受け、形づくられてから、時代を重ねて繰り返し伝えられ、変化しながら、今に至るまで死んだことがないものである。

訳注

（1）ベーコンが最初である……　フランシス・ベーコンはイギリスの哲学者で、経験や観察を重んじ、帰納法的な思考法を説いた。ハクスリー原文にはベーコンの発言への言及はないが、一六二〇年のベーコンの『ノヴム・オルガヌム（*Novum Organum*）』には、次のような記述がある。「ところで事物の卑俗、それとも卑賤ということに関しては、……そうしたものも、最も立派で最も価値あるものに劣らず、自然誌の中に採用されねばならない。……卑俗なものも、立派なものと等しく存在する。……卑俗できたない事例からも、時々並々ならぬ光と情報とが発せられるのである」（桂寿一訳『ノヴム・オルガヌム（新機関）』、岩波文庫、一九七八年、一八〇〜一八一頁)。

(2) 瓦を投げる　宋代には清明節前の寒食節に、子どもが瓦を投げて遊ぶ風習があったという(明、楊慎『俗言』「抛墒」、楊慎『丹鉛雑録及其他二種』(王雲五主編『叢書集成初編』、商務印書館、一九三六年所収)、二頁)。

(3) 崑崙に源を発し……　崑崙は中国の西方にあったとされる伝説の山で、実在の崑崙山脈は黄河・長江の水源でもある。また、梁・益(四川)、荊(湖北)・揚(江蘇と安徽の淮河以南)は、いずれも「古九州」と呼ばれる古代の地理区分だが、示されている場所にはいくつかの説がある。

(4) 「潜在エネルギー」……「顕在化した効果」……　一八七五年にロンドンで印刷されたスペンサー『第一原理』第三版の第二編第六章では、「物理学者による用語」として、潜在的な「ポテンシャル・エネルギー」、知覚可能な「アクチュアル・エネルギー」の二種が新たに書き加えられている。これらの語彙の登場は、一八五〇年代以降のイギリスにおいて、ランキン(William John Macquorn Rankine, 一八二〇〜一八七二)やトムソン(William Thomson, ケルビン卿、一八二四〜一九〇七)らによって進められたエネルギー概念の展開や学術用語の整理を背景としている。

(5) ヘラクレイトス　古代ギリシア、イオニア地方エフェソス出身の自然哲学者。万物の戦いの中に調和をみいだし、それが世界を支配するロゴス(理法・法則・秩序)であるとした。

またロゴスの象徴として「火」を挙げている。「万物は流転する(パンタ・レイ)」との言葉で知られるが、これは後世の人間がヘラクレイトスの思想を表現したものである。ここで引用されている川の喩えは、「断片」(内山勝利他訳『ソクラテス以前哲学者断片集 第一分冊』、岩波書店、二〇〇八年、三一二～三一三頁、三三五～三三六頁)にみえるが、ハクスリーは「ロマネス講演」の原註二で、特に帝政ローマ初期のストア派の哲学者セネカによる引用を紹介している(ハクスリー原文、p. 89. 日本語訳『進化と倫理』、一六三頁)。

(6)「人間の生命とは水中の渦のようなもの……」 ウェルビー夫人にあてたこの手紙の文面は、後に息子であるレオナード・ハクスリーが編集した『トマス・ヘンリー・ハクスリーの人生と手紙』の第二巻に収録された(Leonard Huxley, *Life and letters of Thomas Henry Huxley*, Vol. II, Macmillan and Co., Limited, 1900, p. 72 を参照)。

(7)「〔顔〕回よ、……」 孔子の言葉として引かれる「〔顔〕回よ、事物が新しく変化しているのを見よ、親しく交わっていてもそれは一瞬のうちに過去のものとなる」は、厳復の原文では「回也見新、交臂已故」となっている。一方、引用元である後秦の僧肇〔三八四～四一四〕による『肇論』物不遷論では、「〔顔〕回よ、事物が新しく変化しているのを見よ、親しく交わっていてもそれはもとのままではない(回也見新、交臂非故)」となっており、異同がある。なお、「物不遷論」での議論自体は、『論語』子罕と『荘子』田子方をふまえたものである。

(8)「天には調和の歌声が……」 ハクスリーの原文では「天の歌声、地の宝」と簡単に引用するのみだが（ハクスリー原文、p. 50. 日本語訳『進化と倫理』、一二八頁）、バークリーは一七一〇年の『人知原理論（*A Treatise Concerning the Principles of Human Knowledge*）』の該当箇所で、「天界の聖歌隊や地上の備品のすべて、約言するなら、世界という巨大な構築物を構成しているすべての物体は精神のそとでは自存できず」（宮武昭訳、ちくま学芸文庫、二〇一八年、五八頁）と記し、独我論を展開している。なお、宮武による訳注では、「天界の聖歌隊」とは、同書における類似の表現から、「惑星をはじめとする天体のことを指している」（二一六頁）とする。

（9）「官品」　厳復は『政治講義』（一九〇六年）の中で、欧文の Organism に由来する日本語の訳語「有機体」について紹介し、自身はそれを「官品」と翻訳してきたことに言及している。そのうえで、二つの訳語のいずれを使用してもいいが、もとの Organism の語に「生命をもつ」という前提がある以上、「機関を有する物体」を意味する「有機体」では無生物も含まれてしまうため、「官品」の方がより的確な訳語ではないかと述べている（『厳復全集』巻六、一九頁）。

二　憂患〔憂患〕

この丸い地球では、カエルやヘビにひれ伏して拝み、尸《かたしろ》〔死者に代わって祭祀を受ける人〕を迎え偶像を作るものから、唯一神のみを認めるものにいたるまで、さまざまな宗教が入り混じっている。聖人や賢人が教示したこと、帝王が制定したこと、司徒〔官名。土地管理や民衆教化を管轄〕が儀礼を用いること、そして司寇《しこう》〔官名。刑獄を管轄〕が刑罰を用いることは、その趣旨は異なるものの、いずれも天を畏敬し、民が過ちをおかさないようにさせようとして始まったものである。〔この世での〕はなはだしい痛みや悲しみについては、誰もその由来を知らないので、愛憎がせめぎあい、同じ種の者に恨みを向けることになる。〔したがって〕宗教や国法は、その始まりから終わりまで、すべて〔こうした〕憂患より生じているのである。

では憂患とはいったいどのようなものなのか。それは天地の間において逃れようがなく、進化の過程で離れようがないものである。逃れることが可能で、離れることができるのであれば〔それは〕憂患ではない。それゆえ、憂患とは、天行の作用が、有情《うじょう》〔心のはたらきを持つ一切のもの〕にはたらくなかで、〔有情の側の〕知慮とともにあらわになってくるものである。さて万物の霊長は人である。しかし、〔人であっても〕社会を形成することができなければ、天賦の才能は伸ばすすべがなく、最も霊妙な能力は発揮されないのである。人は「社会を形成できる」のではなく、「社会を形成せざるをえない」のである。人がいれば社会があり、社会があれば憂患がある。それゆえ、憂患の深度は、社会を形成する能力しだいである。混沌として粗野であり、鹿や豚並みに愚かな状態〔『孟子』尽心上〕では、憂患が存在しないと言ってもさしつかえない。そこから進んで洞窟や樹上に住む状態では、憂患はあるが、心が乱されるまでにはいたっていない。さらに進んで〔北方の〕狩猟民族や遊牧民族となり、猺獠《ようろう》や蛮夷などの南方の異民族となれば、憂患により心は乱されるが、その心の乱れはまだ極まってはいない。人倫が明確となり、礼楽制度が形成され、家屋を作り農耕を行ったり、冠婚葬祭を行ったりするような民となってはじめて、知恵を振りしぼっては苦心惨憺し、なにかにつけ深く思い悩んでしまう。それはあたかも天の刑罰であり、緩めることのできないかのように。

こうしたことは、すべて自然ななりゆきであるが、何のせいでこのようにひどいことになったのか。世の中の趨勢〔世運〕を変化させることは、聖人が行えるものではない。聖人もまた世の中の趨勢の中の一存在であり、世の中の趨勢によってはじめて聖人は生まれるのである。世の中の趨勢が聖人を作りあげるのであって、聖人が世の中の趨勢を作りあげるのではない。もし聖人が世の中の趨勢を作ることができるのなら、進化と呼ばれるものは存在しないことになる。人類は誕生したばかりのころは、もとより禽獣同然であった。だが獲物を捕るのに役立つ爪や牙が無く、寒さや暑さを防ぐ毛や羽が無く、鳥と比べれば、翼のかわりに手を使うので飛ぶ助けとはならず、獣と比べれば、〔足が〕四本から二本に減ったので走るには十分でなかった。このような生き物が、草木や禽獣と入り乱れて雑居しながらも、なんと最も熾烈な生存競争の後も依然として生き残り、ただ生き残っただけでなく、万物に抜きんでた存在となることができた。そうであるならば、あらゆる生類の中で、人だけが最も生存に適した条件を有し勝利できたのは明らかである。ただ聡明さだけが頼りにできるものであったのではない。利己的な自己主張によって奮闘したからにほかならない。

そうであれば、〔利己的な自己主張による〕無慈悲さ〔不仁〕とは、現代でいえば凶悪さであるが、その始めを考察してみると、人類がそれに頼って生きのびてきたものである。利己心が強く、他の生物を害することをためらわず、奪いはするが与えたり譲ったりすることがなく、手にしてしまえば持ち続けて捨てることがない。これらはいずれも人類がそれに頼って他の生物に勝利してきた性質なのである。それゆえ、未開の民はサルとトラの性質を兼ね備え、機を見てずるがしこくふるまい、もめ事を好み悪事に倣い、さらには徒党を組む才能が加わり、利益をむさぼり、凶暴で、勝ちを好み、〔他者に〕服従することのない気風が加わる。一つでも欠ければ、ほとんどの者が天災を免れられず、外界の諸物に飲みこまれ壊滅させられてしまう。ところが予想もしなかったことに、人が他の生物に勝ったそのやり方が、しだいにかえって自らを損なうようになるとは。何を根拠にこのようなことを言うのか。人はどうしても社会を形成しないわけにはいかない性質を持ち、〔社会を形成した以上は〕社会の秩序も日々進んでいかざるをえない。社会の秩序が日々進んでいけば、〔利己的な自己主張による〕無慈悲さによって人類が自身を損なうこともまた日々はなはだしくなる。人が当初禽獣と雑居していたのは、何千年、何万年だろうか。他の生物から取って自らを養い、掠奪や無慈悲なことを行うことが習性となって、さらに何百世代、何千世代だろうか。行動において長く習慣となっていれば、おのずと性格に深くしみついている。人の身体的・心理的素質は〔こうした習慣と〕混ざり合って形成され、代々伝えられて人という種の共通の知能となっていった。そのため人間の教化が進歩しても、以前の悪行の芽は依然として残っているのである。ああ、これこそ世に不善の人が多く、善人が少ない理由である。

利己的な自己主張の性質は、人びとを離散させるのには適しているが、社会を形成するのには適さない。動乱の世には適するが、太平の世には適さない。これらは人が深く理解していることである。昔のいわゆるサルやトラについては、人びとはそれらがことごとく滅んで麒麟や鳳凰、騶虞《すうぐ》〔トラに似た霊獣〕に化すること〔麒麟・鳳凰・騶虞はいずれも聖人による政治の実現に際して吉祥として出現するとされる生き物〕を望まなかったわけではない。しかしこのサルやトラを結局完全に従わせることができないのは、いかんともしがたかった。昔は、これら二者の性質によって快楽と利益を得たが、今試しにこれらの性質を発揮してみると、〔そこから得られる〕快楽はつねに〔それによって生ずる〕憂苦にまさらず、利益はいつも害悪にはおよばない。〔人間の〕凶悪さがもたらすむごさは、天災や外界の事物のわざわいにくらべても、それを上まわっているかのようである。そのため、そうした類のものをすべて、過ちや罪悪として非難した。さらに従わなければ、鞭で打ち、追放し、去勢や足切りを行い、腰斬〔腰部から真っ二つに斬る刑罰〕や首切りまで行った。なんということか。社会の秩序が整備されてきたからには、サルやトラの性質は人にとって無益で、まさに自分自身を損なうものとなり、当初はそうした性質を頼りとして生き残ってきたのだなどとは、誰が言うだろうか。それゆえ、憂患の到来は、自然環境による度合いはさほどではなく、人間関係に由来する度合いがずっと深刻なのである。宇宙の中で、進化は輝かしく進展し、その広大さ、見事さは最高のものであると言える。だが〔人間の〕憂患がそれとともに極まるのである。教化の発展は、結局この憂患を除去できるであろうか。人の行いは、天の運行と一致し、それを遵守して背かないでいられるのだろうか。もしかすると、天と人とは互いに異なっているため、両者のはたらきはもともと最終的に合致することはできないのかもしれない。

三　宗教の源［教源］

文字ができる前はおおむね世が開けたばかりの混沌状態にあり、民の気風は素朴篤実で、多くは移動して狩猟をする時代であった。移動するので、分散したまま大きな群れをなすことがなく、狩猟をすれば、〔獲物を〕殺害して〔その肉を〕生のまま食したのであり、およそこれらはみな教化されていない民である。文字が使われるようになってからは文明の時代となった。〔文明の〕「文」とは条理〔があること〕をいい、「明」とは混沌とは異なることである。混沌を脱して条理がある状態へとなっていくのには、教化が必要不可欠である。けれども教化には〔それがなされてきた時間に〕長短の違いがあり、治世にも〔その及ぶ範囲が〕偏っているか全面的かの違いがある。利己的な自己主張が強く無慈悲な気質というものは変えることが極めて難しく、他方で、慈悲と謙譲、社会の和合を重んじる気風が〔教化によって民に〕浸透するには日が浅く、趨勢として、数十万年、数百万年ものあいだ続いてきた旧習は、〔たかだか〕数千年間こすり洗いして〔その汚れを〕落とそうとしても取り除くことはできない。それゆえ文字が使われるようになってからこのかた今にいたるまで、ずっと〔完成することのない〕変化を続けてきた世であったことを政治を論ずる者は知るべきなのである。

　進化を考察する学問は殷〔商〕〔前一七世紀～前一一世紀頃〕・周〔前一一世紀～前二五六年頃〕の間に、ヨーロッパとアジアの境界地域で始まり、[1] 今日の西洋において大いに盛んとなった。これは「人間の心には霊妙な作用として必ず物の理を知る能力が備わる」〔朱熹『大学章句』格物補伝〕ために、〔万物の〕生死、栄枯盛衰が、昼夜が繰り返されるようにつぎつぎと眼前にあらわれると、〔物の理を知る能力を持つ人間には〕至高の法則がはたらいているのが「まるで日月が照らすように明らか」〔『荘子』達生〕となったのである。それゆえ先覚者たちは暗黙のうちに符合するかのように、期せずして自ずから合致し、通る道を別にして主張を異にしていても、帰結するところは同じだったのである。この二千五百年あまりの間に東西の先哲が偉大な精神で知り得たことについては、精妙な言説がすべて残されていて、確かなものである。とはいえ、そこには浅深〔の違い〕がある。大昔、周の初め〔西周は前一一世紀〜前七七一年〕にはギリシアやインド諸国は混乱し、民衆は水害などの災害に遭って苦しみ、種族間で攻防をくりひろげた。周の東遷〔前七七〇年〕以降になって、ギリシアやインドはだんだん治められ教化されていった。元来、礼楽〔文化〕がさかんになるのは「暴れ者を教化して残忍さを克服させ」――「〔民に徳がそなわって〕死刑のような罰も不要となって」〔『論語』子路にもとづく〕からのことで、民が安心して暮らし、その生業にいそしむようになってはじめて学問や思索に自ら励み、無知の衆として生き、無知のうちに死ぬようなことには耐えがたくなる。前の争いでは生存のために争ったが、後の争いは〔道理を知って〕虚しい生を送らないようにするためである。さらに進めば、天賦の才を尽くして〔成就した学問思索が〕寿命とともに尽きることがなくなるよう争うことであろう。

ベーコン(2)はいいことを言っている。「学とは何か。理法の真実を追求するためのものである。教とは何か。言行の正しさを追求するためのものである。けれども世の中に理法が真実でないのに言行は正しいということがあったためしがない。東方の大陸には蛇を見てそれを崇拝する民がおり、わが祖先だという。もし本当に祖先ならこれを拝むのは正しいが、その誤りはいかんともしがたい。そこで教と学を比べると、学が教より緊要である。科学が未発達な国では、その政令の多くが〔民の実情に〕もとっており、民の天賦の才能が鬱屈させられてのばされていない」と。ベーコン氏の説からいうと、われわれが日々、事物の理がなぜそうなっているのかを研究し、それを人としてあるべきあり方の理とし、自然界と人間界のことをたゆまず追求するというその行いは、このうえなく重要であって、空虚なところに思いを馳せて無益なことにかまけているわけではない。ただ、生き残るための争いだけでも大変なことで、蹄の跡が縦横に交錯する〔戦乱の〕時代、狩猟暮らしで糧食が乏しかった世ではもちろんのこと、今日においてさえ、〔贅沢な〕肉のご馳走や〔上等な絹のような〕軽い衣服にありつけ、生活のために苦労することもない者は十分の一、千分の百の者のほかにどれほどいるだろうか。これ〔生存のため〕以上のことで争うとなると、より多くを望めば望むほど、その道はますます遠く、知識が高まれば高まるほど、その仕事は苦労を要する。こういうことができる者は賢士豪傑・聖哲の徒であり、そのような人がいてこそ国は栄え、種族は高貴なものへと向上し、人はこうして禽獣からだんだん遠ざかるのである。だがこのような人というのはそうそういないものだ。

けれども〔人の〕意識の及ぶところは科学の進歩にともない、とどまるところを知らない。かたやわが生は有限であるのに、高遠な視野を持たずにはいられない。〔『易』繋辞上伝でいうような、生が〕どこから始まり、どこで終わるのかを知ろうとし、「死生の理」に通じ、「鬼神の情状」(3)に通じようとしても、身体には限界がある。世の中に人は途方もなく多く、憂患は天に満ちるほど多く、〔苦しみとなる〕不完全さから自らを救済しようとしても、なすすべがないことにいつも苦しむことになる。マガダ〔ブッダ時代のインドの大国〕で〔ブッダが〕苦海〔果てしない苦悩にみちた現世〕に教えを示し、〔古代ギリシア人も住んだ小アジアの〕イオニアで〔同地のエフェソス生まれのヘラクレイトスが〕逝く川から〔万物流転を〕説いたところをみると、憂いが人の生につきものだと知っていたという点で、古えの人〔の知〕は謀らずして符合していた。痛みや苦しみは生と対をなすものであって、世の中に外からたまたまふってわいてくるようなものではない。それゆえ、社会を形成して治めるというのは果実や花を栽培するようなものだが、〔為政者による〕教化や典章制度が末流となると、花を〔自然にではなく無理に〕栽培する温室のようなものとなる。というのも、文〔飾〕が勝れば偽ものを飾ることが世にはびこり〔「文が質に勝れば史〔物知りでも誠実さに欠ける〕」『論語』雍也〕、〔『老子』第一二章で言うように、過度に〕聴覚・視覚・味覚・意識に心地よいものが増えていくと、声や視力・味覚を損なわせ、発狂することもだんだん増える。聡明な者は〔感覚の鋭さが〕愚昧な者を超えているからには、性情の奥底で感じとって心を動かされることも微妙で深く真摯なのである。

それゆえ〔彼らが〕生を楽しむにも、濃厚なもの、華麗なものとその様態はさまざまで、〔それは〕未開の荒野の者のあずかり知るところではないが、一方、悲しみの情が心に生まれると、その悲しみの深さも質朴な者とくらべるとことに甚だしい。過去については過ちをせんなく悔い、未来については不測のことへの憂慮をつのらせる。空想の中でさらに別の幻を生み、それは地獄心を生じる〔衆生が刻刻と悪心を募らせ、地獄で苦しみを受けること〕と言っても言い過ぎではない。しかも高尚、富貴な〔文明〕生活には「倦厭〔飽きて嫌になる、うんざりする〕」という名の大敵がいる。煩悩が心中に鬱々とし、気力は外で消耗される。「倦厭」という情がおきてそれに流されると、さきの喜びはあっという間に〔空しい〕かすとなる。前〔の喜び〕が強ければ強いほど、後にますます耐えがたくなる。生を終える時にわが生は幻妄で、なにもかも自分の思い通りにならないと気づくばかりであっても、それでもなお恋々とするのは、ただ死が不可知であるからでしかない。ああ、これこそが仏教、キリスト教、ユダヤ教、イスラーム教などが台頭する理由である。

【厳復評語】

世の中の趨勢についての説はまことにこの通りである。全地球をあわせて論じると、民智がもっとも盛んに開けていったのは春秋戦国期で、中国には孔子、墨子、老子、荘子、孟子、荀子および戦国の諸子がでた。〔これら〕古人の業績を論じて、彼らはみな聖人の才をそなえていたという者がいる。一方、西洋にはギリシアの智者たちがおり、インドにはブッダがいた。

ブッダの生没年月(4)は今にいたるまで定説はない。〔後漢時代に中国に仏教を伝えたとされる古代インド中央部の仏僧〕摩騰《まとう》(5)〔迦葉《かしょう》摩騰 Kāśyapamātaṅga、摂摩騰《しょうまとう》とも。生没年不詳〕が後漢の明帝〔在位、五七〜七五〕に答えたところでは、「周の昭王〔在位、前九九五〜前九七七〕二十四年甲寅に生まれ、穆王〔在位、前九七六〜前九二二〕五十二年壬申に没した」。隋の翻経〔経典翻訳〕学士費長房〔現、河南省汝南の人〕撰『開皇三宝録』〔『歴代三宝紀』〕にはこうある。「魯の荘公〔在位、前六九三〜前六六二〕七年甲午生まれで、『春秋〔左氏伝〕』に〔この年、夏、四月辛卯〕恒星が見えず、夜、明るく、星〔隕石〕

が雨の如く墜ちた、とあるのが瑞応〔めでたい兆しの現れ〕である。周の匡王〔在位、前六一二〜前六〇七〕五年癸丑に示滅〔逝去〕」と。また『什〔鳩摩羅什《くまらじゅう》〕法師年紀』と『石柱銘』には「周の桓王〔在位、前七一九〜前六九七〕五年乙丑の生まれ、周の襄王〔在位、前六五一〜前六二〇〕十五年甲申に滅度〔逝去〕」とある。このほかにブッダの生年は夏の桀〔前一六〇〇年頃か〕の時、商の武乙《ぶいつ》〔在位、前一一四七〜前一一一三〕の時、周の平王〔在位、前七七〇〜前七二〇〕の時とするものもあり、見解がわかれる。ただ唐の貞観三年〔六二九〕、皇帝の命で刑部尚書劉徳威らが〔高僧〕法琳と詳細に考査し、ブッダの生誕は周の昭王丙寅、示滅は周の穆王壬申と定めた。けれども周の昭王在位十九年のうちに丙寅の年はなく、漢の摩騰のいう〔周の昭王〕二十四年も誤りで、二人とも十四年甲寅を書き写し間違え、その誤りが伝わったにちがいない。だとすると、今年〔一八九七年〕は干支では丁酉にあたり、二千八百六十五年前、ブッダはキリストより九百六十八年早く生まれた。近年、西洋の研究者は仏教経典について盛んに議論するが、ブッダの生没年については結局確定できず、ただキリストより約六百年早く生まれたとしていて、これによると費長房の説が近い。ブッダが悟りを開いたのは〔中国では春秋魯の国の〕定公・哀公の間〔在位、前五〇九〜前四九五・前四九四～前四六八〕で、宣聖〔孔子〕と同時代だったことになる。〔『春秋』にいう〕「夜、明るい」などの天変諸現象は仏書にいう「〔仏の出現や説法を讃えておこるとされる瑞相としての形と音の〕六種の震動があり、光があまねく十方国土を照らした」というのと符合しているのではないか。魯とマガダの東西経度差はわずか三十余度、時差が一時《とき》〔約二時間〕ほどで、同時に天変を見たこともあるいはあったかもしれない。

　ギリシアの哲学者はタレス〔Thalēs, 前六二四頃～前五四六頃〕が最初で、魯の釐公《きこう》〔僖公、在位、前六五九～前六二七〕二十四年に生まれ、タレスが初めて黄道傾斜角〔地球の赤道と黄道がなす角度〕を定め、日食を予測した(6)。アナクシマンドロス〔Anaximandros, 前六一〇頃～前五四六〕は魯の文公〔在位、前六二六～前六〇九〕十七年生まれ、ピタゴラス〔Pythagoras, 前五八二～前四九六、イタリア学派（ピタゴラス教団）の始祖〕は魯の宣公〔在位、前六〇八～前五九一〕年間に生まれた。ピタゴラスは天文数学の祖で、音律〔音程基準を発見したとされる〕で宇宙の諸現象を説明した。クセノファネス〔Xenophanēs, 前五六五～前四七〇頃、クセノパネスとも〕は魯の文公七年生まれで、論理学を創めた。パルメニデス(7)〔Parmenidēs, 前五四〇頃～前四五〇以降、エレア派〕は魯の昭公〔在位、前五四一～前五一〇〕六年生まれ。パラミティ〔般剌密諦〕〔生没年不詳、エンペドクレス〔前四九三頃〜前四三三頃〕、あるいはロクリスのティマイオスか〕は魯の定公十年生まれ。ヘラクレイトスは魯の定公十三年生まれで、〔運動や変化といった〕物の性質について初めて論じた。アナクサゴラス〔Anaxagoras, 前五〇〇頃〜前四二八頃〕(安息人)(8)は魯の定公十年生まれ。デモクリトス〔Dēmokritos, 前四六〇頃〜前三七〇頃〕は周の定王〔在位、前六〇六〜前五八六〕九年生まれ、分割不可能な原子の説を唱えた。ソクラテス〔Sōkratēs, 前四六九頃〜前三九九〕は周の元王〔在位、前四七六〜前四六九〕八年生まれ、性理や道徳を専ら説いた。アリストクレス、一名プラトン〔前出、ソクラテスの弟子でアリストテレスの師にあたる〕は周の考王〔在位、前四四〇〜前四二六〕十四年生まれ、哲学者で最も知られている。アリストテレス〔Aristotelēs, 前三八四〜前三二二〕は周の安王〔在位、前四〇二〜前三七六〕十八年生まれで、〔近代の〕新しい学術の誕生する以前に西欧人に崇め信じられていたという点では、中国における孔子と異ならない(ソクラテス、プラトン、アリストテレスは三代の師弟関係で、それぞれ師の説を重んじつつ新たな創見を標榜し、〔師の説を〕墨守することはなかった)。このほかにエピクロス〔Epikūros, 前三四一〜前二七〇〕は周の顕王〔在位、前三六八〜前三二一〕二十七年生まれ。ゼノン〔Zēnōn, 前三三五〜前二六三〕は周の顕王三年生まれでストア学を唱えた。だが、周の赧王〔在位、前三一五〜前二五六〕初年生まれのアルケシラオス〔Arkesilaos, 前三一四〜前二四二／二四一、中期アカデメイア派の創始者〕が〔秦の〕始皇帝〔秦王として在位、前二四七〜前二二一〕六年に死去し、それによって〔隆盛期も〕終焉した。どうもギリシアの学問の支流もここにいたってだんだん枯渇してきたらしい。

西欧人の学は創見を得ることのみを重んじて、先達の言を述べてその道に従い進むことをあまり重視しないと、かつては思っていた。ただ周の前後三百八十年間のみに、新知識をうみだした人たちがつぎつぎとでて傑出した能力を発揮し、その立論・構想が後世のモデルとなり、今に到るまで二千年も衰えていない。その当時、〔ギリシア・インド・中国は〕二大洋〔太平洋と大西洋〕の間にわたり、〔その間には〕高山砂漠があり水陸の交通手段もなかったとなると、〔傑出した人物が輩出したことは〕通常の「時代の気風」などとして説明できるものではない。ああ、これは偶然ではあるまい。世の中にそのわけを指摘できる者がいるなら、私は万里の遠路であろうとも〔礼を尽くし〕贈り物を携えて訪ね、師として教えを請おう。

訳注

（1）**進化を考察する学問は……**　厳復はこのように進化学は殷（商）・周の間に始まったとするが、ハクスリーの原文では、遅くとも紀元前六世紀には存在していた、とする（ハクスリー原文、p. 53. 日本語訳『進化と倫理』、一三二頁）。

（2）**ベーコン**　ハクスリーの原文ではベーコンの説に言及していない。ここの引用の出所については未詳。

（3）**鬼神**　鬼神という言葉はここでも踏まえられているように、「〔聖人は〕始めをたずねて終わりにかえる、ゆえに死生の説を知る。〔陰の〕精〔陽の〕気は〔凝集して〕物をなし、〔それが分解、離散すると〕游魂は〔精から天へ浮きあがる〕変をなす。このゆえに鬼神の情状を知る」（『易』繋辞上）で知られる。その概念形成には変遷があるが、もと「鬼」は死者の霊魂、「神」は伝説上の超能力を持つ天神を示すことはあっても自然神的な意味あいがあるとされ、いずれにせよ唯一神的な神とは異なる。孔子の「鬼神を敬してこれを遠ざける」（『論語』雍也）立場で知られるように、儒家は鬼神の存在に深く関わることを避けようとし、道教では道と気と神の一体を説いた。宋代の儒学では鬼神の自然化が進み、朱熹は幽霊なども否定することなく、自然現象、気の運動として鬼神論に組み込み、祖先の祭祀も気論で合理化しようとした。

（4）**ブッダの生没年月**　以下、周王等の在位期間として通説によるものを参考として注記したが、厳復の議論と年数が合わない部分がある。次の段落のギリシアの哲学者の生没年についても同様。

（5）摩騰　後漢時代に竺法蘭とともに中国に仏教をもたらしたとされ、後漢永平一一年（六八）には洛陽の白馬寺に住み、『四十二章経』を翻訳したと伝えられる。伝記は梁、慧皎撰『高僧伝』巻一に記される。

（6）タレスが初めて……　測量術や天文学にも通じたタレスは、ヘロドトス『歴史』による と日食を予言したという（松平千秋訳注『ヘロドトス　歴史（上）』、岩波文庫、一九七一年、改版二〇〇七年、第一巻七四章）。

（7）パラミティ　『大仏頂如来密因修証了義諸菩薩万行首楞厳経』一〇巻（疑経ともいわれる）の訳者が唐の般剌密帝《はらみてい》。原文に付す校訂注（『厳復全集』巻一、一二四頁）では古代インドの高僧で中国に行き、『楞厳経』を述説した般剌密帝 Pramiti のこととするが、場所・時代から して別人であろう。

（8）安息人　「安息人」とするのは厳復の注記。「安息」は、ここでは地域名として用いられている。「本論十二」の「厳復評語」の記載では「小アジア」とされている。

四　刑罰の厳格な適用〔厳意〕

「〔四時《しじ》の運行のようにたがうことのないとされる〕神秘的な天の道にのっとり教えを設ける」〔『易』観〕ことが興ってきた理由を知ろうとするなら、刑罰や恩賞が行われる際の公平さについて知ることからはじめなければならない。もし世の中の刑罰や恩賞がつねに公平に行われていれば、そうした教えが興ったかどうか分からないのである。そもそも、統治を進めるにあたって不可欠で、その起源が最も古いのは、刑罰や恩賞ではないだろうか。刑罰や恩賞というのは天下の公平のためであり、統治において肝心なものである。社会的な関係が生じてくると、人と人がつきあう際には、必ず双方がともに守って背かないものがなくてはその社会は維持できない。それがしっかり守られるほど社会も強固となり、〔それに〕背くことが多ければその社会は崩れていってしまう。〔その社会が〕堅固か否か、強いか弱いかは、社会〔の構成員〕がともに守っているものによって決まる。総じてこれら〔の規約〕を公正な道理〔公道〕というのである。西洋の法学者は刑罰や恩賞の根源までさかのぼって「人びとが社会集団をつくるからには社会の規約が必要である」という。それに、規約によって社会集団を制御するというのは、人間だけに限らない。オオカミが群れをなしてシカを追いかけるとき、猛烈な勢いで攻撃するさまは凶暴だといってよい。しかしながら、それは〔オオカミ同士は〕共食いしない〔という了解がある〕からこそ可能なことで、それもまた〔一種の〕規約である。なにもその規約を公文書に掲載したり、宮殿の門外〔の法令を掲示する高台〕に掲げたりする必要などない。そのまま暗黙のうちに了解し、それが皆の利益になると深く信じてともに守っているだけなのである。

人がはじめて社会をつくったときの規約も、おおむねこれと似たようなものである。心で〔暗黙のうちに〕了解するのが先であって、文字や言葉にするのはいずれもその後のことなのである。規約が成立すれば、それに背いた者がいれば社会を挙げてその人を罰する。規約に背くことなく社会に利益をもたらす者は、社会を挙げてその人をたたえる。〔こうした〕賞罰は社会〔全体〕によるもので、はじめのうちは、権勢や地位の高さを背景に、社会の構成員に対し〔賞罰を〕法令として制定し、強制的にこれに従わせるような諸侯〔のような権力者〕はいなかった。それゆえ〔こうした〕規約は実のところ自分で作って自分で守る、自分で承諾して自分で責任を負うものである。これが、規約が公平である理由である。

刑罰や恩賞がすべて社会の名の下に行われるとなると、〔それらは〕民衆の価値観に基づいて決定されることとなる。ゆえに必ずしも最善ではないとはいえ、私心をはさみようがない。私心がはたらくのは、刑罰や恩賞の権限が権力者に統一されることから始まる。権力者による規約は、規約ではなく命令である。規約は平等に行われるが、命令は上下の間で行われる。社会に〔合意による〕規約がなく命令しかないとなると、人民はそれぞれが〔自身の〕勢力を私《わたくし》のために行使するので、小さい者は大きい者に、弱い者は強い者に使役されることになる。それればかりでなく、社会が日ごとに大きくなり、人口が日ごとに増加すると、智愚の差がきわめて大きくなる。政策・法令や刑罰をどう実施するかは、いきおい〔社会の構成員の〕誰もが論じるわけにはいかなくなる。そうするとその権限は日々多数者のものから少数者のものとなり、分有から専有へと向かうのも必然のことである。また人治による教化が日々進めば、「分業し協力する」〔『孟子』滕文公下〕という局面が成立し、人を統治することと人に統治されることとを、一人で兼ね備えるわけにはいかなくなる。

さらに法規が日ごとに煩雑になり、国や社会に関する情報が日ごとに多くなれば、専門家によってでなければ〔統治を〕行う時間がない。そこで統治を専業とする者が現れ、「士君子」と呼ばれた。そして社会もまた規約によって彼らに〔統治を〕託し、もっぱらそれを行わせる一方で、みなで税金を出し合い、報酬を与えて彼らを養う。これが古今の教化の進んだ国の共通した道理である。のちに覇道による支配者〔「導論七」参照〕が機に乗じてその道理を換骨奪胎し、自身が社会に奉仕するという道義を、一国が自分に奉仕するという名目に変えてしまった。そして、「〔支配者が権力を〕長い間借りたまま返さなければ、それが〔借り物であって〕支配者のものではないことが誰にも分からなくなる」〔『孟子』尽心上〕。ここ数百年におけるヨーロッパの君主と人民の争いはおおむねこのことによる。幸いにも現在は民権が日々拡張し、公平な統治が日々出現している。これこそが、ヨーロッパの政治に他の地域の国の政治が及ばない理由である。しかしながら、〔ヨーロッパの政治も〕その本来のあるべき姿にもどっただけなのである。

かつまた刑罰や恩賞というものは、もとより統治の重要な権限だが、それらを用いるとなると、刑罰のほうが恩賞の場合よりも厳格である。刑罰は時代によって重さが異なり、統治者はその時の状況にあわせて〔刑罰によって〕社会秩序を維持する役割を果たしてきた。だが昔と今とでは〔刑罰に〕大きく異なるところがあるということについては、考察しないわけにはいかない。太古の未開な時代の人は刑罰を施すにあたり、「動機によって罰する」〔『後漢書』霍諝伝〕といわれることはしない。犯人の行為自体を問題にし、〔表には出ない〕動機という観点から罰を加えることはしない。しかし「刑罰の施行は刑がなくなることを期待してのことであり」、「刑を明らかにすることは、いずれも教化を補うためである」〔ともに『書経』大禹謨に由来〕。それゆえ刑罰というものは、社会を統治するうえでやむをえないものであるが、刑罰を受ける者に対して深い怒りや恨みがあり、必ず死刑になるまで追い込みたいというわけではない。それはまた「〔刑罰を受ける〕あなたの行為はわれわれの社会にはふさわしくなく、社会によって受け入れられない」といっているようなものなのである。

およそ〔統治による教化は〕罪を犯す可能性はあるがまだ犯していない者のためを考えてのことであって、すでに罪を犯した者はもとよりこうした教化には値せず、教化したとしても無益である。そもそも、罪を犯す可能性はあるがまだ犯していない者のためを考えてということならば、〔犯罪は〕その意図を汲んで深い見地から〔罰を〕論定しなければならない。もし行為だけに依拠して罰するならば、慈母が〔子どもを叱るのに〕折った細い枝で打ちつけ[1]、その子どもを死なせてしまったり、道で瓦を投げて遊んでいて〔「本論一」注(2)参照〕隣人を殺してしまったりすることもありうるが、そうした場合も、すべて「殺人者は死刑とする」という条文を適用したとすると、民はもちろん運が悪かったとして受け入れるほかない。これは刑罰を施行するやり方として簡単といえば簡単だが、民が日々善に向かうよう求めるのは実に難しい。なぜか。過失や不運というものは民自身の意思ではどうすることもできないからである。それゆえ統治によって教化を進めたければ、故意と過失の区別を厳格にしなければならない。刑罰は故意に犯した悪事にみあうものであるべきであり、恩賞はどれだけ本当に善を好んでいるかに相当するものでなくてはならない。そうしてはじめて勧善懲悪が行われ、風俗や習慣の改善が見られるのである。殺人は本来必ず死刑となるが、故意でない殺人は情状について別に議論すべきところがあるので、故意による〔殺人を犯した〕者と同じ罰にしない。〔犯罪への刑罰は〕その意図を考慮して行為に重きをおかず、妥当であるかを重視して〔過失と故意とで〕罰を厳密に等しくはしない。これは何も刑罰に限ったことではなく、朝廷でも近隣においても賞罰や毀誉をほどこす場合はみな同じである。

訳　注

（1）**慈母が折った細い枝で打ちつけ**　揚雄『方言』第二において細い枝の各地での呼称をあげるなかで、「慈母が子を叱り、細枝で打ちつけたとしても、そこには教えがある」という話を引く（揚雄著・郭璞注『輶軒使者絶代語釈別国方言』、張元済主編『四部叢刊』経部所収）。

五　天による刑罰〔天刑〕

　そもそも「刑罰は罪に相応《ふさわ》しく、恩賞は功に相応しく」〔唐、皇甫湜「賢良方正直言極諫策」〕というのは、王者が天の名の下に行うことである。昔の言葉に、「天道は善き者に福を与え、悪しき者に禍を下す」〔『書経』湯誥〕、「正しい道に従えば吉、正しい道に逆らえば凶というのは、あたかも形に影が従い、声に響きが伴うようなものだ」〔『書経』大禹謨〕とある。吉凶禍福というのは、やはり天からの刑罰や恩賞なのであろうか。その名の下に〔刑罰や恩賞を〕与えるという点でいえば、天以上に刑罰や恩賞が〔罪や功に〕相応しくなるものはないはずだ。しかし、〔実際は天の〕賞罰が当を失し、適切さを欠き、人からの非難を逃れようがないかのごときであるのは、いったいどういうことか。根本にたちかえって考えてみよう。そもそも安危や苦楽は人間のみにあることではなく、鳥や獣や魚などの動物についてももとより全て同様である。もし、安寧や幸福は福運によってもたらされるもの、危難や苦痛は災禍として降りかかるもので、災禍を被る者には罪過があり、福運を享受する者には功績があるというのであれば、鳥や獣や魚などには、どんな罪過や功績があって、天が災禍や福運を与えるのだろうか。これに対して「いやいや、鳥や獣や魚などの類は、〔人間と違って〕もともと天が気にかける対象ではない」という者があるが、それは、天が〔動物に対して〕非情であるというだけにとどまらない。いったい、何の証拠があって天が人類だけを特別扱いしているというのだろうか。たとえその通りだとしても、では天は人に対してどのようであっただろうか。そもそも、善を為した者が必ずしも福運を享受するわけでもなく、悪を為した者が必ずしも災禍を被るわけでもないということは、文字による記録が無い時代は遠い昔のことなので確かめようがないが、文献が存在するようになった後でも〔その例は〕どれだけあるか知れない。貪欲で凶暴な者が真夏の草木のように繁栄する一方で、謹しみ深く慈しみにあふれ、「公正でなければ発憤しない」〔『史記』伯夷列伝〕者が、生きている間は困窮した生活をおくり、死ぬ場合も刑罰に処せられて死んでいったという事例はいくらでもある。さらに、祖先の悪行の影響を、なぜ子孫の世代が受けることになるのだろうか。愚昧〔から生じた過失〕のために被る災厄が、なぜ故意による罪悪で改悛の情もないために死刑となる場合と同様なのか。また、少数の痴《し》れ者が失敗をおかしたために、罪のない善良な者たちが受ける禍いがしばしば国家全体に影響することにもなる。〔天による〕賞罰の公正さというものは、本来、このようなものなのだろうか。

　ああ、かの天〔が与える禍福〕が理にかなっていないことは、インド、ギリシア、セムの三つの地の民が詳細に知るところである。ガウタマ〔喬答摩〕〔・ブッダ〕の経典の諸章、『旧約聖書』の「ヨブ記」やホメロス*の哀歌[1]が、いずれも天が無慈悲であることを述べているのは、互いに何と似ていることか。大洪水や大噴火、飢饉や疫病がしばしば起こり、そのために命を落とした人の数に比べれば、〔暴君である〕桀や紂に殺された者もごくわずかでしかない。〔災害によって死んでいった者たちは〕悪の限りを尽くしたために、災禍を被って当然な者たちだったというわけではあるまい。人は帝王となる場合、ともすれば、それは天命だというが、チンギス・ハンは凶悪で仁愛の心が無く、草を刈るごとく人を殺したにもかかわらず、彼が獲得した領土の広さは、二つの大洋を貫通するものであった[2]。オイディプスは正義の人であったにもかかわらず、自身ではいかんともなしえない経緯《いきさつ》のために、自らその父を殺し、母を妻とした。ハムレットは孝子であったが、父の復讐のために、叔父を殺害し、実の母を辱めざるをえなくなり、自ら剣で胸を刺すこととなった。これらはいずれも人として悲痛を極めた経験をしたものだが、どれも自身の罪によるものではない。ではこうした禍福は何者が主《つかさど》っているのか。そもそも〔人の禍福の結果が〕このようなものでありながら、なおも、目に見えない、はるか高い処に、人間の道徳と同じ価値観を持つ者がいて、善を勧め悪を憎むために〔下すべき禍福を〕判定しているなどといえるだろうか。

＊【厳復注】　あるいはホーマーともいう。ギリシアの古代の詩人。

動物学を研究する者がシカを手に入れて解剖して調べたところ、胴体の骨格が強靭で、身体がしなやかであり、遠くの音が聞こえ〔る耳と〕、長い脛を持つことに感嘆し、「造化の作用はなんと偉大なことか。シカに危険をよく察知する〔耳〕と速く走れる足を与え、それによって災禍を免れ、自分を守れるようにしている」という。別の折りに、オオカミを手に入れて解剖して調べたところ、長く突き出した口と大きな肺を持ち、頑丈な首をしていて疲れることがないことに驚き、「造化の作用はなんと偉大なことか。オオカミに勇猛な強い力を与え、それによって食べ物を探して自分で生きていくことができるようにしている」という。もし科学の立場からみれば、オオカミとシカの両者の中に、いずれも生物への造化の作用のこの上ない精巧さを目にすることができるということで、そこに主観が入る余地はない。しかし、人の思い入れがはたらくと、オオカミが害をなすことと、シカが害を被ることとは、明確に異なるとされる。シカは善良、オオカミは悪虐ということになり、およそシカのためになるのが仁、オオカミを助けるのは暴ということになる。(3) しかし、〔シカとオオカミの〕両者は、いずれも造化の作用によってつくられたものなのである。

例えば、ある人が、その右手で武器を操って人を殺しながら、その左手で死人を生き返らせることができたとしたら、その人は仁だろうか、暴だろうか。善だろうか、悪だろうか。私からみれば、それは仁でもないし暴でもなく、〔そこには〕善も悪もない。それは〔仁と暴、善と悪の〕二者を超えたものである。(4) なのに、私がこの二者〔への人間の見方〕にとらわれて功罪を判断するとしたら、事の真相からかけ離れてしまう。それゆえ、先賢の説にしたがって、道理は天に根拠を持つといったとしても、私が道理を裁判官として審理させ判決を下させたとしたら、この天行は、もはや自身が悪事の首謀者ということになり、万物に対して弁明の余地がない。それでもなお、〔天が〕

賞罰を与える権を持っていて、「善をなせば、それに何百という吉事を下し、不善をなせば、それに何百という凶事を下す」(『書経』伊訓)などといい加減なことを言えるだろうか。*

*【厳復注】 オイディプスのことはギリシアの旧史に見える。幼時に父に捨てられ、他人に養われたために、成長した後も互いのことを知らなかったのであろう。

【厳復評語】

この章の趣旨は、『易』繋辞上伝にいう「乾坤のはたらきは万物を鼓動させるが、聖人が憂慮することを憂慮したりしない」、『老子』第五章にいう「天地は不仁である」というのと、同じ考え方である。『老子』にいう「不仁」とは、「仁ではない」ということではなく、「仁であるか仁でないか」という理屈をこえていて、「仁」によって論ずることができないということなのだ。スペンサーは『天演公例』を著し、宗教と科学の二つは、どちらも「不可思議」を起点としている、というが[5]、それは仏教にいう「不二法門」(『維摩経』入不二法門品)のことである。その言葉は極めて深奥であり、先の議論と照らし合わせてみるべきである。

訳注

（1）ホメロスの哀歌　ハクスリー原文では、ホメロスの作品ではなく、ヘシオドスの『仕事と日々』が挙げられている。

（2）チンギス・ハンは……　ハクスリー原文には、チンギス・ハンについての言及は無い。

（3）動物学を……オオカミを助けるのは暴ということなる　この段落の「シカ」と「オオカミ」に関する部分はハクスリー原文にはなく、"Struggle for Existence in Human Society" (*Evolution and Ethics and Other Essays*, Macmillan and Co., 1894 所収。原題は "The Struggle for Existence: A Programme", 初出は *Nineteenth Century* 23 (1888)) の中に一部重なる内容が見られる (*Evolution and Ethics and Other Essays*, pp. 196–197. ただし、この部分には動物学者の発言に当たる記載は無く、厳復が何に依拠したかは未詳)。

（4）例えば……二者を超えたものである　この部分もハクスリー原文には明確に該当する記述が見られない。なお、前注に言及した "Struggle for Existence in Human Society" の個所には、シカとオオカミについて、人間の世界から離れた自然の立場から判断した場合には「シカを助ける右手の善意とオオカミをけしかける左手の邪悪さが互いに打消しあい、自然の進行は道徳的 (moral) でも不道徳的 (immoral) でもなく、非道徳的 (non-moral) に見えるだろう」(p. 197) という、この部分の厳復の訳文の議論に一脈通ずる内容も見られる。

（5）『天演公例』を著し……というが　この文章は、その題名から見て "Progress: Its Laws

and Cause", *The Westminster Review*, Vol. 67, 1857（清水禮子訳「進歩について」、清水幾太郎責任編集『世界の名著三六　コント、スペンサー』、中央公論社、一九七〇年所収）の可能性が高い。ただ、「進歩について」では「科学」に関してはこのような主張があるものの、「宗教」については必ずしも明確な形での議論はない。ここでのスペンサーの発言内容に類似したものは *First Principles*, Part I, Chapter V, Section 27（初版、pp. 98–99. 日本語訳『第一原理』、一一三〜一一四頁）などに見られる。

六　ブッダ〔仏釈〕

天〔の意思〕とはこのように知りがたいものである。しかしながら、昔から天にもとづいて教えを立てる宗教家は、世を救うことにその意図があった。そこで人意からおしはかったものを天意とみなし、〔主宰者としての〕天は万物の根源であるのに、これほど無秩序であるはずはないと考えて、天のためにあれこれ弁明した。そもそも天をまつるために〔天子が〕郊外で祭祀を行い、蓍《めどぎ》や亀甲《きっこう》を用いて〔禍福や吉凶を〕占ったの[1]は、天がもとよりあらゆるところに存在しているということである。そこで〔天意による〕災異〔自然災害と異常現象〕を説く流派が多く、〔その中には〕君子もいれば小人《しょうじん》もいるが、天行の示す現象が必ず人の行為と互いに密接に関わっていると考える点においては共通している。ただそうした言説は多くがこじつけで一貫性がなく信頼することはできない。その弊害となると、各人が各人の説を立て、果断にはげしく殺戮しあって天下を乱すことになる。天〔のあり方〕は決して勝手な憶測をしてはならないのだ。

宋・元〔九六〇～一三六八年〕以来、西洋では科学研究が発展するにつれ、宗教がもたらす災禍は消滅していった。高い見識を備えた人士は事物の奥深い原理を研究し、天〔の意思〕は不可知であるという説を発表し、世人が古えの説を固く信じたり自ら〔の主張〕を過信したりしないように戒めた。古くはギリシアのピュロン(2)〔Pyrrhōn, 前三六〇頃～前二七〇頃〕、近くは〔一七～一八世紀に活躍した〕ロック、ヒューム、カントなどの学者が繰り返し推論証明しようとしたのはみなそういう意図からである。だがインドの聖人であるブッダはそれでは学説として成立するには不足があると考え、十分な理屈を何としても立てようとして、それで輪廻因果の説を提起した。輪廻因果の説とは何か。一言でいえば、語りえる道理によって、不可知のことを導き出し、知りがたい天〔の意思〕を解明するということである。

世の中で憂患を逃れるところはなく、憂患は誰にも及ぶ。それはちょうど雨露が草木にふりかかるのと同様である。目に見えているところでは、天が世の中の善悪を細かく弁別し、それによって賞罰を下したり、損害や利益を与えたりすることはない。

ブッダは、これは、そうした事象には因果というものがある、といった。この因果とは、人が自らなすことで、天はいまだかつてそれに関与したことがないといっても、かまわない。生には過去があり、現在があり、未来があって、鉄の鎖の輪、漁の網の目のように三者はつながっている。禍福がいたるのは実は前後を合わせた総計によるのであり、人がただその当面の境遇をみて〔禍福の〕過不足を判定するのはもちろんただしくない。つまり一生の間に受ける苦楽は、すべて人が自ら種をまき、育てた結果である。結果のない原因はなく、また原因のない結果もない。今直面している状況は、今に起因するものでなければ、必ず昔に起因するものである。今なしていることは現在に結果がでなければ、必ず未来に結果が現れる。〔人が〕めぐり合う境遇は、代数和のように積もり積もった正負の諸数を合わせて通計したものなのである。正負の帳尻が合ってこそ全体の和がゼロとなるのであるが、それはそうそうあることではない。帳尻が合わないうちは正が残ることも負が残ることもある。

因果というのは必ずしも現在で尽きるものではない。負の勘定が清算しきれていなければ、最終的には清算する日が訪れるであろう。ただ目の前の境遇だけでいうなら、禍となるはずのことが逆に福となったり、吉になるはずのことが逆に凶となったりするが、〔そう見えるのは〕差引勘定した結果、その身になお大きな負債が残っているということを知らないからだ。〔禍福や吉凶の〕勘定は凡夫の知りえるところではない。バラモンからガウタマに至るまで、このようにあれこれと天のために弁明した。いうまでもなく、これはその説が真実であるか虚妄であるか、判断しようが全くないのだが、たとえその通りだとしても、天はそもそもどうしてこのように面倒なことをするのか。さらにどういう意図でそうするのだろうか。これもついには知りえないことである。そうはいっても、因果説は「その持するに故あり、その言うに理をなす〔その主張には一定の根拠と道理がある〕」〔『荀子』非十二子〕というものではないだろうか。早計に〔因果説を〕妄言だと排斥し、粗略な考えとみるわけにはいかない。しかも輪廻の説ももとより目に見える世間のことと物事の道理にもとづいておしはかったものであり、普段の行いに適用してみても、実に〔輪廻の説に〕似たところがある。これこそ物事の道理をきわめようとする人士が好んでその説をくりかえし研究し、その奥深い意義を求めようとするゆえんである。

訳注

(1) 蓍や亀甲を用いて占った　前者は蓍萩《めどはぎ》の草の茎を筮竹《ぜいちく》としたこと、後者は亀の甲羅を焼いて現れるヒビの形を見て亀卜をしたことから。

(2) ピュロン　古代ギリシア、エリス出身の哲学者。古代の不可知論者、懐疑論者の祖として知られる。

七　カルマ〔種業〕

原理・原則には、古い時代に始まり、長い時を経てますます明らかになってきたものがあるが、遺伝〔種姓〕の説がそうであろう。昔の人は、子や孫は父や祖父の分身である、としていた。人の声や容姿、心身の資質には、父に基づくものもあれば母から受け継いだものもあり、およそこの一身のうちに集まっているものには、遠い過去からであれ、近い過去からであれ、実はすべて〔祖先からの〕由来がある。しかも、声や容姿、心身の資質にとどまらず、〔遺伝の影響は〕性格において特に著しい。同じ状況、同じ時点で同じことを行うのに、その出処進退・取捨選択が人により違ってくるのは、ただ性格が異なるからで、偶然そうなるのではない。性格をそれぞれ先人から受け継いでいるという点では、声や容姿、心身の資質と同じである。幼子は生まれたばかりの頃、その性格は表に現れていないが、これは潜在的能力〔儲能〕というものである。潜在的能力は、しだいにあきらかになって顕在化したかたち〔効実〕となる。明朗か陰鬱か、剛毅か柔弱かが言動に現れるようになり、いずれもはっきりと指し示すことができる。さらにその後には、男女の交合が行われ、一方にそなわる特質は別の特質とあわさることで、〔遺伝した子において〕深く濃いものとなったり、浅く薄いものとなったりする。性格と声や容姿、心身の資質は、いずれも混合を経てその子孫へと送り届けられる。〔このような〕遺伝の説は由来の久しいものである。

ただ、インドの学説はこれとは少し違うところがある。われわれが父母から子、孫へと〔遺伝の諸要素を〕代々伝えていくと考えているのは先に示した通りだが、インドの方では、人には来世の生まれ変わりがあるものの、〔それは〕必ずしも子孫としてではないと考えている。声や容姿、心身の資質といった表面的なものはもとより伝わるとは限らない。一方で、性格や品行はかつて積み重ねたすべてがまざりあい結合して、一つのものとなる。それを「カルマ」(1)といい、〔サンスクリット語からの音訳で〕「羯磨《かつま/こんま》」ともいうが、漢訳では「種業《しゅごう》」〔善悪の行いとしての「業《ごう》」が原因となって苦楽という結果を生じるのを植物の種子にたとえる〕である。「種業」とは必ずしも罪悪のみをいうのではなく、功罪両面に通じる名詞であり、善悪双方に適用される呼称である。人は涅槃〔悟りの境地〕に入ることによってのみ、輪廻を免れ、とこしえに苦趣《くしゅ》〔苦に満ちた世界〕を離れることができる。輪廻を脱することができなければ、善悪は異なっていても、みな無明《むみょう》〔迷いの根本となる無知〕から転じて業識《ごっしき》〔業としてはたらく心〕となってしまう。一切の業をつくりだし〔心を〕薫習《くんじゅう》〔行為の残香をしみつけること〕して種子《しゅうじ》〔心の中に潜在する行為の種《たね》〕を生じる。種子は必ず果実をもたらし、果実はまた種子を生じ、生死をくりかえす輪廻に終わるときはなく、〔苦に満ちた世界である〕苦趣もともに永遠に続くのである。生は苦とともにあり、もとより切り離せない。結局のところ、インドでは命あるものの苦楽〔幸と不幸〕が不平等であることの理由を明らかにしようとして、目の前の因果によってはなおその理由を言い尽くすことができず、そのためにやむをえず、輪廻の説がつくられた。しかしながら、輪廻して、甲を乙に転じさせたとしても、甲はおのずと甲であり、乙はおのずと乙であって、両者のあいだに何一つ受け渡されるものがないとすれば、やはり因果の説を展開するには不十分である。こうして、カルマ、種業の学説が生じたのである。

〔『首楞厳経《しゅりょうごんきょう》』巻一で〕「業種《ごうしゅ》〔善悪の業が苦楽の果を生じること〕がおのずとそうなるの

は、ちょうど悪叉聚《あくしゃじゅ》のようなものだ〔悪叉はインド産の樹木、「聚」は集まる。悪叉の実は多くのものが集まることの比喩に用いられる〕」というのは、まさにこのことである。「悪叉聚」というのは、先に述べた「まざりあい結合して」という言葉と同じ意味だ。カルマが世につれて少しずつ違ったものとなるのは、過去〔の業〕によりつつ、現在の行いがさらにカルマのあり方を左右することができるからで、これこそインドの宗教が薫修〔行為の残香をしみつける薫習の考え方にもとづき行う修行〕を重んじる理由である。薫修によって悟りを得られるとの教説をインドでは教えの根本に据えているが、その理屈はなお近代の進化論者たちのあいだで論議を呼んでいる。そもそも資質の違いや精進〔の仕方〕が正しいかどうかによって、その人の長所や短所がそこから拡大・増減する効果を持つというのは、決して嘘ではない。ただ、それで気質の変化をもたらすのに十分かといえば、それはまだ言い難いものがある。生涯にわたり厳しく身を処し精進しても、育った子は必ずしも親ほど賢くなかったり、あるいは一生を享楽にふけっておきながら、生まれた孫はその祖父よりもはるかに勝っていたりといったことが、世の中にはもちろんある。自身〔の行為〕が善であれ悪であれ、気質の本来的な形は変わらないのかもしれない。薫修に勤《いそ》しんだからといって、悟りが必ず得られるとは限らないのだ。
そこから次のようなことが分かる。インドの教えが薫修によって必ず悟りを得られるともっぱら言うのは、修養や修行の作用によって気質を変化させることを期待しても、そうなるかがはっきりしないのであれば、因果の説が適用できなくなるばかりか、わが生涯において自身で悟りに至る根拠もことごとく失われ、彼らの教えのいうように生死を超えて輪廻から脱け出すにしても、努力のしようがなくなってしまうからなのだ。したがって、インドの新旧二つの教え〔バラモン教・仏教〕はいずれも薫修によって悟りに至ると述べているが、その根源を遡れば、やはり〔理論上〕やむを得ないところからきているのである。

【厳復評語】

〔過去・現在・未来にわたる〕三世が因果の関係でつながっているとの考え方はインドに始まるが、ギリシアの哲学者たちではプラトンが最も似ている。プラトンは次のように述べている。人はもともと〔天上界の〕神とともにあり、目にするものはすべて〔神の本性である〕「理」そのもので、〔各人の心の〕気質に由来する私的な偏りなどなかった。過ちのために人間界に追いやられ、形気〔気とそれによって成り立つ肉体〕におおわれて本来の姿を見失った。しかし、人間界に堕ちたばかりであったために、ものに触れればすぐに〔天上界にいた頃にみていた真実在の姿に〕気づき、迷いから復帰することもたやすかった。これは前世からの素地のある人間は、真理を理解し、容易に感得できるためである。もし、〔人が真実在の姿に〕気づくことによっていっそう努力し、さいわいにも心をきよめて本性を見極め、ものごとの本来の姿を洞察したなら、次の世ではもとの地位に戻り、究極の楽しみを享受することができる。もし、〔人が〕迷いに迷いを重ねれば、賢から愚に転じ、天上界からはますます遠ざかり、人としての姿を失って、下等な生の世界に入る。下等な生の世界にも等級があり、だいたいは善であれば上昇し、悪であれば下降するが、もとの世界からはいよいよ遠ざかり、天上界への復帰はいっそう困難となる。プラトンの説[2]はこのようなものである。私見では、ギリシア・インドの両地は互いに近く、プラトン氏は〔インドの教えに〕ならったところがあるに違いない。宋代の儒者たちは「性」について論じているが、彼らが述べた「性が善であることを明らかにし本来の姿に復帰する」〔朱熹『論語集注』の『論語』学而への注〕といった学説は、その多くが仏教書に根ざしていたのと同様である。ただ、ヨーロッパの学者は、プラトン氏の言説は自らの見解を示したものであり、インドの諸教とはまったく無関係であるとみなすばかりである。どちらの考え方にも確証はないので、とりあえず二つの説をここに記しておき、賢人識者が〔議論の〕材料とするのをまちたい。

訳　注

（1）「カルマ」　ハクスリー原文で karma として言及されているカルマは、もとは「行為」を意味するサンスクリット語 karman に由来し、ここでは輪廻思想において前世・現世・来世にわたってひきつがれる行為一般としての「業《ごう》」を指している。

（2）プラトンの説　真実在（イデア）の想起や転生についての以上の内容は、プラトン『パイドロス』（藤沢令夫訳、岩波文庫、一九六七年）や『国家』（藤沢令夫訳、岩波文庫、一九七九年、特に下巻所収の第一〇巻末尾の「エルの物語」）などに関連する記述がみえる。

八　超俗的な生き方〔冥往〕

インドの初期の教義を考察してみると、最近のフィロソフィー(「愛智」と翻訳される)が明らかにしていることとあまり変わらない。その教義は物事の道理について次のように説く。物事にはみな不変のものがあってその根底となっており、それを「真」や「浄」と呼ぶ。「真」「浄」とは、精妙で奥深く恒常不変であり、物事とともに変化することのないものである。「浄」は色として見たり、音として聞いたり、味わったり、触れたりすることができない。色として見たり、音として聞いたり、味わったり、触れたりすることができるものは、「浄」に付随して現れるのであり、それを「塵《じん》(感覚の対象)」や「名」と呼ぶ。「塵」「名」とは、一切の「有為法《ういほう》(現象的存在)」のことであり、「変化して定まらず」(『易』繋辞下)、「従来のあり方にとらわれない」(『荘子』天運)ものである。

宇宙には「大浄」が存在しブラフマンと呼ばれるが、それは旧教(バラモン教・ウパニシャッド哲学)における呼称である。個人一人一人に分与されている「浄」はアートマンと呼ばれる。このブラフマンとアートマンは、もともと同じものである。ただ人に分与されたアートマンは、つねに気によって形成された性質に束縛され、肉体的な制約を受けることになる。さらには欲望や哀楽の感情がむらがり集まって、その人の一生の幻妄となる。そうして人に生まれつき分与されている本体については、二度と認識できなくなってしまうことがある。幻妄を指して「真」と見なしている以上、アートマンは(幻妄に)からめとられ深く沈みこみ、生死を繰り返して自ら抜け出しようがない。聡明な人はそうであることが分かっているので次のようにいう。一生は幻妄であるうえにすべての困苦や屈辱といったことはいずれも自分でうみだした私欲から生じているのであれば、因縁を絶ち、その(私欲という)初発のところを破壊することが最も得策であると。そこで「徳を絶ち知を棄て」(『老子』第一九章)、「憤怒を制し欲望を抑え」(『易』損)、いわゆる「生死を超えて輪廻から抜け出すこと」を求めるのであるが、その方法はほかでもなく、われわれから見れば、進化に身をまかせることをせず、生存競争の喧騒には関わらないことなのである。

〔前世の行為にもとづく応報である〕カルマ、種業は、薫修によって取り除いて変化させたうえで、さらにすべての汚れや貪欲さは薫修によってしだいに消滅させることができるのであれば、自分のことばかりを優先するはなはだしい利己性や、死を憎み生を求めるという大きな惑いは、すべて薫修という方法によってそれらの桎梏《しっこく》から逃れることができる。そうであれば、この世という幻影はついには消えてなくなるであろうし、この生という夢幻もついにはつきることとなろう。これらが消えさったのちに、自身のアートマンの本体が現れ、「天下の理に通徹し、天下の事にあまねく心がおよぶ〔明通公溥〕」〔周敦頤『通書』聖学〕ブラフマンと合わさって一つとなる。これが旧教の大要であり、仏教が現れる以前、先見の明のある人士が、自らを救済するために用いる方法であった。

ただ、その〔自らを救済するという〕方法とは、苦しみにたえて厳しい修行にはげみ、世俗から離れて、隠棲するというものであった。その方法が完全な段階にまで推し進められると、〔修行者は〕呆《ほう》けた無知のような状態となる。〔修行について〕理解していない人からそれを見れば、頭が鈍く気が狂っている者と変わりがない。そうではあるが、その方法は智から生じ、さらには必ず智にたよって運用されるのである。煉丹〔不老不死の仙薬を作ること〕の専門家にたとえてみると、金や銀、鉛や水銀の性質について深く理解しているだけでなく、さらに必ず観察の能力や化合の技量を有してはじめて、期待通り〔仙薬作りを〕成功させることができるのである。こうしたことは終始、人によって行われるのであり、天はかかわることはない。どのような智を運用し、どのような力を加え、どのような悟りを得るかについて、その権限や効果はみな修行者のみが握っているのであり、天が〔修行の〕成果や過誤〔についての評価〕を担うことはない。これがまさに後世の人がいう「自分自身で悟りに至る」ということなのである。

現在から過去を見れば、次のようなことが分かる。彼らが俗念を消して独り隠棲し、懸命に修行していたのは、まことにこの世で生きていると憂患から逃れられず、苦海で舟は漂流して行きつくところが分からない〔『詩経』小雅・小弁〕と考えるからであった。そうであるならば、生きることに執着し一生を保とうとするのは、単に「幼くして故郷を離れ帰ることを忘れる」〔『荘子』斉物論〕ようなものにすぎない。一方、命を捨て死を求めるというのも、〔生に執着することとくらべて〕その惑いという点で必ずしも大きな差はない。この大いなる憂患は身体が存在することに起因するのだが、その状態はみな心によって生み出されたものであることから、幸いにして今では「心を捨て去る方法」〔『荘子』天地〕というものが現れたのである。〔その方法によれば〕田地や住宅、親しい者や愛する者、礼儀と法制度、人間社会といったような、われわれが一生において恋慕し、その心が執着するようなものを、すべて捨ててしまおうとする。さらには生活に無くてはならないものでさえ、かろうじて生存できるという程度にまで抑制し節約する。財産を捨て去り、貧窮して物乞いをし、気が狂ったふりやおろかなふりをする、こうしてようやく普通の人びとの世界を超越して、「天の仲間になる」〔『荘子』大宗師において、根源的な「道」と一体となった「真人」のあり方を指す表現〕。ブラフマンへの道とは、このようなものなのである。

九　真と幻〔真幻〕

ガウタマ〔喬答摩〕〔・ブッダ〕がインドに現れると、*衆生の救済を誓ったが、その宗旨は、旧教〔バラモン教・ウパニシャッド哲学〕とはじめはさしてかけ離れてはいなかった。ただ、〔旧教における〕自己の本性を修養して本来のありかたに立ちかえること、つまりいわゆる「アートマン〔個体原理、霊魂〕を修めてブラフマン〔宇宙を支配する原理〕に入る」こととは全く異なるもののようである。旧教ではブラフマンを至高とし、それが形体もなく、境界もなく、俗塵を離れ静寂だというのは、究極のありかただといえる。だがガウタマからみれば、偽の道、魔宗であって、人はその中に入ると網にかかったようにからめとられ、囚われるだけである。というのもブラフマンは深奥をきわめたものであるとはいえ、なおも〔ブラフマンのように実在する〕ものを残していると、輪廻に陥ってしまう。すると、すべての人界や天界といった苦に満ちた世界〔衆生が業によって趣《おもむ》き住む地獄趣・餓鬼趣・畜生趣・修羅趣・人間趣・天趣の六道〕までがさらに強烈に立ち現れるだろう。それすら無にしてはじめて外物に支配されることがなくなる。これこそブッダの主張がこれまでの学説より超絶するところで、〔それは〕言辞議論すらもすっかり忘却してしまうものである。

*【厳復注】〔漢訳の〕喬答摩は橋曇弥《ゴータミー》、倶譚《くたん》、瞿曇《くどん》とも書き、〔いずれも〕発音が似ていて、ブッダの姓(1)のことである。『大唐西域記』〔唐、玄奘口述、弁機編〕には、もと星の名で、星の名から呼び名となり、伝えられていくうちに貴人の姓となり、のちに釈迦と改められた、とある。

かつてのギリシアの哲学者と近年の西洋哲学者(2)が〔事物の〕本性について語ったのはこういうことである。すべての現象・存在において、〔われわれにとって〕真の実在とみなしているものはすべて幻であるが、〔そうであってもその〕幻にもやはり〔その背後に〕真の実在〔物自体〕が存在する。なぜ〔われわれが〕真の実在とみなすものはすべて幻だというのか。山河大地およびすべての物質と観念というものはそれ自体で存在することができるというわけではなく、感覚によってはじめて存在する。視覚がつきると色や形は消え、聴覚がふさがれると音はなくなる。しかも〔それらは〕感覚に頼って存在するからには、感覚器官によって変化し、目が疲れると朱色が青緑色に見え、耳を病むと蟻の闘いが牛の闘いのようにも聞こえる(3)。認識されたすがたはもともと自分の中にあるのであって、物の側についているのではない。これが「真の実在とみなしているものはすべて幻である」ということである。では、「幻にも〔その背後に〕真の実在が存在する」とはどういうことか。かりに自分と接しているものはたえず起滅して無常であっても、不変のものがその根本にあってこそ、よりどころができて現れる。ただ現象を捨てて実在を追求したり、「名」を捨てて「浄〔真実〕」を求めたりしたところでそれは得られない。だが実在という原因があってはじめて現象という結果が生まれる。すると粗雑な肉体であろうが、純精な精神であろうが、いずれにも「真」にして「実」なるものが変わることなく永遠に存在し、その「幻」にして「虚」なるものを主宰することになる。そこで造化には真の主宰者がいるはずで、それを上帝〔神〕とよび、われわれには真実の本性があるはずで、それを霊魂とよぶ。これが「幻にも〔その背後に〕真の実在が存在する」ということなのである。

昔の哲学者の説は精妙というべきである。けれども、人は身体的存在として、感覚器官で対象に接し、意識が知覚するのであるにせよ、はっきり分かるのは、存在はすべて幻だということだけで、「幻にも〔その背後に〕真の実在が存在する」のかどうかにいたっては、絶対に明らかにしえない、ということを知るべきである。先人はすでに「現象を捨てて実在を求めてもかなわない」と言っている。真実とか不変不滅の神とかというのは、もし、それが接したときに心に生じるものを捨てて言おうとするなら、それが実在だと指し示しようがない、と分かる。〔『荘子』天運に引かれる老子の言葉のように〕足跡というものは靴で踏んでできるもので、その足跡を靴そのものだとはみなせないのはもちろんだが、踏んだ靴は結局目にすることができないのはいたしかたがない。結果を見ると原因が分かると言っているのは、かつてこの原因からその結果がでたのを見たことがあるからである。もし原始以来、結果があるのを見るだけでその原因を見たことがなければ、原因の有無は察知しようがなく、近年の〔ジョージ・〕バークリーの主張するような、〔知覚するすべての〕事物は結果にとどまり、原因はないという説も、それをどんな根拠で排斥できるというのか。(4)

論理学者のミル〔〔『天演論』自序」に既出〕氏はこういう喩えをしている。(5)今ここにものがあり、見るとつやつやした黄色で、嗅ぐと馥郁《ふくいく》たる香りがし、撫でるとぐるりと丸く、食べると味わい深く甘いと、われわれはそれがオレンジだと分かる。もしそのつやつやした黄色をとりさり、他の色を与えず、またその馥郁たる香りをとりさって他のにおいを与えず、ぐるりとした丸みをとって、その他の形を与えず、味わい深い甘みをとって他の味を与えないとする。感覚器官で知覚されることをすべてはぎ取ってその他のものを与えられないと、オレンジに残されたものは何なのか。名称と見える姿とはともにもとより真実ではない。だが真実ではないものをとりさってその真実を求めても、真実は現れない。そうだとすると、どうしてよりによって、この茫漠として目に見えない〔感覚できない〕ものを真実の本性だとして貴ぶのか。

　そこで、幻〔の背後〕に真の実在が存在するかどうかは絶対に分からない、というのである。とはいえ、人の生は身体によって制約されていて、相対的な差異を示すものがなく、感覚器官の認識対象となることのできないものはもともと思議の及ぶところではない。だから物の本体というものが「ある」とは言うわけにはいかないし、「ない」とただちに言うこともできない。ゆえにかつての〔ギリシアの哲学者と近年の西洋哲学者が物自体を想定した〕説は決して確固たるものではない。深遠な議論について推測することはあっても、不可知のものについては黙しておくのである。ブッダになってはじめて高らかにこう主張したのであり、三界の四生、[6]人界・天界、魔龍、有識無識の存在のみならず、およそ法輪によって転じられるもの[7]はみなそれを幻と名付ける。究極的には〔宗教的真理、教えとしての〕法すら捨てるべきだとするのであり、法でないものはなおさらである。〔人間が〕理を説いて以来、空無を極めつくした点でブッダほどの者はいなかったのである。

【厳復評語】

この章と前の章〔「本論八」〕で考察された事物の認識についての理は最も精妙である。初学者は論理学に未熟ですぐには理解できず苦労するのが常だが、その論が関係するところは重大である。ギリシアで提唱されて以来、明の嘉靖〔一五二二〜一五六六〕・隆慶〔一五六七〜一五七二〕・万暦〔一五七三〜一六二〇〕年間になって初めて〔事物の認識についての〕こうした説が定着し、定着後に新しい近代の学問が台頭しており、それは西洋の学問の絶大なる鍵である。私は浅学非才で、前後のわが翻訳は作者の深い考えを表現しきれず、かえって正確な理解を妨げていると譏《そし》られるのではないかと恐れる。けれどもこれ〔近代的認識論〕は重大なことであって、望むらくは、学問を好み深く思索する人士が解明にいたるまで繰り返し追求されんことを。そうすれば、以後、理を観《み》るにあたって、〔荘子のいう〕名料理人が〔神業で見事に〕牛を解体する〔『荘子』養生主〕ような喜びを持ち得るだろう。煩をいとわず、さらにその主旨の解説につとめたい。

フランス人のデカルト〔René Descartes, 一五九六〜一六五〇、近代合理主義哲学の祖とされる〕は一五九六年生まれで、若いとき身体はひ弱ながら抜きんでて聡明だった。イエズス会の神父について学び、教えの呑み込みが早く、長老は驚き、デカルトが質問をするたびに教師は回答に窮した。世間が暗愚で、民智がふさがれているのに、教えやしきたりに囚われた神学者はつねに古い理解をおしつけ、ものごとの真理は考察しない。デカルトが目の当たりにしたのはそういうことであった。そこで懐疑を尊ぶ学を提唱し、『方法叙説〔道術新論〕』〔*Discours de la méthode*, 一六三七年公刊〕を著し、旧教〔神学〕を攻撃した。彼が言うに、「私が自任しているのは、なにをおいても詐《いつわ》ることをしないということだ。理論に明らかになっていない〔疑わしい〕点があれば、刑罰を目前につきつけられ〔脅され〕ようとも、それを疑うのをはばかって同意するようなことがあってはならない〔『哲学原理』第一部六〕。学問は広大な建物を造るようなもので、まず揺るぎのない基礎を築くのにつとめるべきで、他所から運んできた土はすかすかしていて、頼りにならない。掘り下げて盤石《ばんじゃく》の地を探し当てる必要がある。盤石の地があればそこに建築の土台をこしらえ、盤石の地がないのであれば〔そのことを〕明確にすることを期するのである。私が生きてきてあれこれみたところでは、〔学問は〕どこもかしこもでたらめで、古くからの解釈や世の定説は、ますます真理を失ったものとなり、たとえ証拠が雑多なほどあったとしても、ますますかたよったものとなり、〔真理が〕分からなくなるばかりである。思索によって真理を求めても、偏頗《へんぱ》であったり誤謬に陥いったりという問題が思索そのものから起こる。感覚によって真理を尋ねても、訳が分からなくなって困惑するようなことが感覚を発端として起こる。事実があったことはもとより明白だが、見えるすがたにはくいちがいがある。耳目の感覚はもちろんとりわけ切なるものだが、〔耳目の感覚によって〕示されるのは真実でないことがある。夢まぼろしは、醒めないうちは真の覚醒と同じである。真実というものにせよ、夢まぼろしを〔真の〕覚醒と名付けているのではないとなぜ分かるか。人の全生涯のいたるところ、あたかも大魔物が存在して、つねに人を惑わしておもしろがっているかのようである。そうするとわが生涯のうちでは一体何ごとが疑いようなく、確かに真実だとなしうるのか。最初からおしまいまで、真実であって「幻」ではないものは「思考」(8)〔意〕だけである。どうして「思考」だけが真実だというのか。「思考」には是非〔その内容が正しいか正しくないかの違い〕はあっても、真妄〔その存在が真実であるか虚妄であるかの違い〕はないからである。「思考」が虚妄であるかと疑うと、疑うというのもまた「思考」であり、もし「思考」がないというと、疑うということも存在しなくなるので、それで「思考」だけは「幻」ではない、「幻」ではないから常住〔仏教でいう不生不滅〕というのである。わが生涯は始めから終わりまでただ「思考」の対象となるものにほかならない。「思考」が積み重なって我《われ》〔自身《セルフ》〕となるのであり、「思考」はおのずと存在し、ゆえに我〔自身〕はおのずと存在し、非我〔非自身《ノットセルフ》〕は虚妄たりうるが、「我〔自身〕」は妄想とはなしえない、これが真の我というものである」。デカルトの説(9)はこういうものである。

二百年あまりのちにハクスリーがその趣旨をこう講述した(10)。「世には二つのもの、「我〔自身《セルフ》〕」と「非我〔非自身《ノットセルフ》〕」がある。「非我」は物と名付け、「我」とはこの心であり、心と物が接するのは感覚器官によって〔対象の〕形相を知覚するのであり、知覚した形相は「思考」であって物ではない。「思考」と物のあいだにはつねに隔たりがあり、物が原因となって、「思考」はその結果としてあらわれるのであり、物と「思考」がそのまま同じになることはありえず、それでわれわれの全生涯は純粋に〔知覚する〕「思考」の状態なのである」。デカルトがこういっているのは、奇抜な創見でもなければ、非常に奥深くてむずかしいということでもない。人がもし思いを凝らしてみるなら、どこにでもあらわれていることである。ここに丸く赤い石〔デカルトは大理石とする〕が一つあるとして、手に持って衆人に見せるとみなこぞって、赤色に見え、丸い形で、とても硬く、数は一つだと言う。赤いこと、丸いこと、硬いこと、一つであることがこの物を合成しており、四つの性質を持っていて、それら〔の性質〕は一時も切り離せない。かりにこの四つの性質はあなたの思考のうちにあって、まるっきり物とは無関係だと言うとする。すると衆人は大いに訝《いぶか》り、でたらめだとみなすはずだ。けれどもためしにこれが赤色だと思うのはどこからそう知覚するのかを考えてみよう。そうするとそれは太陽から、〔空間を満たす〕気の最も澄んだ、エーテル〔伊脱〕と名付けるものの中で照らされて光の波が作られ、速度はさまざまで、(11)石にあたると他の波はそこに入るが、一つの波だけが入らずに反射して目の中に入る。水晶の鉢状の〔水晶体の〕中に、射し込んできた波を吸収して網膜に導き、網膜の中は脳神経が集まっていて、これを受けてはげしく振動し、電報機のように脳の中にひきこみ伝え、脳の中で振動を感じ取って赤色だと知る。もし石が不変であっても、光の波の速度や、目の水晶体や網膜といったもろもろの条件に一つでも異なるものがあると、この人に見えるのは赤にはならず、他の色に見えるだろう〔人には生まれつき眼を病んでいる者がいて、色盲〔色覚障害〕といい、色の弁別ができない。他人が赤に見えるのがその人には緑に見える。さらに乾酒《ガンジウ》〔中国のアルコール度の高い蒸留酒。白酒《バイジウ》ともいう〕を塩とまぜあわせて暗室で燃やすと、赤色のものはすべて灰色に見え、ふつうの人の顔色がみな冷えきった灰のような色に見える〕。同じ物が目の前におかれるたびに、ある人は赤といい、別の人は青緑という。赤と青緑の二色が同時に同一の物に現れることはできず、そこから色は知覚によって変わるのであり、物に属するというのは正しくないことが分かる。丸い形というのも物に属するのではないのだが、人に見えたものをそのように言うだけである。どうしてそれが分かるのか。もし人の眼の外側にある水晶体がその球形を変えられて円柱形となれば、もろもろの丸い物はみな変形して見えるはずである。

硬いか脆《もろ》い〔やわらかい〕かの差にいたっては筋力による。もし人の体の筋力が百倍に増やされると、今いう硬いものはみな脆いものになり、この石は饅頭《マントウ》〔中国蒸しパン〕と硬さはかわらなくなるだろう。硬さもまた知覚によるのだと分かる。赤色、円形、硬いという三つの特性はみな我〔知覚者〕自身からおこる。一という数にしたところで、物に属しているはずのようだが、よく調べてみるとやはり感覚からきている。どうしてそう言えるかというと、ここで一と名付けるのは二つのことに起因している。一つは目で見て、もう一つは触わってみて、視覚と触覚が重なると必ず「一つ〔のもの〕」だとされる。石を手にとって、つとめて横目にしてみると触覚的には一つだけれど、視覚的には二つに見える。さらに〔横目ではなく〕通常の見方をしながら、中指と人差し指を交差して石を交差した指のあいだにおいてみると、視覚的には一つだけれど、触覚的には二つとなる。いま感覚器官で物に接し、視覚と触覚は同じぐらい重みがあるのに、前後で〔数の知覚が〕互いに異なっているが、どちらを信ずるべきか。このように「一つ」と言っているのは純粋に「思考」によるもので、物とは関係がないのだと分かる。物質にしたところで、それが〔他の物から〕隔てられて存在しうる〔同時にそれ以外の何物によっても占められることのできない、ある空間を占有している〕という性質[12]は、長い間、物に属し、人の「思考」によるものではないと推測されていた。しかしながら、〔他の物から〕隔てられていると知覚するのも視覚と触覚によっている。視覚と触覚による以上、やはり人の心にもとづく。これらから総合してみると、石それ自体は不可知のはずである。私が知るものは意識を超えない。断固としてそうである。「思考」のみが知りうるのであり、よって「思考」だけは「幻」でない。これはデカルトが「我思うゆえに我あり」という説をたてた理由である。外在的原因があってこそ、はじめて内なる結果を生じるということを知らないわけではない。けれども原因が同じならその結果もそうかどうかは知り得ない。目に映った像が元の事物と似ていることはありうるが、また太鼓の音と太鼓を打つ人のように、因果が異なることもありうる。このように、人の認識は「思考」と〔それに対する〕検証が符合すること以上のものではない。この営為だけでも大仕事である。* さらに現実離れした高望みの追求をすることなど、しないに限る。この「思考」と検証の符合があればこそ、自然についての学が貴いのである。これがデカルト以来、科学が発展し、古くからの「心性の学」が衰えた理由である。**

＊【厳復評語】 ここは『荘子』〔人間世〕のいう「心〔の効用〕は〔外界の現象との〕符合のみである」ということである。

＊＊【厳復評語】 とはいえ現代人には現代人の「心性の学」がある。ただ古人のものとは異なるだけである。

訳注

（1）ブッダの姓　星の名にもとづくという説は唐、道宣撰『釈迦氏譜』一巻における「瞿曇」の説明にみえる。同説の『大唐西域記』掲載については未詳。

（2）近年の西洋哲学者　味経本テキストではジョージ・バークリーとする。

（3）耳を病むと蟻の闘いが……　衰弱した病人には寝床の下の蟻の一動が牛の闘いに聞こえるという話は南朝宋の『世説新語』紕漏にみえる。

（4）バークリーの主張するような……　バークリー（George Berkeley）の説についてハクスリーは原文でブッダが永遠の実体というものを認めなかったこととの比較において言及し、さらに長い原注（Note 8）を付して詳述する。その多くはバークリー『人知原理論』（原書一七一〇年、一七三四年再版補足版）によっている。

（5）論理学者のミル氏はこういう喩えをしている……　ハクスリー原文にはミルのこの「喩え」は引かれていない。ミルの *A System of Logic, Ratiocinative and Inductive*, John W. Parker, 1843, Book I, Chapter III, Of The Things Denoted By Names, pp. 72-73 では、「さて以下のように議論をした哲学者たちがいる」としてオレンジの話が展開されている。

(6) 三界の四生　三界は、衆生が生死を繰り返しながら輪廻するという欲界・色界・無色界の生きとし生けるものが住む世界のこと。四生は、胎生(哺乳動物など)・卵生(鳥魚類など)・湿生(虫など)・化生(天人や地獄の衆生など)のこと。

(7) 法輪によって転じられるもの　「法輪」は仏の教えが衆生の悪・諸煩悩を摧破することをインド古代の武器である「輪」に喩えたもの、「転」はこの教えを説くことをいう。

(8) 「思考」　デカルトのいう「思考」には、理解すること、意志すること、想像することだけでなく、感覚することも含まれるとされている(Descartes, *Principia philosophiae*, 1641, I, 9, "Quid sit cogitatio". 第一部九、思考とは何か、桂寿一訳『哲学原理』、岩波文庫、一九六四年)。

(9) デカルトの説　以上の説明は、ハクスリー「デカルトの『方法叙説』に就いて」(小泉丹訳『科学談義』、岩波文庫、一九四〇年初版所収。原文 Huxley, "On Descartes' 'Discourse Touching the Method of Using One's Reason Rightly and of Seeking Scientific Truth'", 1870 は「導論十八」注(1)前掲、Huxley, *Collected Essays*, Vol. I 所収)によるところが多い。

(10) ハクスリーがその趣旨をこう講述した　前掲、ハクスリー「デカルトの『方法叙説』に就いて」、岩波文庫、一三三〜一三九頁。

（11）エーテルと名付ける……速度はさまざまで　真空中における光の速度は一定であるが、物質中では光速が媒質によって異なるため、屈折現象がおき、真空中よりも遅くなる。エーテルは清末当時、多くは宣教師らによって紹介され、思想家、譚嗣同はその中から音訳「以太」をキー概念として代表作『仁学』（一八九六年）（西順蔵・坂元ひろ子訳注『仁学――清末の社会変革論』、岩波文庫、一九八九年）を著した。本書では厳復が「伊脱」を音訳にあてるなど、エーテルは物理学から転用され、科学化した「気」としてさまざまな意味で使われた。

（12）物質……という性質　ハクスリーの前掲「デカルトの『方法叙説』に就いて」には、この部分について、「併し大理石は、同時にそれ以外の何物によっても占められることの出来ない、或る一つの空間を占有しているといってよろしい。換言すれば、大理石は物の第一次的の性質、拡がりを有する」（一三八頁）と、物の本性としての拡がりについて言及しているが、本文訳にみられるように、厳復はこの点をかなり端折っている。

十　仏法〔仏法〕

そもそも一切の諸世間、つまり人間界でも天上界でも地獄界においても、神霊・魔鬼から人間、畜生まで、あらゆるものがみな輪廻の中で転生しているのであり、その生と死、発生と消滅は終わるときがない。これが元来のバラモン教の旧説である。ガウタマがあらわれると、諸々の実体〔とされていたもの〕をすべて虚無であるとした。一切の有為法〔現象世界内の諸事物〕はすべて心によって作られているが、たとえば流れる川の水が旋回して渦巻となったり、勢いよく動いて急流になったりするように、瞬く間に変化し、原因となるものがなくなると結果も消え去ってしまう。人がひとたび現世に生まれた場合、〔各自の〕「業」〔行い、カルマ。「本論七」注(1)参照〕にしたがったあり方となるが、それはちょうど切り株に繋がれた犬が、ぐるぐると歩き回ったとしてもその地を離れることはないのと同様である。要するに、物質であろうが精神であろうが、すべて実体はなく無常である。自己に実体があるという考えにとらわれるのが救いがたい執着であるというだけでなく、この身の外にあって手で触れることのできるものとても、一体どのようなものだというのか〔実体などない〕。

ではは問うが、このとき先に述べた業種、カルマ〔「本論七」参照〕はどうなるのか。それにはこう答えよう。カルマはもとよりそのままで変わりはない。カルマは磁気にたとえられる。磁気は、最初は磁石の中にあるが、一瞬で鋼鉄の中に転移させることもできるし、さらに鋼鉄からニッケル(1)の中に転移させることも可能で、次つぎに移動したとしても、すべてに鉄を吸い付ける作用がある。磁気がある一つのものに宿ったとき、その力の強さや大きさはやり方によっては増減させたり、集中もしくは拡散させたりできるとしても、〔ものが〕それぞれ置かれた状況によって、〔磁気を〕受ける程度が決まるということである〔磁気が鉄を引きつけるという性質自体はどの場合でも変わらない〕。それゆえ、カルマの応報も、状況にしたがっておのずから整然とあちらこちらへと移っていき、やむことがないのである、と。

だが、〔衆生を済《すく》い、成仏させるためにこの世に現れたという〕ブッダ〔世尊〕の一大事因縁というのは、まさに〔衆生が〕生死を超えるためであり、「〔最高の真理は〕ひろびろとして空寂であり、〔そこには悟りを得た〕聖人などというものはいない」〔『肇論』涅槃無名論〕ようになってはじめて幻覚からの真の悟りとなるのである。真の悟りとは、涅槃にほかならない。それでは涅槃の究極的な意味は何か。学者は今に至るまで定論を得ていない。〔涅槃は〕不可思議〔思惟や言語で到達できない深遠な境地〕だからこそ不二法門〔相対の差別を超えた絶対平等の理〕となるのだ。もしその大まかなところについていえば、無欲・無為・無識〔心による認識のはたらきがない〕・無相〔事物への執著がない〕によって澄み切った静寂な境地となることで、それはまた能力と仁義を兼ねそなえる〔「能仁」と呼ばれた「釈迦」のようになる〕のを帰着点とすることでもある。完全な涅槃に入って煩悩をなくしてはじめてカルマは輪廻から逃れ、〔人を溺れさせる〕愛欲の河や〔果てしなくさいなまれる〕苦しみの海で、惑いによる波風が立つことが永遠になくなる。これがブッダの教えの究極である。これはバラモン教の明らかにした「悟り」と一見似ているようだが、実は大きくかけ離れている。

薫修〔「本論七」参照〕を行って自らを救済する方法については、バラモン教では過酷な鍛錬苦行を真の修行だと考え、情欲を有害なものとする。だが仏教ではそう考えず、

〔過酷な修行は〕「苗を生長させようとして引っ張る」〔『孟子』公孫丑上〕ようなもので、無益であるだけでなく有害だとみなす。ブッダの考えでは、修行によって悟りにいたるにはその根源を清浄にするよう努めるのであって、「根もとの部分〔の高さ〕を見ないで、先端〔の高さ〕だけを比べ」〔根本を考えずに末端だけを見ること、『孟子』告子下〕たとしたら、たとえ四肢を断ち切り、「頭からかかとまですり減らす」〔『孟子』尽心上〕〔ような苦行をした〕としても、得るものがどれだけあるのか。それゆえ、悪の根を絶やそうとすれば、善の大本《おおもと》を育まなければならない。善の大本が確立すれば、悪の根はおのずと除かれる。その方法は悲〔他人の苦をみて慈悲の心を起こし救おうとする心〕と智〔一切の事象や道理について的確な判断をくだす心の作用〕をともに大きくするところにあり、それによって衆生を救済し、名と相〔知覚できるもの〕をともに忘れ、三業〔身業〔身体行為〕、口業〔言語行為〕、意業〔心のはたらき〕〕を清め正す。〔それは〕実際のところ、要するに生存競争の流れを塞ぎ、利己的な自己主張〔自営之私〕〔「導論十二」注（1）参照〕を絶やすことで、物事によく通じ公明正大となり、あらゆる存在と自分が一体になるということにほかならない。自己主張をすれば必ず争いとなり、争えば生存競争が起こり、輪廻から逃れることはできないのである。バラモン教の教義は自分のため〔為我〕のものであるが、仏教では逆に無差別の愛〔兼愛〕によって〔バラモン教に〕反対する〔為我・兼愛については「導論十二」注（2）参照〕。仏道の道筋はその並はずれた堅忍刻苦の精神においてはバラモン教と同じではあるが、その意図は全く異なるのである。

ブッダ一人が模範となると、万人がすぐさま共鳴し、〔その教えは〕三千年を超えて長く続き、多くの翻訳を重ねて、ますます遠くまで伝わった。人間が「神秘的な天の道にのっとり教えを設け」〔「本論四」参照〕て〔宗教を開いて〕以来、仏教ほど広大な範囲に伝わったものがないのももっともなことなのである。ガンジス川の砂の数ほどの〔多数の人がいる〕世界で、唯我独尊〔自分こそが最も尊い〕ということであれば、万物の創造に主宰者がいるということなど知らない。「〔人の〕本性が円満に融合し、世界にあまねくいきわたる」〔『楞厳経』巻四〕のであれば、人身に霊魂があることなど信じない。〔煩悩にたとえられる〕四流〔欲流・有流・見流・無明流〕を超越し、大きな災いが永遠になくなると、長生を強く願うのは大いに愚かしいことであるだけでなく、罪の原因となるカルマ〔業〕でもある。祈禱や賛歌は役に立たず、祭祀をしてもそれを受けるもの〔鬼神〕などはおらず、みずからの心を清めて自己を救済する以外の方法はない。

服従することなく、争うことなく、仏門以外の衆生の助けを求めることなく、静寂・空虚のなか黙々と一人で進むものなのである。仏教の普及は全世界の人をあわせて計算すると、〔インド以外の〕遠方で信仰し、受け継いでいる者がその半数近くを占める。現在では〔仏教の〕源流からはるかに遠くなり、その流れに〔さまざまなものが〕入り交じってきたため、清らかであった本来の性質は次第に失われてきた。しかし〔他の宗教と〕比較して論じると、なおも地球で最大の宗教なのである。ああ、これは実に類まれなることだ。

【厳復評語】

「不可思議」の四文字は、仏典で最も深妙な言葉である。とはいえ、それが〔知識を〕売り物にしようとする者や愚か者によってみだりに使われたり軽々しく引用されたりしたため、長い時間が経つとその本来の意味が次第に失われてしまったのは、なげかわしいことである。そもそも「不可思議」というものは、「不可名言〔言葉で表現できない〕」「不可言喩〔言葉で説明できない〕」というのとは全く違うし、「不能思議〔想像できない〕」というのとも大きく異なる。もしある人がおとぎの国や怪物を見たといった場合、それは「不可名言」という。また、深く喜んだり極度に悲しんだりすること、自分の身で感覚したこと、自在に手が動く〔巧みな物づくりの〕技、これらは「不可言喩」という。さらに、たとえば暑いところに住んでいる人が、生まれてから氷というものを見たことがないのに、水の上を歩くことができるといきなり聞かされたり、万有引力の法則を知らない人が、地球は丸く、足の裏が〔地球の反対側の人と〕向かい合っているという説をはじめて聞かされたりすると、茫然として〔その説を〕疑い、逆に世界にこんな道理はない、この話をした人は嘘を言っているのだという。これは「不能思議」ということである。「不可思議」なものについていえば、たとえば世界には円形の四角があるとか、生まれることなく死ぬことがあるとか、物質が介在しない力があるとか、一つのものが同時に二つの場所に存在しうるといった話が、まさに「不可思議」である。これらは日常の会話において荒唐無稽、道理に悖《もと》るといわれるものと大差ない。

しかし、道理を論じて、その極限が見えたとき、必ず「不可思議」の境域に至る。それは誤りとはいえないが、理屈としても理解しがたいもので、これこそがまさしく仏典のいう「不可思議」であり、「不可思議」という言葉はもっぱらこのために作られたのである。仏教で涅槃と称されるものは、その不可思議の一つである。そのほか、自然科学においても不可思議な道理が多く存在する。たとえば天地の起始、自然界の造物主、万物の本体などはそれである。物理学の不可思議については、たとえば「宇」や「宙」がある。「宇」とは太虚〔空間〕である。*「宙」とは時間である。**そのほか、万物の原子、動と静との真の区別、力の本源、精神の始まりと終わりといった類のものは、聖人の如き非凡な智慧をもってしても言葉で論じることはできない。これらはみな本当に不可思議なものなのである。

*【厳復注】　荘子はこれ〔「宇」〕を「実体はあるが、その処《ところ》はない」〔『荘子』庚桑楚〕といった。「処」とは〔他と区別される〕領域のことである。そのもの〔「宇」〕は存在するが〔他と〕区別される領域はなく、〔そのものの〕内は存在するが外はないというのである。

**【厳復注】　荘子はこれ〔「宙」〕を「長さはあるが本と剽《すえ》〔成玄英疏による〕はない」〔『荘子』庚桑楚〕といった。剽とは終わりである。そのもの〔「宙」〕は存在するがはじめと終わりがないというのである。この二つはともに極めて精確な定義である。

今その意味を述べようとすれば、あまりに深遠で冗長になるので、さしあたってそのあらましを示すこととし、涅槃について要点を説明するにとどめる。涅槃とは、以下のように考えられている。そもそも仏教によれば、三界のすべての〔因縁によって生じる存在である〕有為相は、それが、自身が〔因となって〕作り出したものであれ、他者を作る〔縁となる〕ものであれ、一時的には〔因縁が〕和合して諸現象を呈するが、最終的には消え去る。かくして人が存在するのは、「情欲と愛情が結びつき」〔『楞厳経』巻四〕、〔実体のない〕幻をあつめて身体となるのだ。世界は幻の花〔空華《くうげ》のこと。病んだ目に見える実在しない花。煩悩に迷える人が本来存在しないものを実体と見ることのたとえ〕、カルマは幻の果実のようなものであり、永遠に輪廻し途絶えることがない。人間界・天上界・地獄界〔のどの迷界に生まれるか〕はそれぞれ〔の人が〕修行した結果による。それゆえ、貪欲がひとたび捨て去られると、もろもろの幻はみな消え去って無生〔生滅を離れた涅槃の理〕が明らかになり、生命とともに生起するものはそれに従ってなくなる。これが涅槃の初歩段階についての真理である。

だがブッダが仏教を広めて以来、その中の聖賢は涅槃について文字や言説を用いず、不二法門は、〔文字などによる分別や〕理解を越えるものだと考えた。「説明が無いということではない。説明によっていいあらわすことができないのだ」〔『肇論』涅槃無名論〕。しかし、涅槃の境地に到達することがどういうことかは言葉なしには明らかにならないため、もしやむをえず言葉を用いるなら、その本質と作用はもちろんわずかであれば指し示すことができる。一つめは、涅槃というものは、形状がなく、境界がなく、あらゆる有為法〔さまざまな因縁によって生じ、つねに生滅し永続しないすべての物事・現象〕がない。〔その〕要義をあげていうと、寂滅や空無と同じなのである。二つめは、涅槃は寂だが真なる寂ではなく、滅ではあるが真なる滅ではない。もし涅槃が空無であるとすれば、無上正遍知《むじょうしょうへんち》〔この上ない悟り〕という名称は発生しようがない。これこそ〔音訳漢字名である〕釈迦牟尼という名が「空寂にして能仁〔能力と仁義〕を兼ね有する〔智者〕」と意訳された理由である。三つめに、涅槃は静寂で真妙なる明心〔悟りの心〕であり、永遠に苦しみから脱し、幸福と智慧がともに充足し、多くのしがらみがすべて除かれていて、まだ悟りを開いていない者が知ったり理解できたりするものでは断じてない。〔それは〕まさに労苦にあえいでいる人が、結局、肩の荷をおろした時のことを知るすべがないようなものである。それゆえ世間の人は〔こうしたことを〕知らずに、仏の道とはつまるところ何もかもなくしてしまうようなものであり、ならばなんら憧れるには及ばないと考える。他方で、智者は、無常から不死に入り、煩悩から極楽に帰すときに得るものは到底言葉では説明できないほどだと分かっている。ゆえに喉の渇いた馬が泉に駆け寄るように、また長年外地にいる人が故郷を思うように、〔真理を得た〕真人が〔涅槃を〕思慕するのは、凡人の到底あずかり知りえないことである。涅槃について指し示せることはこのようなものなのだ。

だが、涅槃が「不可思議」と称されている理由は、必ずしもその道理が奥深く理解しがたいからというわけではない。不可思議というのは、「寂は真の寂ではなく、滅は真の滅ではない」という二語にある。世界の何が「非存在」でありながら「非存在」でないのだろうか。例えば本当に死んでいるのに、死んでいるといえないような人がいるなら、それは世の道理に悖り、考えることもきわめて難しいではないか。それゆえ「不可思議」というのである。

これはただ仏教だけがそうだというわけではなく、道理が極限にまでいたるときは、みなそうである。世界の物の道理は木の枝分かれや川の支流のようなもので、それについて理解しようとすれば、本源に遡ることになる。それゆえ、理解可能な道理とは事物の間のさまざまな差異を通約し、同種のものとして〔比較衡量するもので〕、さらに進むと、この同種とされるものがまた〔他のものとの〕差異があるものとなり、その差異をより大きな同種のものへと通約する。通約可能であれば〔同じ尺度で比較判断できるので〕すべて理解できるものとなる。このようにして少しずつ進展し、さまざまな道理を最上の道理に帰結させれば、〔その道理は〕孤立した唯一のものとなり、あらゆるものを包括している以上、おのずと通約して比較でき〔る差異が〕なくなり、通約して比較でき〔る差異が〕なくなると、〔その道理は〕理解不能なものとなり、理解不能ということは不可思議ということである。これが、毘耶《びや》〔古代インドの都市ヴァイシャーリー。毘耶離《びやり》などとも〕の集まりで文殊菩薩が不二法門の宗旨を説いた理由である。〔文殊菩薩は〕そのとき〔他の菩薩が説いた〕三十二の説をすべて誤りであるとしたが、浄名居士〔維摩居士〕だけは一言も答えなかった〔『維摩経』入不二法門品〕。それは真の悟りである。なぜか。〔対立智を超え、相反するものの相即を説く〕不二法門と〔分別し〕思議することによる解釈とは互いに打ち消し合うものであり、同様には扱えないものだからである。これが「不可思議」の確かな理解であるが、浅学の者はこれを深遠で人を惑わせる言葉だとみなしていて、真の理解からは程遠い。

訳注

（1）ニッケル　ハクスリーは「ニッケル（nickel）」（ハクスリー原文 p. 67. 日本語訳『進化と倫理』、一四四頁）としているが、厳復は「鎘〔カドミウム Cd〕」（『厳復全集』巻一、一三六頁）とする。ここは厳復が意図的にカドミウムとしたとは考えられないため「ニッケル」と訳出する。

十一　ギリシアの学派［学派］

今、もしインドを離れて西に向かえば、ギリシア、ユダヤ、イタリア諸国があり、中国の周・漢の時代〔前一一世紀〜後二二〇年〕に、順次、文明国となった。この諸国の都市の学術は、西南アジアの諸教とは明らかに別のもので、〔それらを〕引き継いだものではないという者もいるし、西洋に伝わったものは、みな東方から来た旧い理論であり、それが発端となって枝分かれしていったという者もいるが、どちらも偏った議論で、その実際のあり方を深く考察したものではない。この件について公平に論じると、〔真相は〕この二つの説の間にある。思うに、ヨーロッパの学術の発展過程は、その民の種族と同様に、当初はイランの旧地から来たものだが、その源泉から離れ、さまざまな流派と交わるようになると、新たな知識が次々と出てきた。そうなれば「氷は水より寒し」〔『荀子』勧学〕で、自ずと以前の知識を凌駕することになる。今、進化の学という点について考えてみれば、そうした道理を理解できる。

　ギリシアの文明は最も盛んで、そのミレトスの学者もみな〔進化の〕道理を承知していたが、エフェソスのヘラクレイトスが〔進化の学の〕第一人者であった。ヘラクレイトスの生年は、実はインドのブッダの時代と近い。深く思索して文章を著し、その精妙な趣旨と奥深い言葉は、読み解きがたいといわれてきた。近年の学者は、その断片について、熟思して考察を重ねた末に、現在〔進化について〕論じられていることは、〔古代より〕ますます精密さを増してきていることは確かだが、その重要な原則については、元々すでに古人が先に知っていたことが分かった。例えば、本論の第一章で引用した「川で足を洗う〔同じ川に二度と入ることができない〕」という比喩などは、いずれもヘラクレイトスの言葉である。ただ、彼の学問は宇宙全体を含みこみ、造化の作用を明らかにし、数千年の科学の先声となるものであったが、人間の生活のことや、倫理道徳のことについて議論をたたかわせるものではなかった。数世代後になって、哲学〔理学〕という学問についてはアテナイが中心となった。当時の優れた思想家は、みな倫理道徳や政治について思考を尽くし、〔彼らは〕ヘラクレイトスは〔人間生活から離れた〕高遠なところに終始した者だと考えた。彼らには「身近なところで考え、切実に問い続け」〔『論語』子張〕、「深いところまで探求した」〔王陽明「寄鄒謙之書」〕という功績があったのは確かだが、ヘラクレイトスの気宇壮大で精密な思考、いわゆる「天下をただし、万物に秩序を与える」(1)という側面も、それとともに見られなくなってしまった。

中古期の哲学者〔理家〕としては、ソクラテスとプラトンの師弟二人が、おそらく最も卓越した者であろう。しかし、彼らはヘラクレイトスが遺した著述については、逆にわれわれ後年の時代の者ほど的確には理解してはいない。学術の流派がそれぞれ違っていれば、年代は接近していても、必ずしも理解できるとは限らないのだ。ソクラテスの〔学説の〕主旨は、以下のようなものである。天地宇宙のような大きなものについては、その事象は広大かつ遼遠で、その理法も複雑で深遠なので、決して人間の知的能力で知り尽くすことのできるものではない。たとえどれだけ思慮を尽くしたとしても、そのことが日常の生活にどう役に立つのだろうか。それゆえ〔天地宇宙のことは〕そのままにしておいて論じず、むしろ〔理法を〕人間同士の関係において追求し、それによって、自身の学が詳細かつ着実なものになることを期した。ただ、彼は以下のことを理解していなかった。道理には大小の区別はなく、〔何ごとであれ〕それに対応する理法があれば、いずれも学問の役に立てることができるものだし、〔その理法について〕言葉で表現できるものを比較してみれば、天地宇宙に関するものが難解で、人事に関するものが分かりやすいとは限らない。窮極の根本〔にある理法〕については、身近なことがらであっても、うかがい知ることが困難なものがある。したがって、科学の実際の作業は、つねにあらゆる現実的な世界の範囲にありつつ、神秘的なことがらについては口を閉ざして語らないのだ。しかし、かのソクラテスの学は、神に関することを論ずるのを避けたことがなく、他方で推論可能な理法が存在する物理について、人間からかけ離れたものだと非難して、それに触れないままにしておいた。着実さを尊び空虚なものを退けるという名目だが、実際は〔宇宙〕全体のことは捨てておいて、その一部にばかりにかかずらい、身近なことのみを追求し、〔日常生活から〕遠いものは放置しておくということだった。これこそ、ソクラテスが、ヘラクレイトスがまだ十分論じ尽くしていなかった〔進化についての議論の〕端緒を引き継いで、それをより大きく明らかにすることができなかった理由である。そもそも、物理科学を軽視して、人間の生活に関係ないものと考え、もっぱら道徳や政治について考えるのが差し迫って必要なことだとするのが、ソクラテスの基本的立場なのである。

〔ソクラテスの〕教えは、後のキュニコス学派がそれを実践した。〔彼らは当時の〕世間の風潮を嫌い、刻苦しながら徳を磨いた。傑出した者としては、アンティステネス〔Antisthenēs, 前四五五頃～前三六〇頃〕、ディオゲネス〔Diogenēs, 前四〇〇頃～前三二五頃〕がいる。〔さらに、ソクラテスの〕再伝の弟子として、アリストテレスがマケドニアの南にあらわれた。その知識の幅広さや、思索の奥深さを見ると、ほとんどいわゆる「凡人を超越して聖賢の域に達し、古今を圧倒する」(2)ものである。しかし、〔その彼であっても〕万物が変化し、宇宙は永遠であるという議論は、先人がすでに述べていたものだということは知らなかった。ゆえに、ヘラクレイトスは進化の学の祖だが、その神髄の真の継承者は、先の時代ではソクラテスではないし、後の時代ではアリストテレスではない。両者はいずれもその時代の大学者ではあるが、いずれもこの学とはかかわっておらず、その伝承が託されたのは、デモクリトスであった。しかし、その頃は、民智がまださほど開けていなかったので、このアブデラ〔デモクリトスの生地〕の人が唱えた優れた議論は、多くの人の心をとらえることはなかった。

〔進化の学は〕ストア派の出現に至って、大いに道が開けた。前の時代からはヘラクレイトスの学を継承し、進化の説は誠にストア派をもって中興とすべきであり、〔その説は〕一貫した条理が明確に備わっていた。ただ、この学が伝授されていくうちに、直接教えを受けた者も私淑した者も、みなその本来〔の内容〕を次第に失っていくこととなり、学者がそれぞれ勝手な考えを逞しくしたために、〔彼らによって〕伝えられたものは当初の姿ではなくなってしまった。それは、元々持っていたものを失わせただけでなく、本来無かった内容を紛れ込ませていた。例えば、ストア派が主張していた造物者・宇宙の主宰者〔が存在する〕という説は、その特に顕著なものである。元来、ヘラクレイトスの議論は次のようなものである。彼は、火の燃焼を宇宙万物の根本だとし、すべては火より出で、すべては火へと入って行き、火から生まれ、火によって滅びるとする。長い時間の循環の中で盛衰が起こり、それが何度も繰り返されていく。またつねにそこには大いなる理法と法則〔ロゴス〕があって、それを動かしている。ゆえに、世界の生滅やその循環は、それを統括して制御する何らかの存在がある必要はない。ところが、ストア派が出てくると、宇宙は無秩序にみえても主宰者が存在しており、その徳の力は無限であり、その慈悲と智慧はともに偉大で、あらゆるところに遍在し、なしえないことは無いという。〔宇宙の主宰者は〕不仁でありながら至仁であり、無為にして万物を生成し、〔万物の根源である〕太極を内に蔵し、〔主宰者と〕対峙する存在は無く、万物の生成変化に先立つ幽玄な存在であり、永久に万物の生成変化を主《つかさど》る。これはヘラクレイトスの言わなかったことで、全く〔ヘラクレイトスの〕後になってから出てきた説である。

【厳復評語】

かつてのミレトスの地は、安息〔今の名は小アジア〕の西の辺縁にある。春秋時代の魯の昭公〔在位、前五四一～前五一〇〕・定公〔在位、前五〇九～前四九五〕の時代、ギリシアが全盛だった時には、〔ヨーロッパ・アジアの〕二大州にまたがり、その地は大都会となって、商人が集まり、文明教化も盛んだった。途中、ペルシアに侵攻され、〔中国の〕戦国時代にはローマが次第に勃興し、ギリシアがやや衰えたため、その地もまた廃れた。今のスミュルナ〔現在のトルコのイズミール〕の南にある。

かつてのエフェソスの地も、安息の西にあり、殷〔商〕周交替期〔前一一〇〇頃〕にギリシアはここに都市を建設し、農業神のディアーナ〔アルテミス〕をまつる廟があって、特に有名だった。周の顕王十三年〔前三五六〕、マケドニアの名君アレクサンドロス〔Alexandros, 前三五六～前三二三〕の生まれた日に、エフェソスは災害に遭ったが、各地から寄付が山のように集まった。その後〔廟は〕再建され、壮麗さは以前にも増したものとなり、フェルビースト〔南懐仁　一六二三～一六八八。ベルギー出身のイエズス会宣教師。清に仕えた〕のいう「世界の七不思議」〔南懐仁「七奇図説」〕の一つとなった。後にローマに属し、イエスの使徒のパウロがここでキリスト教を布教した。魏の景元〔二六〇～二六四〕・咸熙〔二六四～二六五〕の間に、農業神〔ディアーナ〕の廟が再度破壊され、これ以後、その地も次第に廃れていき、トルコが興ると、さらにまたその〔廟の〕建材を使って、コンスタンティノープルを造営した。(3)

ヘラクレイトスは周の景王〔在位、前五四五～五二〇〕の十年に生まれ、(4)ヨーロッパの科学の始祖となった。その持論を先人は重視してこなかったが、今になって〔その説の内容が〕明らかになってくるにつれて、顕彰する者が日ごとに増えてきている。ヘラクレイトス氏は、止むことのない変化によって世界の動きを論じ、それゆえ、万物はすべて過去と未来の中間にあり、現在として指し示すことのできるものは存在しないという。火の燃焼が天地を奥底で動かす機制だと考え、それが神と本質的に同じものだとしており、その説は化学者のものと合致している。(5)また「人が生まれれば神が死に、人が死ねば神が生まれる[6]」ともいい、それは荘子が「彼と是はちょうど一緒に生まれる」〔『荘子』斉物論〕というのと符節を合するかのようである。

ソクラテスはギリシアのアテナイの人で、周末の元王〔在位、前四七六〜前四六九〕と貞定王〔在位、前四六八〜前四四一〕の時代の境の頃に生まれ、プラトンの師である。その学は、天にしたがい、自己修養を積み、国に忠をつくし、人を愛することにつとめるもので、精緻であると同時に誠実で懇切なもので、人を深く感動させ、ヨーロッパの聖人と目されている。旧い宗教を信じず、独り真の学を固守したため、周の威烈王〔在位、前四二五〜前四〇二〕の二十二年、アテナイの王によって、神を誹《そし》り、法をなみしたとして殺害されたが、世の人びとは冤罪だとした。教育者として比類のない存在であったが、著作は残されていない。その死後に、プラトンが彼のためにその言論を書き留め、事跡を記録した。

プラトンは、またの名をアリストクレスという。ギリシアのアテナイの人で、周の考王〔在位、前四四〇〜前四二六〕の十四年に生まれ、八十歳まで生きた。彼の容貌は魁偉であった。ギリシアの旧い習俗では、学校において、武術が極めて重視されており、跳躍については、アリストクレスはその能力に最も優れていると称えられていた。そのため、彼の師は「プラトン」と名付けた。「プラトン」というのは、中国語でいえば「筋骨隆々として肋骨が見えない」ということである。〔その後〕一転して学問に従事し、詩作にも優れていた。ソクラテスに会い、その言葉を聞くや、旧来の学を全て捨て去り、十年間師事した。ソクラテスが無実の罪で刑死すると、プラトンはそれが冤罪であると訴えたが、同郷の者に仇視されたため、郷里を棄て、エジプトへと向かい、十三年にわたって、師を求め、真理を追求した。イタリアに渡り、さまざまなローマの賢者や有力者と交流したが、彼の議論が王の不興を買って、奴隷として売られた。しかし、その主人となった者は、プラトンが大学者であることを知ったため、彼を解放した。〔その後〕アテナイに帰り、アカデメイアで学を講じた。〔ここで〕学ぼうとする者は、〔遠方からも〕食糧を携え、入門の礼を執るために、数千里の道を歩んできて、プラトンにしたがって学問を追求した。現在、西洋の学問の最高機関は「アカデミー」というが、これはプラトンから始まったものである。彼の著作は、多くは師の学説を述べたものだが、自身の考えもさまざまな形でまじえている。その文体はいずれも対話による論戦の形をとっていて、現在にいたるまで人びとによって講誦され、衰えることがない。〔その内容は〕深遠なもので、自然界と人間界の関係について詳しい。彼の人格は高い徳を備えていて、師のソクラテスに恥じない。そのために西洋で古代の学問を論ずる者は、ソクラテスとプラトンを並称する。

キュニコスというのは、ギリシアの学派の名で、彼らが居た弓道場の名（キュノサルゲス）[7]によって知られていた。その学を提唱したのは、ソクラテスの弟子で、アンティステネスという者である。キュニコスの宗旨は、欲望を断ち切り世俗を棄て、自己を律して徳を磨くことを目的としており、中国の（張載（一〇二〇～一〇七七）らの）関学[8]に似ていて、質実でありながら闊達なところもあるため、その流派のいきつくところは、貧賤でありながら傲慢な態度をとり、物乞いや狂人のようでありながら自身を厳しく律しつつ、世間の礼儀作法は無視していった。伝えられるところでは、アンティステネスはつねに木の樽を身近に置き、その中で寝起きしていた。また好んで人に淫猥なものを晒した。白昼に灯を照らし、アテナイを走り回り、人がその理由を尋ねると、「自分はこの町を全て探し回ったが、しかるべき男子を見つけることができなかった」と言った[9]。

ストアもまたギリシアの学派の名で、周末の考王[10]・顕王（在位、前三六九～前三二二〕の時代に始まった。ゼノンが祖師とされ、市場の見張りための建物を学を講ずる場所としていた。アテナイの人は町の城壁の門を「ストア」と呼んでいたので、これによってその学派の名が付いた。ギリシアに始まり、ローマで完成し、前漢〔前二〇二～後八〕の時代に大いに盛んになった。ローマの著名な豪傑は、みなこの学派から出ており、その流れは広く遠くまでおよび、今に至るまで衰えていない。ヨーロッパの気風の形成は、この学派が起源となっている。物事の道理を究めることと〔格致〕を修身の根本とし、その教えは、果断に事を行うことを尊び、困難に立ち向かうことを重んじ、約定を貴び、死すとも義を守ることを求め、かりそめの繁栄や僥倖で生き延びることをよしとしない気風がある。西洋人は、節義を守り、屈することのない男子を「ストイック」というが、その由来は古いものである。

アリストテレス(この名はアリストクレスと混同されることが多いが、アリストクレスは彼の師の名である)は、プラトンの高弟で、マケドニアの名君アレクサンドロス王の師である。周の安王〔在位、前四〇二～前三七六〕の十八年に生まれ、六十二歳まで生きた。その学は天文・数学・物理から心理・政治・文学のことまで、あらゆる範囲におよんでおり、師〔プラトン〕の説に起源があるものの、それを越えるものがある。彼の理法についての議論は、四つの部分に分かれている。それは「理」「性」「気」、最後が「命」で[11]、これを推し広めて、自然界と人間界のあり方を述べた。西洋人が理法を論じるようになって以来、その学説が、中国の儒者の明らかにしたものと最も近いのは、アリストテレスの一派であろう。元・明〔一三世紀後半～一七世紀前半〕以前、まだ新しい学問が出現していない時には、西洋で物理や人間社会、宗教を論じる場合、すべてアリストテレスを基準にしていた。〔アリストテレスが〕学者たちに尊崇され、信奉されていたことは、ほとんど中国の孔子と等しかった。明〔一三六八～一六四四〕の中葉になって、ベーコンがイギリスに、デカルトがフランスにあらわれ、実証的な帰納法にもとづく学を提唱し、ニュートン、ガリレオ〔一五六四～一六四二〕、ハーヴェイ〔一五七八～一六五七〕〔といった人々〕が次々とその方法を用いた。その結果、大きな成果があがり、古代の学問の誤りが日々顕著になっていった。声高な者たちがこぞって〔古代の学問を〕排除することになったが、その矯正がいきすぎたものとなり、二千年にわたるアリストテレスの学問の火はほとんど消え去ってしまいそうになった。だが、この百年来、物事の道理がさらに明らかになって状況が変化し、学者たちも落ち着いて冷静に考えるようになり、アリストテレスの旧来の著作を考察し、その欠陥のある部分は別にして、〔アリストテレスの学問の〕優れたものを記録することで、その真の姿がようやく明らかになり、アリストテレスの精妙な考えと深遠な言葉が、ついに失われずにすんだ。ああ、現在において古えのことを思うに、アリストテレスのような者は、その聡明さが傑出した天才的人物といわねばならない。

デモクリトスは、ギリシアのアブデラの人で、春秋の魯の哀公〔在位、前四九四～四六八〕の時代に生まれた。デモクリトスはよく笑い、ヘラクレイトスはよく泣いたために、西洋人は、ヘラクレイトスを「泣く哲学者」、デモクリトスを「笑う哲学者」と呼んだが、それはあたかも中国の阮籍〔二一〇～二六三〕と陸雲〔二六二～三〇三〕のようである。(12) 家は裕福で、ペルシアの名君クセルクセス王〔在位、前四八六～前四六五〕がアブデラに至った時、デモクリトスの一家は王と従者を非常に手厚くもてなした。クセルクセスが去るにあたり、その教師のマゴス（古えの神官の名）を残し、主人の子を教育させたが、それがデモクリトスである。デモクリトスは幼時より聡明で、マゴスの学問を全て修得した。さらに、師にしたがってエジプト、安息、ユダヤといった大国に遊び、見聞を広めた。〔アブデラに〕帰ると、大いにその国の人の尊崇を受け、「予言者」と呼ばれた。野史には、デモクリトスの神がかった事跡が記されているが、信じがたい。その学は、意識は真実のものだが、知覚による認識は真実のものではない[13]ということを主旨とし、すでにデカルトの先駆となるものだといえよう。また、四元素説[14]をしりぞけ、「分割できないもの〔原子〕」によって物質を論じた。これは化学のもととなるもので、近年のドルトン〔John Dalton, 一七六六〜一八四四〕がこれを発展させ、化学の基礎としたという。

訳注

（1）「天下をただし、万物に秩序を与える」　厳復の訳文では「所謂」とあるが出典は未詳。

（2）「凡人を超越して……古今を圧倒する」　これも厳復の訳文では「所謂」とあるが出典は未詳。「超凡入聖」「凌鑠古今」はそれぞれ別の出典である可能性もある。

（3）トルコが興ると……　オスマン・トルコによる攻略（一四五三年）以前よりコンスタンティノープルが大都市であったことを考えると、トルコの攻略以後になってディアーナ（アルテミス）神殿の建材によってコンスタンティノープルを造営したというのはやや不自然で、厳復の説の根拠は未詳。なお、神殿の建材がエフェソスの他の建築に用いられたことはあったらしい（Clive Foss, *Ephesus after Antiquity: A late antique, Byzantine, and Turkish City,*

Cambridge U. P., 1979, pp. 86–87 参照)。

(4) 周の景王の十年に生まれ　以下の評語の中でのギリシアの哲学者の生没年等は、訳文に注記した現在の一般的な説と異なる場合があるが、評語のまま翻訳した。

(5) その説は化学者のものと合致している　この部分は、厳復がヘラクレイトスの説のどの内容を指しているのか、また、何か典拠に基づいて述べているのかは未詳。

(6) 「人が生まれれば神が死に……」　ヘラクレイトスの発言で、この部分の内容に近いものとしては、ヒッポリュトス(一六〇(一七〇)頃～二三五)の『全異端論駁』にヘラクレイトスのものとして記録されている「不死なる者が死すべき者であり、死すべき者が不死なる者である。かのものの死をこのものが生き、かのものの生をこのものが死している」という断片がある(「本論一」注(5)前掲、『ソクラテス以前哲学者断片集　第一分冊』、三二七頁)。

(7) 弓道場の名〔キュノサルゲス〕　「弓道場」という訳語は厳復の表現に準じたもの。キュノサルゲスはアテナイの城壁外にあった公共の体育場(ギュムナシオン)の名で「白い犬」の意。ディオゲネス・ラエルティオス『ギリシア哲学者列伝』(加来彰俊訳『ギリシア哲学者列伝(中)』、岩波文庫、一九八九年、一一九頁)によれば、アンティステネスはそこで「人びとに語りかけるのをつねとしていた」とあり、「キュニコス(犬儒)学派という名称もそこから由来しているとある人たちが言っている所以である」とされる。

(8) 関学　北宋の儒者張載(字は子厚、号は横渠)を中心とした学派。張載が関中(陝西省中部)出身であったために「関学」と称される。張載は宋学の祖の一人とされ、いわゆる「気の哲学」を主張し、南宋の朱熹にも影響を与えた。

(9) 伝えられるところでは…… 以上のアンティステネスについての挿話は、注(7)前掲のディオゲネス・ラエルティオス『ギリシア哲学者列伝』では、彼の弟子のディオゲネスのものとされている(『ギリシア哲学者列伝(中)』、一三〇、一四四、一四七〜一四八頁)。

(10) 周末の考王 考王の在位期間は前四四〇〜前四二六であり、ゼノン(前三三五〜前二六三)の時期と合わない。顕王の前の烈王の在位期間も前三七五〜前三六九で時期が合わず、厳復の判断の根拠は未詳。

(11) 彼の理法についての議論は…… この部分は、アリストテレスのいわゆる「四原因」をふまえている可能性が考えられるが詳細は未詳。「理」が作用因、「性」が形相因、「気」が質料因、最後の「命」が目的因にあたるか(「理」「命」については、『易』説卦伝の「窮理尽性、以至於命」の語順も参照した)。

(12) 阮籍と陸雲 阮籍(字は嗣宗。陳留尉氏(現、河南省開封市)の人)は三国魏の詩人、思想家で「竹林の七賢」の一人。陸雲(字は士龍。呉郡呉県(現、江蘇省蘇州市)の人)は西晋の詩人。阮籍が泣き、陸雲が笑った挿話は、それぞれ『晋書』阮籍伝(巻四九)、陸雲伝(巻五四)に見える。

(13) その学は、意識は真実のものだが…… 厳復がこのように概括するデモクリトスの主張が何に基づくかは未詳だが、アリストテレス『形而上学』第四巻第五章において、デモクリトスは、感覚への現われは諸動物と人間の間ではもとより、人間同士の間でも必ずしも同一でなく、どれが真でどれが偽とは決められないということに基づき、「なにものも真実ではないかあるいはすくなくも我々には不明である」とする一方で、アリストテレスによって「かれらは思慮を感覚であると解し」、「感覚をば〔物体の〕変化であると解しているがために、感覚における現われを必然的に真実であると言わざるをえない」という見解のとりことなった、と紹介されている（出隆訳『形而上学（上）』、岩波文庫、一九五九年、一三八〜一三九頁）ものに類似している。

（14）四元素説　あらゆる物質が火、空気、水、土の四元素からなるという説。エンペドクレスにはじまり、アリストテレスにも継承された。

十二　天からの苦難［天難］

もともと学術の伝承において、はじめは甚だ微弱であっても何世代にもわたって伝わると効力が大きくなることがしばしばあり、たとえば〔古代ギリシアの〕ストア学派が創り出した、神がすべての存在を主宰するという学説がそうである。茫々たる天地の間にこの上なく恵み深く極めて公正で、全知全能にして、あらゆるところに遍在する真の主宰者がすべてを支配するとすれば、宇宙に真の悪が存在するとはもはやいえず、ましてや世界に取りつくろうことのできない欠陥があるなどとはいえないはずである。しかしながら、われわれが内には心身の中を調べ外には他者と自己の間の関係を観察しても、天地はただいたずらに広大なばかりで、苦しみを逃がれるすべはないということが分かる。今、世界がみな虚妄であり真実ではないというならば、苦と楽も同じく幻のように実体がない。もし世の中に真のものがそれでも存在するならば、憂患のほかに何が真実であろうか。この丸い地球の上では悪い行いが盛んであるだけでなく、その欠陥は明らかであり、取りつくろうすべがない。「何ものかが自分では何もしないでこの天地を推し動かしているのか」〔『荘子』天運〕。こう問いただしたとしたら、〔主宰者が存在する場合、このような世界にしてしまった〕責任を免れることができないものがある。しかしながら、ストア学派はそうとは思わなかったのである。〔古代ギリシアの哲学者〕クリュシッポス〔Chrysippos, 前二八〇頃～前二〇七頃〕は次のようにいう。ある宗教が行われると、どんな宗派であっても、それぞれの効用と趣旨とを見れば、みな「之《これ》を言うや理をなす〔主張には道理がある〕」〔『荀子』非十二子〕というべきである。したがってストア学派は天のために次のように弁護する。第一に、天行には誤りがない。第二に、「福の中に禍が潜み、禍の中に福が潜む」〔『老子』第五八章〕のであって、患難は人の完成を助ける。第三に、天の怒りがどんなに激しくても、結局は生命を大事にする。この三つの説は当時深く信じられたばかりではなく、実は後代にはさらに広まって、書物に述べられ歌謡にうたわれ、古えより宗教の要として伝わってきた。

かつてイギリスの詩人ポープ〔Alexander Pope, 一六八八～一七四四〕は韻文で数万字の『人間論』〔*An Essay on Man*, 1732–1734〕を著し、その中に次のような詩句がある。(1)

主宰者に秘められたはたらきあり、人はただそれをいまだ悟らず。
世の出来事に偶然があろうか、かの蒼天が仕組んだもの。
はじめ不協和と疑う楽律も、その調和を知らぬのみ。
たとえ不当なわざわいがあろうとも、ついにはその利は広大となる。
傲慢な者に告げよう、軽々しく謗《そし》ることなかれ。
一つの真理がいまや明らか、造化にもとより誤りなし。

前出の諸氏の言の通りだとすれば、これまで神〔のはたらき〕ではなかったものはないのである。もちろん神は是非を超えた存在であり、どうして〔その〕是非を論じることができるだろうか、また〔それは〕決して人間の知りうるところでもない。ただポープの言葉を考察すると、前半の六つの詩句はまさに精緻な名言であるが、後半の六つの詩句は道理から考えわが心に照らしてみれば、正直なところ、〔前後を〕つなげるには無理があろう。たとえこのことによって天下に罪を得るとしても、私は言わずにはいられない。

悪根はつねに善果を含み、幸せには禍《わざわ》いが胚胎し、人は通常、「憂患に〔苦しむことで真に〕生きることができ、安逸享楽に〔ふけることで〕死をまねく」〔『孟子』告子下〕などといわれるが、確かにその通りである。ただ憂患が生ずるゆえんは、〔天が〕「その人の心を鍛え性格を忍耐強くして、今までできなかった〔ことをなしうるように〕能力を増大させるためであり」〔『孟子』告子下〕、心のもちい方が慎重で患《うれ》いを慮ることが深い者が徳性と智慧、学術と才智を得られるようにするためだとされる。だが私が理解できないのは、以下のことである。世の中に存在する人間であれ、人間でないものであれ、無数の下等生物であれ、〔天がそれらのものの〕「一身を窮乏させ、何事も思いどおりにならないようにし」〔『孟子』告子下〕てもその能力は決して向上しないし、困苦をきわめて、危険なことを安全と思い災禍を利益と思ったとしても、智慧は増進しない。それにもかかわらず、高きところにいる天〔『詩経』周頌・敬之〕がよりによってある者たちを選んで窮乏させ、思いどおりにならないようにし、困苦をなめさせるのは、いったいなぜであろうか。もしもこの愚かな者や下賤の者が元々かの天に愛惜されていないというならば、前に述べた主宰者はこの上なく恵み深い存在であるという説はいったいどうなるのか。さらにもし神が全能であるとすれば、世界を創造するときに、なぜ、災害がなく、悪い行いがなく、欠陥のない世界を創らずに、よりによってこのように憂患があふれ、水害や火災が多発する世界を選びとったのか。さらにその上、知覚を持ち苦楽の違いが分かる生物をつくり、そこであらゆる艱難辛苦を経験させるのは、何のためであろうか。

ああ、はるかに高い蒼々たる天に対しては、はたしてこのように問えないのだろうか。そうでなくとも、不満を持つ者がまなじりを決してその理由を尋ねれば、ゼノンやポープのように自ら天のために弁護する人も答えに窮するだろう。事にはおのずから真実があり、理はおのずから公平なものである。もしただ地位と権力によって人の言論を束縛するのであれば、尊い天帝であっても、人びとを納得させることはできない。また直截に「造物主に誤りなし」といえば、その言い方の問題点はとりわけ深刻である。すでに造物主と名付けるからには、天地の間のすべての存在は造物主によってつくられたものであろう。今、世界がすでに完璧でこれ以上付け加えることがないのなら、どうしてこの世の人びとは一生手足にタコができるほど苦労して、世界中がこぞって骨折り苦しみながら、より進歩した境地を求めるだろうか。〔そのように完璧な世界なら、人びとは〕おそらくただ「飲むことを望み」、「食べることを望み」〔『詩経』

小雅・車舝〕、多くが平凡に生き、わけも分からぬままに死んでいくだけだろう。今日の世の中のことはもはやともに治めるまでもなく、明日の世の中のことにしても誰にもどうしようもない。したがってストア学派とポープのいう道理にしたがえば、願望はすべてついえ、修行はすべて断ち切られ、時代を崩壊と衰退に導き、〔快楽主義者〕エピクロスの豚小屋(2)にまでしてしまうだろう。〔ストア学派とポープのような考え方が〕「その心に生ずれば、〔その人の行う〕政治に善いことはない」〔『孟子』公孫丑上〕のは勢いとして必至であり、理屈から見ても当然である。

【厳復評語】

エピクロスもまたギリシア人である。プラトンが死んでから七年の後にエピクロスは〔ギリシアの南部〕アッティカで生まれた。彼の学説は怒りや欲望を抑え、平静な生活と快楽を旨としつつ、仁智をもって補うものである。彼が講じた論理学や倫理学などの学問では、あらたに明らかにしえたことが多く、前人の及ばなかったところをつけ加えた。後の人は彼の学説がもっぱら快楽を主としたと思い、その放恣を批判し、よって「豚小屋」と非難したのである。ちょうど中国において楊朱と墨子をそしり、〔楊朱の「為我(わがためにする)」説は〕君臣の秩序を無視し、〔墨子の「兼愛」は〕父子の人倫を無視するもので、これは禽獣に等しいとした〔『孟子』滕文公下〕のと同様である。これは対立する学派が相手を非難したものであり、実情にあわない。実はその教えは心清らかに節度を守り、境遇に満足し、世界について楽観的に考えるものであり、だからこそ、古代の学問の有力な流派となることができ、今なおその学説が伝わっているのである。

訳注

(1) イギリスの詩人ポープは……　ポープの詩文の該当箇所に対する日本語訳は以下の通り。「自然全体は汝の知らぬ技術で、すべての偶然は汝には見えない掟なのだ。一切の不調和は汝の理解を超えた調和で、部分的な悪は悉《ことごと》く全体的な善なのだ。思いあがりや、誤りやすい判断にもかかわらず、一つの真理は明白だ。——すべてあるものは正しいのだ」(上田勤訳『人間論』、岩波文庫、一九五〇年、三四頁)。

(2) エピクロスの豚小屋　エピクロスは弟子たちとともにアテナイ郊外に移り、学校をかねた共同生活を始め、「庭園」とよばれたが、批判者たちは「エピクロスの豚小屋」と貶めた。ハクスリーはその「エピクロスの豚小屋」という言葉を使ったが、注(Note 14)をつけて、それが「誤った考え方」で、「キュニコス学派のそれと比べると、豚小屋生活とは大いに相容れないものである」(ハクスリー原文 pp. 110-111. 日本語訳『進化と倫理』、一七九頁)と述べ、エピクロス学派を評価した。厳復もハクスリーと同じく、「評語」でエピクロスを高く評価する。

十三　本性について［論性］

私は先にストア学派の教えとガウタマの教えとをくらべて論じたが、ガウタマは世を悲観的にみて人びとを憐れみ、現世に真の美しさを認めなかった。ストア学派は世界を楽観的に考えて自然の流れに身を任せ、人の世が悲しみに満ちたものだとはみなさなかった。二つの教えにはいずれも偏りがあるものの、もし二つのうち一つを選ばなければならないとすれば、ストア学派の方が多少なりとも受け入れやすいようである。だが、不幸なことに、生きている人間に関しては、現世の真の美しさを忘れようとするのは簡単だが、人の世が悲しみに満ちているさまを見まいとするのは難しい。禍《わざわ》いがわが扉を叩くのと、楽しみがわが門を訪れるのと、両者の音のいずれが大きいだろうか。苦しんだ過去を拭い去るのと、楽しかった思い出を捨て去るのと、両者のどちらが難しいだろうか。こざかしい人間がたとえ自分をなだめることに長けていたとしても、わが身に受けた傷については、泣くのをやめて笑うことなど決してできはしない。細事にこだわらぬといたずらに誇ってみたところで、真の憂いに対しては何の助けとなろうか。ストア学派は、この世界は最高にすばらしくすべてが備わっているとしたが、〔世界が〕すばらしくすべてが備わっているのは確かにそうだとしても、そこに住む者がたいへんな不利益を被っているのをどうすることもできない。そして、ストア学派の学者は「〔自然の〕本性に従って生きよ」という。この言葉は、人間界の原則は天行を究極の基準とし、人は天に学ぶべきである、と述べているように見受けられる。その語は実に高い見地からのものであったが、後にこの説に拠った者たちの中には、大胆にも〔天行以外のものを〕一切顧慮せずといった態度があらわれた。だが、そうしたやり方はやはり弊害なしにはすまない。前に私は十章余りの導論を書き(1)、そこで繰り返し、詳しく筋道立ててその点を論じておいた。まことにストア学派の人びとが言うとおりであるならば、人間界の原則は当然に強きを助け弱きをくじき、若者を重んじて老人を軽んじ、さらには五大陸のどの民族も、今なお〔原始的な状態のまま〕樹上の巣に居住させ生肉を喰らうようにしておくべきだ、ということになる。なぜかといえば、天行とはもともと人治に反するものばかりだからである。

しかしながら、ストア学派の主張はでたらめだ、とするのもまた正しくない。学説にはそれぞれに妥当するところがあり、ストア学派がこの説を唱えた本来の趣旨にしても、おそらく後の時代にその学説に従った者たちが完全に理解していたとはいえまい。そもそも本性という語は、その意味の解釈は一つではないが、簡単にいえば、すべて自然なるものを本性といい、〔生まれながらに〕「生とともに生じる」〔韓愈「原性」〕ものを本性という。したがって、万物の本性でいえば、火は燃え水は流れ、「鳶《とび》が飛んで魚が躍る」〔『詩経』大雅・旱麓〕というのがそれである。生きている人間の本性でいえば、心や知のはたらき、血液や気の流れ、肉体的欲求、感情がそうである。しかし、生きている人間の本性には、「飲食男女」〔人の大欲としての食欲と性欲、『礼記』礼運〕といった粗野で低次のものがあり、〔それは〕生命を宿す万物と同様に備わっているものである。一方で、悲しみや喜び、恥や憎しみといった精妙で高貴なものもあり、〔それは〕禽獣とは異なる部分である。* そして、この精妙で高貴な本性は、それが一人一人の人間に与えられるに際しては、やはり等級の違いがあり、それを発揮する場合にも、つねに適切か否かの違いが存在する。そのため、果敢であること、能弁であることは貴いものの、小人物はしばしばそれによってみずからの悪事を糊塗《こと》し、喜怒哀楽は精妙なものだが、常人はときにそのせいで人徳を損なう。そうであるなら、われわれ人間の本性には、高貴な中にもさらに高貴なものがあり、精妙な中にもさらに精妙なものがある。混沌としながらできあがってくる何物かがあり〔『老子』第二五章〕、それを「澄み切った理性」と呼んでいる。人間はただこの本性を有するからこそ、万物に超越して独り尊く、あらゆる統治や教化の事業もそこに始まる。真理に通じた人物は、意志によって〔身体的な〕気力を統御する〔『孟子』公孫丑上〕ことができ、また理性によって意志を確固たるものにすることができるが、〔そうした人物の〕あらゆる言動はすべてこの〔理性からの〕命令を聴いているのであって、これ〔理性〕こそがストア学派が従って生きたという本性なのである。

＊【厳復注】　悲しみや喜び、恥や憎しみは禽獣も持ってはいるが、ただその萌芽が見えるばかりであり、しかも微かで見えにくい。

人間はこの本性をそなえてから、ようやくあらゆる物と友となり、すべての民と兄弟姉妹となって〔張載「西銘」〕、互いに助け合いながら生活できるようになり、天下を一つの家として治めるほどの度量を持つようになった。そうである以上、この本性というものは、単に生物としての人間が優れていることの拠りどころであるにとどまらず、実は社会が成り立つための拠りどころなのであって、教化や風俗習慣のあり様は、民がこの本性に従おうとつとめるかどうかにかかっている。したがって、ストア学派はこの本性のことを「社会性」とも名付けている。つまるところ、一つの社会においては、一人一人が自己を犠牲にして社会の利益をはかるというのが本性の中で最も重要なことであり、そうした後にはじめて、その社会は結合して崩壊せず、日に日に強大となることができるのである。

【厳復評語】

この章の言説は、宋代の儒者〔後に朱熹によって体系化された「宋学」の担い手を指す〕が性を論じていたのと同じである。宋代の儒者は天〔自然〕を論じるにあたって、つねに理と気を分けて別物としていた。程子〔程顥《ていこう》（一〇三二～一〇八五）と程頤《ていい》（一〇三三～一一〇七）の兄弟を指すが、ここでは特に後者〕〔の説の中〕に、「気質の性」とよばれるものがある。気質の性とはすなわち、告子〔孟子と同時代の思想家〕のいう「生、これを性という〔もって生まれたままのものが人間の本性である〕」〔『孟子』告子上〕

であり、荀子〔荀況、前四世紀末〜前三世紀後半〕がいう悪としての性〔『荀子』性悪〕である。だいたいにおいて、儒者が性を論じる場合、もっぱら気についていえば性を悪ととらえ、理についていえば性を善ととらえてきた。理と気を合わせた説明では、〔性は〕互いに似通っている〔『論語』陽貨〕、善悪が入り混じっている〔張載『正蒙』誠明〕、〔上・中・下の〕三つの等級に分かれる〔性三品説、韓愈「原性」〕、という具合にそれぞれ違いがある。ただ、天は人びとにつねに変わらない性をもたらすという善を施した〔『書経』湯誥〕が、同時に欲を持つ存在として民を生んだ〔『書経』仲虺之誥〕のであり、どちらも天が行ったことだ。古えの「性」の意味は「生」とつながっており、三つの説〔性善説・性悪説・性には善も悪もあるとする説〕は、いずれも〔性の真相の〕一面を明らかにした議論である。〔南宋の〕朱子は理が気に先行するとの学説〔理先気後説、『朱子語類』巻一〕を主張しているが、気が存在しなければどうして理をみいだすことができようか。ハクスリー氏は、理は人治に属し、気は天行に属するとしているが、これも現実の作用としてあらわれたものからの議論である。もし本質からいうならば、やはり天を抜きにして理を論ずることはできず、宋代の儒者の性に関する諸説を合わせて参考としてもいいだろう。

訳　注

（1）前に私は十章余りの導論を書き　日本語訳『進化と倫理』の付録「『進化と倫理』の歴史」二四八頁によれば、ハクスリーは一八九三年五月一八日のロマネス講演（「本論」）を終えた後に『「進化と倫理」のためのプロレゴメナ』を執筆し、一八九四年六月に書き上げた。そして、この『プロレゴメナ』（「導論」）は『進化と倫理』の出版に際して、その前書きとなる予定のものであった。したがって、この部分は厳復が『天演論』の「導論」「本論」の構成にあわせて付加したものである。

十四　本性の矯正〔矯性〕

進化の学は、ヘラクレイトスに端を発し、ストア派において中興した。しかしながら彼らは教義を立てる際、進化をその基礎としたことはなかった。古えより天を論じる学派は、次の二つのいずれかの方法をとる。ある者は、〔天には〕始まりがあるのだという。例えばキリスト教の『旧約聖書』が載せる創世の話がそれである。ある者は、〔天は〕つねに同じありかたであり、始めや終わりはないという。ストア派の理論家は、これら〔天についての〕二つの説のようなことは主張せず、代わりに進化の説を唱えたのだが、ただ〔ストア派の理論家が〕立てた教義の内容については、前の二学派と異なるものではなかった。天はもともと論じるのが難しく、ましてや当時の科学は学問として成熟していなかったので、ストア派の者たちは天が人間の手本であると考えた。

天にならうことが貴ばれるのは、そうすることによって道徳が非常に盛んになるからであった。前章のいわゆる「本性に従って生きよ」のようなことである。天体の実態について、どのようにして天地が正しい位置を占めることになったのか、混沌〔天地が生じる前の不分明な状態〕から天地がどのようにして生まれでてきたのかということは、好事家が知りたいと思うことであるが、人間の世界のことがらに何の関係があるというのか。そこで〔天から賦与された〕自らの心のままにし〔天の定めた〕運に任せ〔楊万里「帰去来兮引」〕ようとひたすら考えたのだが、ストア派の考え方の至らぬ点とは、自然の造化の巧みさには欠けるところがないことのみを見て、天の運行の暴虐さを見ず、さらに天行と人治とはつねに相反するものだと分かっていないことである。

ところで天行と人治とが方向を異にしているのは、目に触れるものすべてにおいてそうなのであって、巧みな言葉で飾り立ててごまかそうとしても無益である。われわれが自ら経験したことから見てみれば、天行の作用は、本来つねに粗野で低次な人心〔人の肉体的私欲に基づく心〕に手を借りてはたらくもので、精妙かつ高次な明徳[1]〔人間が生まれながらに有する輝かしい徳〕に導かれたことはない。つねに、「微かなもの[2]〔道心〕をますます微かなものに、危ういもの〔人心〕をますます危うく」させる。そこでストア派の教えにおける至人〔道を修め究極の段階に至った人〕もまた、賢者であると証しようとするのであれば、その修行は〔低次の本性を〕矯正するという点にあり、情を断ち私欲を抑制し、枯れ木のように体はやせこけ、燃え尽きた灰のように心も動かないようになってこそ〔『荘子』斉物論〕可能であることを知ったのである。その時、情はもちろん存在するが、性を動揺させることはけっしてできない。(3)言動は必ず理に依拠する。このようなことを長く続けて、肉体から解放される日に至ると、われわれの精神は、天地万物の根源にして「天下の理に通徹し、天下の事にあまねく心がおよぶ」〔周敦頤『通書』聖学〕精神〔ロゴス〕と合わさって一つになるのである。

それゆえ後の時代から見てみれば、インドとギリシアの二つの教義の流派は、期せずして一致している。ただ詳しく観察してみると、ストア派は旧教のバラモンと近いものの、また異なるところも少しある。バラモンは苦行や物乞いを、自らを救済するための階梯と考えるが、ストア派はそれを不可欠な修行とは考えたことがなかった。そうであるとすれば、この二地域の教えは、最初はもともと同じであったが、その継承は異なった形でなされたのであり、その途中において風俗人心の変化が生じたにしても、最終的には再び一致したのである。

インドの四種のヴェーダ〔インド最古の聖典で、『リグ・ヴェーダ』『サーマ・ヴェーダ』『ヤジュル・ヴェーダ』『アタルヴァ・ヴェーダ』のこと〕の詩とギリシアのホメロスの詩を読むと、いずれも勇壮でたくましく、生命より義を重んじ、進んで他人の危難を救い、あたかも艱難険阻を平坦な道のように、戦闘を幸福な境地のように見なしている。そこでその詩には「疾風迅雷と晴天の美しい日を、同じものとして喜んで迎える」とある。(4) こうした気力がまさに強く盛んな時には、その勢いは鬼神や天地と必死の戦いをするかのようなものであった。数百年もしないうちに文明が発展し、粗野で勇壮な者はしだいに滅び、はるか後の賢人たちは、以前のあり方をすっかり失ってしまった。活発で意気盛んな様子は、逆にあれこれと深く思い悩む態度へと変化したのである。将来について悲しみ、過ぎし日をいたむ思いが多くなり、生きることを楽しみ自分自身に満足するという感情は少なくなってしまった。冷静かつ強靭で意志が固く、何度失敗してもくじけない姿勢は、ことによると以前より強くなったかもしれないが、多くの人びとは、あくせくと奔走していた過去の無鉄砲さを哀れむべきことと見なすようになった。そこで〔これまでのあり方から〕身を引いて新たに惰弱な生き方を選択し(5)〔韓愈「秋懐詩」〕、次のように考えた。天下においては自分以外のものに打ち勝つことが難しいのではない、打ち勝つのが難しいものは、ほかでもなく自己のうちにあるのだと。えりぬきの強い兵士や英雄は、〔それまでの好戦的、行動的なあり方から〕方向転換し、昼夜を問わずひたすら人の踏みおこなうべき最高の道にのみ従おうとした。テヴェレ川〔ローマ市内を流れる有名な河川。ここではストア派の活動の地を指す〕とガンジス川〔インド北東部を流域とする大河。ここではバラモン教にとって重要な地として挙げられる〕のほとりでは、先覚者たちが一致してみな天行が強すぎることを理解していた。世間の俗事を意に介さないようにし、雑念を振り払って修行に専念しなければ、いつまでも落ちていくばかりで、行きつくところが分からない。なんと悲しいことか。

【厳復評語】

この章の内容は、もっぱらインドとギリシアの太古の風俗教化の共通点・相違点を論じているが、その道理は国家や種族の盛衰や強弱の理由と表裏をなしている。そもそも人民のあり方は、当初はみな素朴で粗野で、土蕃《どばん》〔土着の先住民〕や猺獠《ようろう》〔南方の異民族〕のようなものであり、野蛮と名付けられる。政治・教化がやや開けるようになると、勇猛剛健で積極的に戦い死を軽んじる気風が強くなる。こうした段階から、質実を変化させて洗練をたっとび、教化が深まって風俗が改まる段階に至ると、上品だが軟弱で、計算高く謀略にたけた民が多くなる。しかしながら、前者の民は、集団内で治めるのは容易ではないが、その種族自体はつねに強い。後者の民は、一生何かに縛られて心身を労したり、一時の安楽をむさぼったりして、ずる賢く怠惰で、手なずけることは容易である。だが、恥もなく利をたっとび、生に執着して柔弱で、不幸にして外敵に遭遇すると、羊や豚のように追い立てられて束縛されてしまうのである。

　このことを『詩経』と見比べてみてはどうか。「小戎《しょうじゅう》」や「駟驖《してつ》」といった民謡があらわれて秦はついに天下を併合した。(6)「蟋蟀《しっしゅつ》」、「葛屨《かっく》」、「伐檀《ばつだん》」、「碩鼠《せきそ》」の詩が作られて、唐〔春秋時代の晋のこと〕や魏〔春秋時代の魏のこと〕は滅亡にいたった。(7)周、秦以降、未開の異族と最もせりあったのは前漢であり、唐の盛時がそれにつぎ、南宋が最も劣る。古えについて論じる人士は、当時の風俗政教がどうであったかを考察すれば、そのわけが理解できるであろう。現在については、もし教化という点からのみ論じれば、ヨーロッパと中国の優劣はいまだなお容易には論じられない。しかしヨーロッパの民は、請け合ったことを大事にし、誠実さと成果を重んじ、老人より若者を重んじ、壮健で屈服することがない気風を好む。東方の海上にある日本ですら、生を軽んじて勇をたっとび、仲間のために死力を尽くして名誉を得ることを好むもので、中国の民と大いに異なっている。ああ、〔ヨーロッパ・日本の民と中国の民との違いについて〕わが心中の憂愁がどれほど大きいかは、言い尽くすことなどできはしないのだ。

訳注

（1）明徳　朱子学的な考え方では、「明徳」はあらゆる人間にその本性として生得的に備わっているが、実際には「気質」や「私欲」に覆われて、十分に発揮されていないとみなす。

（2）微かなものをますます微かなものに……　朱熹「中庸章句序」の「危うきものは愈《いよい》よ危うく、微かなるものは愈《いよい》よ微かにして（危者愈危、微者愈微）」に基づく。『書経』大禹謨に「人心惟《こ》れ危うし、道心惟《こ》れ微かなり、惟《こ》れ精惟《こ》れ一、允《まこと》に厥《そ》の中《ちゅう》を執《と》れ（人心惟危、道心惟微、惟精惟一、允執厥中）」とあり、ここにいう「危ういもの」は「人心」、「微かなもの」は「道心」を指す。朱熹によれば、「人心」とは、「気（肉体的な条件や欲望）」に影響されている心、「道心」とは、人が天から賦与された本性に基づく心で、人間の心は同時にこの二つのあり方を有する。「人心」は、つねに安定を欠き、逸脱の危険性をはらみ（「危」）、「道心」は道そのもののように非常に精微で把握することが容易ではない(「微」)。朱熹は、人の心が同時にこの二つのあり方を有することを理解せず、両者の関係をうまく処理できなければ、人心はますます危うく、道心はますます微かになってしまうと述べる。「人心」「道心」に対する朱熹の解釈については、島田虔次『大学・中庸』(朝日新聞社、一九六七年)、一四四〜一五〇頁を参照。

(3) 情はもちろん……できない　ここでいう「性」と「情」は朱子学の用語であり、次のような人の心のあり方をめぐる議論が前提されている。すなわち、人の心は「気」からなるものであり、さらにその「気」からなる心は、「性」と「情」という二つの概念によって説明される。人の心には天によって「性」が賦与されていて、「性」は心の本来の姿、純然たる善である。しかし、心が「情」として実際に発動した場合、「気」の影響を受けて「性」の発現が妨げられ、好ましくない方向に動き、バランスを失して「欲」となることがある。この一文は、心が「情」として発動する場合であっても、「性」がそのままの姿で発現するような境地を示す。

(4) そこでその詩には……とある　ここでハクスリーが引用している詩は、イギリスの詩人、テニスン(Alfred Tennyson, 一八〇九〜一八九二)の詩「ユリシーズ」("Ulysses", 1842)の四七、四八行。「ユリシーズ」は、ホメロス『オデュッセイア』の英雄ユリシーズを題材としている。テニスンの詩句の翻訳については、西前美巳編『対訳 テニスン詩集』(岩波文庫、二〇〇三年）一〇四、一〇五頁を参照。なお、この「ユリシーズ」の詩句は、ハクスリー原文では、特にテニスンの詩であることは示されておらず、厳復もそれを踏襲している。

（5）あくせくと奔走……選択し　この箇所は、韓愈（七六八〜八二四）の「秋懐詩」をふまえている。この詩は、韓愈が秋の自然の移り変わりに接して自身の心境を詠んだものである。八一二年、韓愈は職方員外郎から国子博士に左遷されてしまうが、「秋懐詩」は、この政治的不遇の時期に作られたものとされる。

（6）「小戎」……併合した　「小戎」と「駟驖」は、ともに『詩経』秦風の詩。「小戎」は、戦車や馬、兵器の描写があり、また「駟驖」には狩りの様子が描かれ、いずれも秦の武を重んじる気風を伝える。

（7）「蟋蟀」……滅亡にいたった　「蟋蟀」は『詩経』唐風、「葛屨」・「伐檀」・「碩鼠」は『詩経』魏風の詩。「蟋蟀」は、唐の勤倹な風俗を伝えるもの、また「葛屨」・「伐檀」・「碩鼠」は、魏の過度の倹約の風俗、有力者の貪欲さや苛斂誅求などを風刺したものとされる。

十五　悪の進化〔演悪〕

〔有史以来〕四千年以上、(1)人の心というものはそれほど変わっていないだろう。学術は水がかれた河のようなものである。水がかれている時、両岸の間には広大な砂地と、茫々とした黄色い葦がひろがるばかりである。ある時、河がもとの流れを回復すると、その河道はもとのとおりに曲がりくねって海に達する。進化の学もそのようなものである。物事が分からない者は〔進化の学を〕近代の新しい学問だと考えるが、つきつめれば、大抵は先人が廃れさせてしまったものをひっぱりだしてきているだけのことなのである。

宇宙自然と人間の関係を明らかにし、教えとして標榜する者には、古くから二つの流派があった。一つは世をはかなむ悲観論の教えで、バラモン、ガウタマ、キュニコスの三派がそうである。これらはすべて〔この世の〕国土をはかなくもろいもの、人生は夢や泡のようだとみなし、〔とるべき〕方法は自己を永劫にわたって救うことを期して苦行や誠心誠意の修行を行うことだとした。今の時代にあっても、このような悲観論者は少なくないが、国家の禁令が厳しく、人びとは世俗に背くことに慎重となった。そうでなければ、〔かつてのように〕出家者が地味な色の衣装をまとい、托鉢物乞いをし、キュニコス派が放浪・清貧の生活を送り、木器〔樽〕を身の回りに置く〔「本論十二」の「厳復評語」参照〕ような生き方に耐えられる者がいないことがあろうか。もう一つには楽観論の教えがあり、ストア派がそうである。彼らは世界を天国、創造者を慈母とみなす。地中に種まかれたものはすべて日々どこまでも伸び、人間社会は最終的に極楽に至る時がくる。〔狂暴な〕虎や狼も羊と化することができ(2)、煩悩はつきつめて観ればみな福だということになる。〔とるべき〕方法は本性のままに従って行動するというもので、民は自由放任にさせて抑えつけることはしない。今の時代でもこのように楽観的な人は悲観論者以上に少なくない。とはいえ、四十年以上前にはこのような説にもとづいて政治を論じようとする者がことに多かったが、今ではだんだん減ってきている。

これら〔悲観・楽観〕二派の論をあわせて間をとってみると、この世はもとより悲観すべきことばかりということはないし、天国も楽しいことばかりとはかぎらない。人間が歩む道のりも哀楽半ばするのである。一生、喜ばしいことに遭遇したことがないという者と、これまで悲しいとはどういうことなのか分からないという者とはともに人間の中ではきわめて少数で、そんな人たちを基準にはできない。*

*【厳復評語】　ハクスリー氏のここのところはとりわけ浅薄な議論にはしる欠点に陥っていて、哲学者の言らしくなく、前の二氏〔悲観論者と楽観論者〕の学に遠く及ばない。試みに「哀楽半ばする」などと言っているところを考えてみると、二氏がそんなことを知らなかったはずはないが、結局、そう言わなかったのは、真妄を弁別できる眼力でもって全存在を観察していたのであり、俗見とはおのずと異なるのである。ハクスリー氏のこの言は浅学の者に媚びるもので、至高の論ではない。

幸いにも先人はこう語っている。「天分にはたしかに限界があるが、人の行いも十分なはたらきをする」と。善はもとより日ごとに増してゆくことができるし、悪もまた次つぎと減らすことができる。人は天から自助の権能を付与されているからには、自己の心を鍛え、本性を修養して最も適したところまで自ら到達することができるだけではない。さらには互いに手を携え、天下の美しい理想〔の域〕へとともにのぼる者たちを励まし助け、天行の威力を日々そいで、誰もが生業にいそしみ安心して暮せるようにすること、もとよりそれこそが民にとって最も緊要な事業である。科学の研究は、心身や事物、倫理や政治を問わず、およそそうしたことをなしとげてから手がけることである。

進化の原理にいたっては、天地のあいだにあるものすべてに通ずるのであって、一方にははっきり現れ、もう一方にはかすかにしか現れないということは考えられない。そこで近年の社会学者は以下のことを知ったという。自然界の創造のはたらきというものは同一のもとからでていて、学問には大小の差はなく、方法にも異同はなく、幸福をもたらす本来の進化にもとづき、和睦太平の極みにまで進化するということは、まるで〔草木に〕根や花や実がみなつくように〔仕組みとして〕完成しており、さらにはいずれも筋道をはっきりたどれる。まことに腑に落ちるもので、一時《いっとき》だけの見解によって否定されうるものではない、と。とはいえ、民には守るべき道徳があるとともに、生まれながらの欲望もある。進化という点でいえば、善はもちろん進化するが、悪もまた進化しないわけではない。天性にもとづいているということでは、〔聖人とされる名君の〕堯と〔暴君の〕桀、〔清廉な〕伯夷と〔暴虐の限りをつくした〕盗跖《とうせき》は道義と利己の点ではかけ離れているが、もとよりともに本性に従って行動し、天資のままに振る舞っている。ただそのしかたが異なっていたのである。

進化の説によって、それぞれが善となり悪となった理由を明らかにし、いかなる方法を駆使すると民はだんだん善に向かい、どんな仕組みを発動すると民はどんどん競って悪となるのかを統治者に分からせる、ということならある。だがもし民がしたいようにしておくと、社会の民のうちから悪はきっとおのずと消え、善がきっと増大するはずだというなら、私はそれを信じるわけにはいかない。しかも心理学の原理から言えば、人がまず知るのは美醜の区別で、善悪の区別はそのあとである。美醜は善悪の萌芽であろうか。善悪は美醜から進展したものなのか。〔そうではない。〕すると人が善を好み悪を憎むものだというのは本当ではないだろうが、「美しい色を好み、悪い臭いをにくむ」〔『大学』伝六章〕というのは本当である。学者はまず自分の心がどうして美しいものを好み、醜いものを嫌うのかをはっきりさせてはじめて、自然の道にまかせると民衆の善悪のきざしのどちらが消え、どちらが長らえるかを論じられるのである。

【厳復評語】

本論の前後十七章を通読してみて、本章が最低である。どうもスペンサーをしのぎたいという願望があって、スペンサーの理論の根拠を深く考えないことになってしまったようだ。スペンサーの説く、進化の自然にまかせれば人間社会は必ず日々善に進み、悪に向かうことはなく、泰平の治世が必ずいつかおとずれるというその理論は確固たるもので、おそらく論破されないだろう。どうしてか。一つには生物学の原理から社会のありかたを推理している。社会とは生物の集まりである。地質学・植物学・動物学の三方面からあわせて考察すると、進化のはたらきはいずれも生物を日々進ませ、動物はボウフラや飛翔・爬行する虫類から人類の身体にまでなり、それらの変化のあとはすべてさかのぼることができる。これは一人二人の説ではない。進化の学がおこると、百年もしないうちにダーウィンの論が出て多くの人が賛同したが、攻撃する者もきわめて多かった。だが批判されるごとにその説はいよいよ確固たるものとなり、その理はますます明らかになったのである。後世の人たちはよりさかんに探究し、その証拠もますますかたまってきた。今や進化論をさしおいてさきの三学〔地質学・植物学・動物学〕を語る者はほとんどいなくなった。

社会とは生物の集まりであり、生物を合わせると社会になる。それはちょうどアメーバ*が合わさって身体となるようなものである。[3] スペンサー氏はそれを知り、そこで生物学の理論で社会学を論じたのであり、〔生物と社会の進化は〕その始まりから並べ比べてみると〔似通っていることは〕疑いようもない。だが〔進化論では〕生存競争・自然淘汰の二つの原理のほかに、適応がことに重要である。適応とは生物が自らを適したものにしていくことである。彼は生物が進化していくからには、社会も進化するのは間違いないのであり、生存競争・自然淘汰・適応の三つは社会の場合も生物の場合と異ならない、ゆえに「進化の自然にまかせれば泰平の治世はおのずと至る」と言ったのである。

*【厳復注】 極小の虫で、水中の藻草の中で生息し、血液中の白血球と同じで、生命の起点である。

しかしながら、自然にまかせるというのは何もしないという意味ではない。肝要なのは余計な介入をしないで公道〔公正なありかた〕を維持することにある。公であることの定義にはこうある。「各自は自由たりうるが、他人の自由をその限界とする〔各自は他人の自由をおかさないかぎりで自由である〕」。スペンサーは「種族保存の三原則」を立てたが、それは「一、成人前の民は、働きと得られる食糧が反比例する。二、成人後の民は、働きと得られる食糧が正比例する。三、社会と個人がともに重要なときは、個人はさしおいて社会のためを優先する」というものである。この三原則に従うと社会は栄え、この三原則に反するなら、社会は滅びる。ところがハクスリー氏はそれを、ただしたいようにまかせる〔自由放任〕とだけとらえているのは、不十分な議論というべきだ。善悪はともに進化によってできあがるという点に至っては、スペンサーももちろんそう言っている。けれども民が社会を形成してからは、〔他者に〕余計な介入をせずに公道を維持し、〔種族保存の〕三原則を実行できれば、悪は進化しようがないだろうし、悪が進化しようがなければ、おのずと日々善が実現されていくことになる。これはまた荘子のいう「群れに害をなす馬を取り去って」〔『荘子』徐無鬼〕社会を善にする、またブッダのいう翳《えい》〔心の迷いや無明を目がかすむ病にたとえる〕を取り除いて悟りを開くというようなものである。

さらにスペンサー氏の創《はじ》めた社会学では、まず第一にこういう。「私の考える社会学とは幾何のようなもので、人民を線・面とし、刑罰・政治を方形・円とし、採用するのはみな常に定義通りの形式を持つものである。定義から外れたり、定義にあわなかったりするものは論じようがない。今、天下の人民、国是はなお〔社会学の〕定義にあわないことが多い。それゆえ私〔スペンサー〕の説で例にとると往々にしてぴったりとは符合しないかのようにみえる。けれども社会の原理について論ずるには定義に即したものによらないわけにはもとよりいかず、*学者はそれを理解したうえで考察すべきで、いぶからないでもらいたいものだ(6)」と。だがハクスリー氏はいつもスペンサーのそうした前提を無視して批判しているのであり、読者は〔その点を〕考慮する必要がある。

＊【厳復注】　ここは、君臣制の廃止、土地均等化〔土地所有における公平性〕などについて言う。

訳　注

(1) 四千年以上　ハクスリーの原文では二六〇〇年前となっており(ハクスリー原文 p. 78. 日本語訳『進化と倫理』、一五四頁)、厳復は中国におきかえて「四千余年」とする。

(2) 虎や狼も羊と化する　全ての者が和睦することをたとえる。「狼は小羊と共に宿り　豹は子山羊と共に伏す」(『旧約聖書』イザヤ書一一章六節)。

(3)アメーバが合わさって……　スペンサーによるアメーバについての言及はH. Spencer, *The Principles of Biology*(『生物学原理』), Vol. II, Morphological Development, The Morphological Composition of Animals, William and Norgate, 1867にみえる。

(4)「各自は……その限界とする」　スペンサーの『社会静学』(一八五一年)の第二部第六章に掲げた「第一原理」(「導論十四」の注(3)参照)。

(5)スペンサーの「種族保存の三原則」　「導論十七」の「厳復評語」においても『群誼篇』における「種の保存二原則」と「種の進化の三原則」をとりあげていた。『倫理学原理』第二巻第四篇第一章(*The Principles of Ethics*, Vol. II, Part IV, The Ethics of Social Life: Justice, Chapter 1, Animal Ethics, p. 249)に「種の保存が個体の保存に優先する」として、一、成人間、二、成人前幼少期、三、種と個体について、「種の保存法則」(the laws by conformity to which a species is maintained)が記されており、ここはその要約といえる。山下重一「厳復訳『天演論』(一八九八年)の一考察(下)」(『國學院法学』、第三八巻第四号、二〇〇一年)にも指摘がある。

(6)「私の考える社会学とは幾何のようなもので……」　スペンサーの『社会静学』(*Social Statics*, Introduction §7, John Chapman, 1851, pp. 28–30. 袍巴士・斯辺瑣(ハーバート・スペンサー)著『社会平権論』(第二版の翻訳)松島剛訳、報告社、一八八一〜一八八四年、「緒論道義感情主義」第七節、五二～五四頁）には道徳的感覚の説明に幾何学からの類推が試みられているが、厳復のいう内容と完全に一致するものではない。

十六　社会の統治〔群治〕

進化に依拠して統治を説く者は、人の心に善の種子があるのは知っているが、悪を生じる根があることを忘れているというのは、先に論じた通りである。だが彼らが気づいていないことは、これにとどまらない。この点について、さらに論じたい。最近の進化についての学問は、ダーウィンによって盛んになった。その『種の起原』は、分析が斬新で、かつ精密にして詳細であり、科学者必読の書である。ただ〔この書物は〕もっぱら世の生物が多様である理由、動植物が繁栄したり絶滅したりする理由を明らかにし、それは生存競争と自然淘汰によるとしたもので、この理論に基づいて〔品種改良〕術を施すと、農業や牧畜では日増しに効果があがってきた。そこで統治を論ずる者は、民を治め、種族を進化させる方法も同じはずだと考えるようになっていくが、その無知なことは甚しいものがある。〔農業や牧畜で〕種を選択し優良なものを残すということは、先の導論においてすでに何度も論じた〔「導論十」など〕。ここで無知だというのは、その方法は〔民に用いることが〕できないわけではないが、用いたところで期待したものは得られないからである。なぜなら、適者であるというのがどういうことかには、本来一定の基準はなく、人や生物が強かったり弱かったり、善であったり悪であったりしても、それぞれに適者になりうる場面があり、〔何が適者となるかは〕遭遇した環境条件次第で決まるからだ。人が今の時代と環境に生きていて、このような身体をもって、このような社会の中にいるのは、もとより〔時代と環境に〕最も適したものがあるからである。これが、今の最適が今の最善となっている理由である。

しかし事情や状況が変化するにつれ、次第に、現在善であることが、必ずしも将来において適しているとは限らなくなる。動植物のことに即して説明したい。もし今の北半球の温帯の地が極寒の場所に変わったとすれば、今の〔南方に生育する〕楩《べん》・枏《なん》・予章《よしょう》〔いずれも建材に適するクスノキ類〕はみな〔生育に〕適さなくなり、適するのは雑草やコケだけになる。さらに〔寒冷化が〕進めば極北のような不毛の地となり、〔草木も〕

生えないことになるかもしれない。また、もし数千年、数万年後にここが赤道直下のような酷暑の地となれば、最も適したものは〔熱帯性の〕生い茂る竹や蔓が伸びる藤、巨大なハチや大きなアリとなり、「獣や鳥の足跡が国の中央でも交錯する」〔『孟子』滕文公上〕ことになるのである。まさか〔この状態が〕いま私たちが希求する最善ではあるまい。それゆえ、適者は必ずしも善とはかぎらず、ものごとには一定の基準はなく、それぞれ遭遇した状況によって決まる、というのである。前段の〔農業や牧畜の品種改良の方法を応用して〕統治を論じようとする者は、将来において最適なものを、今日の〔基準からみた〕最善であるとしている。これはまさしく無知ではないか。

人が集まって社会を作ると、倫理的規範や法制が社会の中で機能するとはいえ、結局は天行の残虐さからは逃れられない。なぜなら、人の道徳規範は禽獣とは異なるものの、〔人も〕繁殖して次第に個体数が増えるという点では同じだからである。生殖〔による個体数の増加〕は無限だが、生殖〔によって増加した個体〕のために供給されるものには限度があるから、まだ争いに至っていないとしても、ただ〔争いが起こるのが〕早いか遅いかにすぎない。争いが起これば天行が主導権を握ることになって人治は衰え、〔社会の〕あるものは滅亡し、あるものは生き残るが、生き残るものは必ずそのうちの強大なもので、これがいわゆる最適者である。このとき、脆弱でうまく変化順応できなければ、自身で最適なものとなることはできず、次第に天行によって排除され、〔数が〕日ごとに減少し、滅亡してゆく。ゆえに社会を保持するという点で優れていれば、つねに生存に有利であり、社会を保持する上で劣っていれば、つねに滅亡〔の危機〕にさらされる。これはいかんともしがたい趨勢なのである。人治による教化が不十分であるほど、天行の威力は強くなる。人治による教化が進んではじめて天行の威力は弱まる。世の中がきわめてよく治まっていれば、人治の効力のみがはたらき、天行は力を持たない。このとき、適者として生存するものは、天行に適応した強大な者や多数者ではない。道徳や知恵、慈愛や正義を持つ人こそ、生きていく上で最も優れた者となる。それゆえ前者〔天行の威力が強いとき〕では万物は反発したり、ひかれあったりしても、融和することはない〔『易』繫辞下、革〕が、後者〔統治による教化がはたらいているとき〕では「諸々の人びとは大いにさかえ、また和合する」〔『書経』堯典〕。前者では他人を使役して自己〔の勢力〕を拡大する者が強くなるが、後者では私心を捨て去り慈愛の心を持つ者が〔人びとに〕慕われる。〔そこでは他者を〕排斥したり攻撃したりする気風は、教化によって、利他的な精神で互いに支え合う精微なものとなり、そのとき生存するものは、ただ〔天行の中で生き残った〕最適者以上の〔価値を持つ〕ものである。

人の力によって保持し、生存させることができるものについては、いずれも〔人治の領域において〕適応したものとして、それぞれが生き残るようにする。したがって天行は〔万物の〕生存競争にまかせて、その結果として選択が行われるが、〔人による〕統治では争いを倫理に悖るとし、争いをおさめて人びとを救うことを最上の功績とする。かつて聖人は全力を尽くして身を粉にして働き、社会をまとめあげて統治を行い、人びとが互いに助け合うようにさせ、残虐な天行のはたらきを被らないようにした。そうなると、そこにいて恩恵に浴している者はすべて、自分を抑制して他人のために〔行動〕することによって、こうした恩恵に報いようとするはずである。およそ、発言や行為で、人間関係をそこねたり、名誉や道徳を毀損したりして社会を乱し統治を害する可能性のあることは、道義に悖るとして禁じられる。刑罰を設け、法令を広めるのは、その多くは勝手な行為を阻止し、人の本分として守るべきことを奨励するためである。社会における統治が進展すると、一人一人が本業にいそしみ、安んじて暮らすという幸福を享受する。〔社会から〕受けたものが〔自分にとって〕利益になっている以上、必ず〔社会に〕貢献してその対価とすべきである。〔社会が成立する以前の〕原初の人間の状態のまま、社会の規範をないがしろにし、堕落して原始時代に戻るようなことがあってはならないのである。

【厳復評語】

利己的な自己主張〔自営〕という言葉は、時代を問わず忌み嫌われているが、誠に忌避されるに足るものだ。しかし、時代が変化すると、利己的な自己主張も異なるものとなる。大体のところ、東西の古人の学説ではみな功利を道義と相反するとし、あたかも「香草と臭草を同じ容器に入れてはならない」（『春秋左氏伝』僖公四年）ようなものだとする。一方、現在の人は、生物学の法則によれば、利己的な自己主張がなければ生存していけないとしている。だが人間の知識がすでに進んだ後に分かってきたのは、道理を明らかにしなければ功利を図りようがないし、正義にかなっていなければ利益を求めることもできないということである。功利が咎められる必要などなく、功利を得る方法がどのようであるかが問われるだけだ。したがって、西洋人はそれを進歩的な利己的自己主張〔開明自営〕という。進歩的な利己的自己主張は、道義に反することはまったくない。私〔厳復〕は経済学が近代で最も人類に功績のあった学問だと考えるが、〔そう考えるのは〕「双方ともに利益があることが〔真の〕利益であり、一方だけが利益を得るのは決して〔真の〕利益ではない」ということを明らかにしたからである。

【厳復評語・再】

以前の章では、いずれも力を重んじるのを天行、道徳を重んじるのを人治であるとした。争いが起こり乱世になると天が勝り、平和で統治がうまくなされていると人が勝ることになる。これは、唐の劉〔劉禹錫〕・柳〔柳宗元〕諸氏の天についての論説〔劉禹錫の「天論」・柳宗元の「天説」〕の言と符合するが、宋以来の儒者が理を天に属するもの、欲を人に属するものとみなすのとは正反対になっている。おおまかにいって、古今東西、道理を語る者は、二つの流派の範囲の中にある。一つは宗教から出たもの、もう一つは学問から出たものである。宗教では、普遍的な原理法則を天に属するとし、私欲を人に属するとしている。一方、学問では、力を重視するのが天行で、道徳を重視するのが人治であるとする。学問を語る者は事実を追求するため、天を論じるにあたって、物質的な側面を捨て去ることができない。宗教を語る者は世の〔秩序の〕維持を期するため、道理を論じるにあたって、神的なものを排除することはできない。ハクスリーはかつて「天には道理はあるが善はない」と述べたが、この言葉は〔北宋の儒者〕周敦頤のいう「誠は無為である」〔『通書』誠幾徳〕、〔南宋の儒者〕陸象山〔一派〕のいう「性は無善無悪である」と同じ意味である。荀子のいう「性は悪であり、善は偽である」〔『荀子』性悪〕という言葉はたしかに言い過ぎである。〔無善無悪というように〕人の本性が善かどうか分からないのであれば、それが悪かどうか知りようがないではないか。〔ただ〕善を「偽」としたことについては、それは真偽の偽ではなく、人為的なものとして、人の本性とは区別して考えているのであろう。後の儒者〔程子や朱熹を指す〕がそれを批判したのは、荀子の本意を誤解しているのである。

十七　社会の進歩発展［進化］

さて、公的な正義のために私的な恩情を断つというのは、古今を通じて変わらぬ法である。民が自身の力を出して国のために供するというのは、帝王たちが統治を行うにあたって同じくするところである。社会の法典を犯した者は、その社会の人が共同して罰することができるというのも、また集団を形成する者に共通する規約である。ところが現在、進化にもとづいて政治を論じる者は、これらのいずれについても疑問を抱き、「天行に過誤はなく、生存競争と自然淘汰に任せれば、世は自ずと太平に至る。その方法は、全ての人が自由であり、わが身〔の利益〕を損ねて社会のために貢献するような公的な役割を強いることをしない、ということだ」といい、〔人は〕権利を持つべきだという説を主張して、利己的な自己主張による私利の追求を〔正当であるかのように〕飾り立てている。また、「民の上に立つ者がすべきことは、刑罰によって天下が公平であるよう監視することで、それ以上のことについては、全て民が自ら為すのにまかせるべきで、わざわざ「大工の名人のために木を切る〔自分の職分をこえたことをする〕」〔『老子』第七四章〕ことはない」という。だが、提唱者が説くことが組紐の帯のよう〔に粗雑なもの〕だと、それに雷同する者の言うことは〔それに輪をかけた〕縄のような〔荒っぽい〕ものになるといわれる。(1) こうした主張の問題点は、他でもなく、人治と天行が全くの別物だということを理解していないことによるものだ。さきに煩瑣をいとわず繰り返し論じたが、もし、私の言うことに信ずべき点があるとすれば、この「自然にまかせた統治」はどんな統治になってしまうだろうか。

ああ、いま政治において成果をあげようと思えば、もちろん自然と争って勝利しなくてはならない。天行にのっとるのも正しくないが、かといって天行から逃避するのも正しくない。そもそも日々自然と争って勝利するというのは、自然に逆らい、ものの本来の性質に反して、災いをもたらすようなことや道理に外れたことを行うことではない。その手法は、万物の性質を十分に生かし、〔人間にとって〕害となるものをどのように役立つものに転ずるかを知ることにある。無知な者から言わせれば、無力な人間でありながら、造物主に対抗し、天地の間に存在するものを〔自身に〕従うように操り、自らの利となるようにしようとするなど、その身の程知らずなことは、これ以上嘆かわしいことはない。しかしながら、太古から現在に至るまで、人治の進歩は、いずれもこうした意味での〔自然に対する〕勝利の多寡によってその水準が決まってきた。百年来のヨーロッパが最も富強だといわれているのは、その理由は他でもない。〔ヨーロッパが〕天行に打ち勝ち、万物を制御して、民の生活を前進させたことが、〔ヨーロッパ以外の〕世界と過去の各国に比べて最も多いからである。過去の事象から将来を予測すれば、私の「自然に打ち勝って統治を行う」という説は、ほとんど動かしがたいものだ。それゆえ、世界の変化を観察するのに長けている者が見るところによれば、この世界の中では、人間の力をあらゆる範囲に及ぼすことが可能であり、〔人間の力が〕届く範囲が広くなればなるほど、われわれの統治は進んだものとなり、人類にとって万事、滞りなく進むようになっていく。かのブッダはこの世のものを危うく脆いものだとし、人生をうたかたのようなものだとしたが、これは実に正直な言葉だ。しかし、フランスのパスカル〔Pascal, 一六二三～一六六二〕は「人間は確かに弱い草だが、その優れた能力は、霊妙なことに通じている。霊妙なことに通じているというのは他でもない、考えることができるということだ[2]」と言っているではないか。ちっぽけな一本の茎の中に、無限の優れた力を秘めており、それは、〔『詩経』大雅・文王に〕音も匂いもないといい、〔周敦頤が〕「天下の理に通徹し、天下の事にあまねく心がおよぶ」〔「本論八」参照〕という〔聖人の〕ような精妙なものと同類である。それゆえ、〔人間は〕自然の動きを総括し、それを〔人類と〕調和させることができる。これはブッダのいう「ケシ粒のような小さなところに居ても、〔広大な真理である〕仏の教えを説く[3]」ことのようなものだ。

およそ、一つの氏族集団や一つの国として人が集まる場合、いずれも、そこには必ず法制や儀礼、習俗があって、人が勝手気ままに行動して乱暴なことをしないように制約を加えており、必ず狩猟・漁労や牧畜や耕作や製陶によって、自然界にあるものに人工的な技術を施し、生活を維持したり、死者を葬ったりするための資源とする。その〔氏族集団や国の〕統治が進歩すればするほど、こうした技術が施される範囲も広くなる。今日に至り、〔人間の技術によって〕制御され、抑圧され、手なずけられ、除去されたものについて、もし古人に尋ねたら、彼らは、これは鬼神のやったことで人間業ではないというだろう。これもまた科学的な思索の成果が優れているということにほかならない。〔科学によって〕この二百年の間に探求されてきたことは、四千年来いまだ存在してこなかった素晴らしい境地を開いたといってよい。しかし、大きな視点からいえば、なお、日が出たばかり、泉が湧きだしたばかりの段階にほかならず、まさにこれから現れるものが多くあり、〔科学研究への〕意志の力にあふれた者が自らその任に当たっていけば、私にはそれが〔将来〕どこまでいくか、予測などできるはずがない。それゆえ、現時点で科学についていえば、論理学・数学・化学・物理学が最も精密で、体系化されていて、確実に過去の事象を遡り、将来の事象を予測することができるが、生理や心理、道徳、政治ということについては、まだ大まかなところを少々うかがい知っただけで、〔全てを明らかにして〕雲や霧をはらい、青天を目にするにはまだ不十分である。しかし、科学〔の発達〕の道筋は、最初は大まかなものであるが、その後に精密で深くなっていくので、〔内容に〕疑わしいところがあったり、不揃いな部分があったりするのは、どの科学においても必ず経過せねばならない段階であり、以前に矛盾する点が多かったからといって、〔その科学が〕首尾一貫した体系となる時は来ないというのも、正確ではない。この〔生理や心理、道徳、政治といった〕諸学が明らかになれば、人間に関わる事象について、適切で公正な基準を得ることが期待できる。だが、これは決して古えを尊び、今を賤しむ者がなしうることではない。

進化についての学問は、政治を論ずる者にとってまず踏まえるべき不変の根本原則である。ダーウィンは、まさに偉大な人物だ。しかし、あらゆるものの変化の流れは、上昇することがあれば、また下降することもある。宇宙の長い時間において、何億年も以前から、世の動きが上昇する軌道を進んできたからといって、太陽が南中すれば西の方に傾くように、結局その頂点にいたれば、下に向かっていくはずだ。そうであれば、進化を論じる者が「世の流れは必ず日々良い方向に向かい、人間のあり方も必ず「至善に止まる〔最善の状態に落ち着く〕」〔『大学』〕」といっているが、必ずしもそうだとばかりはいえない。身近なところからいえば、現在の世の様相は、偶然できあったものではない。何百万年もの厳しい生存競争を経て、自然によってさまざまなものが作りだされ、陶冶鍛錬されて現在のような状態になってきたもので、一方で理と気がそれぞれ影響しあうとともに、他方で善と悪が混じり合っている。その形成過程はかくも深遠なものなのである。

それなのに、今、数百年のわずかな人治を加えただけで、〔悪を含んだ〕人間の従来からのあり方を大きく改めようとしても、「立たせれば立ち、導けば歩き、安らげればなつき、激励すればこたえる」〔『論語』子張〕というように政治の効力はすぐれたものではあるが、〔人間のもともとの〕性質は結局それほど速く変化させることはできない。このことから、〔先の進化論者のいうことが〕実現しがたい現実離れした願望であることは、智者でなくても分かる。しかし、もしそのために人道〔の実現〕について諦めてしまったとすれば、それも正しくない。あの大声で吠えるイヌを見てみよう。その先祖はオオカミであり、〔イヌが〕毛織物の絨毯の上に横たわっていても、必ず〔寝る前に〕何度もグルグル回って〔絨毯を〕踏みつけないと落ち着かないのは、その先祖が山中で〔地面を〕踏みつけて〔寝る場所を作って〕いた習性に沿ったものが、なおも残っているためだ。しかし、長い間にわたって飼い慣らされて、ついに牧羊をさせたり、溺れた者を救助させたり、倉庫の番をさせたりすることができるようになり、着実に人間に忠実な動物の最たるものとなってきた。民が教えに従い、善い方に変わっていくことは、イヌよりも容易である。本当にもしも今後、〔人類が〕その智力を用い、意志を奮い、正しい道に従い、互いに協力することによってもたらされる力量を発揮していけば、数千年たたぬうちに、理想的な治世に到達することもできる。ましてや、後世の人類が自らのためになることを考えることは、いまの人を遥かに上回っているはずであるからなおさらである。今の世にあって、真の学問と確かな道理が日々発展してゆくのを利用して、世の中のためになる事業を行いたいと思うのならば、困難を畏れ日常に安住する気持ちを捨て去り、安逸や享楽を目的としない人物であってこそ、それが可能となる。

ヨーロッパの社会の変化は、要約していえば、三段階に分けて論じることができる。最初は侠気にあふれた少年のようなもので、放縦にして粗野で、人間の安危や苦楽の違いについてあまり気にとめない。次には、天行の残酷さを制御しようとして果たせず、失意の中で意気消沈し、方向を転じてこの世から脱出する方法を求めた。これは盛んに進軍の太鼓を打ち鳴らした後に、〔戦闘の結果〕鎧を脱ぎ捨てて、武器まで投げ捨てて敗走した〔『孟子』梁恵王上〕ことにほかならない。われわれは現代に生きているのだから、もちろん、ホメロスが詩に詠んだ侠気あふれた〔人類の〕少年期のように軽躁であるべきでないし、また、ガウタマが人生の無常を哀しみ、現世を捨て去り、ただ軟弱な姿を示しただけで、後世に無益であったようでもあるべきではない。当然のことながら、冷静でありつつ毅然として力を発揮し、ひとかどの人物としての能力を示し、独立した立場にありながら師の教えにはそむくことなく、競争に参加すべきであって、〔競争を〕放棄してはならない。置かれた状況が望ましいものであれば、もちろんそれを充実させて維持していくが、置かれた状況が望ましいものでなくても、悩むことはない。終日倦むことなく、志を同じくする者の力を糾合して、禍を転じて福とし、害となるものを利とする術を考えていくだけである。テニスンの詩〔「ユリシーズ」〕にいう。「帆をかけて大海原に打ち進めば、茫茫たる風と波、深淵に沈むか、仙界に達するか、そのいずれを選ばんや、まさに然るや然らざるや、いまやその時、我はわが力を奮い、恐るること無きは、男子として必定のこと(5)」。私は天下の心ある人びとと、この志を共にしたいと思う。

訳注

(1)提唱者が説くことが……ものになる　『礼記』緇衣の表現をふまえたもの。

(2)「人間は確かに弱い草だが……考えることができるということだ」　パスカルの遺稿集『パンセ』(*Pensées*, 1670)やハクスリーの『パンセ』の引用の中に類似した内容はあるが、中間部については、このまま直接対応する表現は見当たらない。

(3)「ケシ粒のような……仏の教えを説く」　原文では引用の形をとるが、直接の出典は未詳。

（4）「立たせれば立ち……激励すればこたえる」　厳復の原文は「立・達・綏・動」となっているが、『論語』子張篇の文言に即せば「立・道・綏・動」であり、「達」については、意図的か否かは不明であるが、厳復が『論語』雍也篇の「立達」と混同した可能性もある。ただ、この部分は『論語』でも「所謂……」とされ、孔子の時代においてもすでに慣用句だったと考えられるため、訳文は子張篇の文言にしたがった。

（5）「帆をかけて……必定のこと」　厳復の翻訳はハクスリーが引用するテニスンの詩の原文からかなり離れている。ハクスリー原文でのテニスンの引用は、順に「ユリシーズ」六九、七〇行（その意志力は強く、努力し、求め、探し、そして屈服することはないのだ）、六二、六三行（口を開く大海原がわれらを呑み込むかもしれない。あるいは「幸せの小島」に辿り着けるかもしれない）、五一、五二行（だが生きている間には　何か由緒ある事業がなお為されえよう）（訳文は「本論十四」注（4）前掲、『対訳　テニスン詩集』、一〇五、一〇七頁による）。

解　説

一　はじめに――『厳復 天演論』とは

ここに訳出した『天演論』は、トマス・ヘンリー・ハクスリー(一八二五〜一八九五)の「進化と倫理　ロマネス講演」(一八九三年)と「進化と倫理　プロレゴメナ」(一八九四年)(原文テキストについては「凡例」を参照)を厳復(一八五四〜一九二一)が古典中国語に翻訳し、さらにその訳文に厳復自身の「案語(評語、コメント)」を付したものである。

しかしながら、『天演論』は、本訳書の「凡例」の冒頭にも記した通り、現在われわれが通常イメージするような「訳注」の類とは様相を大きく異にしている。

厳復自身が「訳例言(翻訳凡例)」(三四〜三五頁)で記しているように、彼は本書の翻訳にあたって、英語と中国語の言語の性質の違いもふまえ、あえて原文に忠実な翻訳にこだわらず、「訳者が全文のロジックを理解し尽くしたうえで訳文にす」る方法を採用する。つまり、その訳文は、原文の表面にあらわれていない著者の意図もあわせて行間から読み取った上で、訳者である厳復が総合的な観点から再構成したもので、それゆえ彼自身も「筆訳」とはせず「達恉」とする。

もし読者が『天演論』の訳文を原文（本書の「凡例」に紹介したものを含め、ハクスリーの原文の日本語訳は複数存在する）と対照すれば、おそらく「これが翻訳といえるのか」と驚く部分が少なからずあることだろう。例えば、原文にある文が欠落していたり、逆に原文に無い内容が付加されていたりすることがしばしばあり、さらに後者については、ハクスリーの他の文章の一部の要約とみられるものが何の断りもなく訳文の中に挿入されているところもある。しかも、訳文に付された「評語」には、単なる注釈の枠をこえて厳復自身の主張を展開した部分も多く、中には自身が最も傾倒するハーバート・スペンサー（一八二〇～一九〇三）の立場から、ハクスリーの原文の議論に対して反論を加えている部分もある。

その意味で、われわれの目からすれば、『天演論』はハクスリーの原書の単なる「訳注」にとどまるものではない。むしろ、ハクスリーの原書を材料として、厳復自身の主張を展開する一種の「翻案」による「作品」といってもよく、それが本書の標題を『厳復 天演論』とした所以である。

もちろん、厳復とて、こうした方法が翻訳の「正道」ではないと十分承知していたことは「翻訳凡例」を見れば容易に読み取れる。にもかかわらず、彼があえて翻訳の正道から外れてまでも本書を世に問うた背景には何があったのか。当時、日清戦争の敗戦によって露わになった亡国の危機の中にあって、多くの中国の知識人はなおも旧い華夷意識を引きずっていた。厳復は、当時、「富強」を実現し、中国を圧迫していた西洋諸国と弱体化した中国の間の差が生じた最大の要因は、それぞれの国民（特に知識人）の思考様式の違いにあると考えていた。そこで彼は、心ある人士に、西洋の「富強」の背後にある「科学」に代表される思考法（進化論は彼にとってはあくまで最先端の「科学」であった）や世界観を何とか読み取ってもらいたいと願ってこの書を公刊したのではないかと思われる。

いずれにせよ、『天演論』は、ハクスリーの原著とは全く異なる社会的・文化的文脈において書かれ、読まれた「作品」であり、その歴史的なコンテクストを念頭において評価されるべきものであろう。もちろん、理屈の上からいえば、こうしたことは、あらゆる「翻訳」について同様に指摘しうる。ただ、『天演論』が近代中国思想史において果たした役割は、その影響の大きさからみて、やはり格別なものがあったといわざるをえない。

二　厳復の略歴

ここでまず本書の訳者であるとともに「作者」ともいうべき厳復の経歴を簡単に紹介しておこう。

厳復（原名は宗光、字は又陵・幼陵・幾道、号は観我生室主人・瘉壄老人など）は一八五四年一月（咸豊三年一二月）に現在の福建省福州市の代々医業を営む家系に生まれ、幼時には、その頃の慣例通り、科挙受験のための古典教育を受けた。しかし、一八六六年に父が病死すると一家は困窮に陥り、厳復は科挙受験の途を諦め、この年の冬、創設されたばかりの福州船政局附属の船政学堂に入学した。

船政局は、左宗棠《さそうとう》（一八一二〜一八八五）が提唱し、沈葆楨《しんほてい》（一八二〇〜一八七九）を責任者として設立された中国初の近代的海軍工廠で、いわゆる「洋務運動」（一八六〇年代から始められた三十数年にわたる近代技術導入を中心とした限定的な西洋化の試み）の代表的な成果の一つとされ、海軍のための人材育成を目的とした学校である船政学堂を併設していた。だが、科挙受験こそがエリートの王道とされていた当時にあっては、こうした新式の学校が学生を集めることは容易ではなかった。そのため、同校では在学生に毎月給付金が与えられることとなっており、厳復が志願したのも、主に経済的理由によるものだった。科挙によって身を立てることを目指しながら、家庭の事情からそれを断念せざるをえなかったという経歴は、おそらく厳復の人格形成に少なからぬ影響を与えたものと思われる。厳復の言動が、梁啓超（一八七三～一九二九）のように早熟の秀才として科挙試験において実績を挙げてきた者の持つ「明るさ」（ある意味で「脳天気さ」にも通じるもの）とは異なる、一種の「屈折」を感じさせるのも、こうした要因によるものかもしれない。

厳復は、船政学堂で英語や数学、物理学などを学び、一八七一年に最優秀の成績で卒業した。練習艦での実習の後、一八七七年から七九年まで、中国初の公式の欧州派遣留学生としてイギリスに渡り、主にグリニッジの王立海軍大学校で学び、優秀な成績をおさめていたことが記録されている。彼はこの機会に、欧州の社会に実地に触れ、西洋の思想書を渉猟して大いに感銘を受け、この体験が、彼の思想形成に決定的な影響を与えた。

なお、当時の厳復の言動については、中国の初代の駐英公使として厳復と同時期にイギリスに滞在し、この時期の中国知識人のエリートとしては例外的に西洋の文明を高く評価していた郭嵩燾《かくすうとう》（一八一八～一八九一）の日記にその記載があり、彼は一八七八年二月に初めて厳復と面会した時からその見識を高く評価していた。その後も厳復はしばしばロンドンの郭嵩燾のもとを訪れて西洋の学術等について論じ、また郭嵩燾がグリニッジを訪れた時には、厳復が静電気実験を行ったり、西洋の自然科学の成果を紹介して、その重要性を指摘したりしている。

厳復は一八七九年に帰国し、一時、母校である船政学堂の教員として勤めた後、一八八〇年、李鴻章（一八二三～一九〇一）が天津に創設する海軍学校である北洋水師学堂に招かれ、同校の総教習（教務長に相当）、さらに一八九三年末からは総弁（校長に相当）として、合計約二十年にわたってこの学校の運営に携わる。なお、この間、一八八五年から一八九三年にかけて、四回科挙を受験したが、いずれも不合格に終わり、官僚としてのさらなるキャリアアップはかなわなかった。

一八九四年に日清戦争が勃発すると、彼の船政学堂の同窓の人士が海軍の幹部として実戦に参加したが、中国海軍は大敗を喫した。この敗北が全く予想外であったか否かはともかくとして、それが彼にとって大きな衝撃であったことは想像にかたくない。

いずれにせよ、日清戦争での敗戦を契機に、「洋務運動」のような軍事や工商業のみの皮相な改革では中国の危機は打開できないことが、多くの人々の目にも明らかになった。そうした危機感を共有しつつ、厳復も日清戦争の戦況の悪化が顕著となった一八九五年の初頭から、天津の日刊紙『直報』に立て続けに「論世変之亟(時勢の激変について)」「原強(「強さ」について)」「闢韓(韓愈批判)」「原強続編」「救亡決論(亡国を救うために不可欠なことについて)」といった文章を発表した。これらの論説は西洋思想(特にダーウィンやスペンサーの進化論)の立場から、中国の政治や学問の現状を厳しく批判したもので、その「ラディカル」な主張は当時においては群を抜くものであった。

厳復によれば、西洋の富強の根底にあるのは、まず第一にダーウィンの進化論やスペンサーの社会学に代表されるような体系的な科学であり、こうした科学の裏づけがあればこそ、西洋においては様々な施策が有効に機能している。それに比べれば、中国で「学問」と呼ばれているものは、部分的に西洋の科学と合致する内容があったとしても、結局単なる断片的知識の寄せ集めにすぎないという。

また、厳復は、学問において真理を尊び、政治において「私」より「公」を重んじるという理念は中国も西洋も共通のはずであるのに、それが西洋でのみ実現しているのは「自由」の有無の違いによるとする。つまり、西洋の社会では自由が尊重されているのに対して、中国では聖人たちが競争によって民の間で衝突が生じることを懸念し、結果として「自由」を提唱することが忌避されてきたと言う。その上で、君主を一方的な支配者、民を被支配者とみなす韓愈的な君民観への批判を通して、当時の清朝の専制体制に対する疑念を呈した。このような立場からすれば、儒教的な価値観を保存したままで西洋の軍事技術や工業技術を導入しようという「中体西用論」的な発想にもとづく洋務運動では、中国の富強を実現できないのは明らかであった。

同時に、厳復はスペンサー的な観点から、社会全体のレベルはそれを構成する個人の知的レベル、道徳的レベル、身体的レベル（厳復の語によれば「民智」「民徳」「民力」）に依存するとみなすため、当時の中国の民の水準を無視して急進的な改革を行っの政治的立場を規定してゆく。

ても失敗に終わることは必然だともする。したがって、厳復の認識では、当時の中国においては現状に適した漸進的な改革を進めるとともに、「民智」「民徳」「民力」の向上をはかる根本的な施策を地道に継続するしかないこととなり、こうした論理が彼の政治的立場を規定してゆく。

一八九七年、厳復は天津で夏曽佑《かそうゆう》(一八六三〜一九二四)らとともに日刊紙の『国聞報』と旬刊誌の『国聞彙編』を創刊し、無署名ではあるものの、相当数の論説を発表したとされる。また『国聞彙編』には、『天演論懸疏』と題して『天演論』の一部が掲載されたが、一八九八年二月に『国聞彙編』が停刊したため、連載は未完に終わった。

厳復が『天演論』の翻訳に着手したのがいつであるかは明確ではないが、一八九六年秋頃には初稿が完成していたとみられる。その後、原稿は桐城派(古文家の一派)の大家、呉汝綸《ごじょりん》(一八四〇〜一九〇三)の添削をうけ、さらに梁啓超らが原稿を借り出して筆写したものが一部の人士の間で閲覧され、出版するよう勧められた結果、一八九八年に正式な刊行にいたった。

当時の厳復は、それまで公表してきた論説の内容からみても想像されるように、改革派の論客と目されてはいたが、一八九八年に康有為(一八五八〜一九二七)らが主導した戊戌変法とは直接の関わりを持たず、一定の距離を保っていた。そのため、同年九月の政変で譚嗣同《たんしどう》（一八六五〜一八九八）らの「戊戌六君子」が処刑され、康有為や梁啓超らが国外に亡命した後も天津にとどまりながら、アダム・スミスの『国富論』やジョン・スチュアート・ミルの『自由論』の翻訳などに従事した。

一九〇〇年、義和団運動が激化し、それに対抗していわゆる八カ国連合軍が派遣されて天津に進軍すると、その攻撃によって北洋水師学堂も破壊され、厳復は天津から上海に避難を余儀なくされた。その後、連合軍によって義和団が鎮圧され、清政府も「新政」の方針を採用して近代国家への転換を目指す改革を迫られると、厳復は西洋事情に通じた人材として、様々な役職に就いてゆくこととなる。

他方で、この頃から高まりつつあった清朝打倒を目指す革命運動については、中国社会の現状にふさわしくないとして反対の立場を取った。

先述の通り、彼は、社会改革は同時代の民のレベルに即したものでなくては成功しないと考えており、革命によって一挙に君主制を廃止して共和国を樹立することを目指す革命派の主張は非現実的だと考えていた。例えば、厳復の長子の厳璩《げんきょ》による「年譜」に記載された一九〇五年のロンドンでの孫文との会見の折りのやりとりでは、厳復は中国の「民品之劣(民の品性が劣っていること)」「民智之卑(民の知的水準が卑《ひく》いこと)」からすれば、「改革」が成功する見込みはなく、「急ぎ教育面から着手」するのでなければ効果は期待できないとしている。

西洋書の翻訳という面では、厳復は『天演論』に続いて、『原富』(一九〇一〜一九〇二年、アダム・スミス『国富論』の翻訳)、『群学肄言』(一九〇三年、ハーバート・スペンサー『社会学研究』の翻訳)、『群己権界論』(一九〇三年、ジョン・スチュアート・ミル『自由論』の翻訳)、『社会通詮』(一九〇四年、エドワード・ジェンクス『政治通史』の翻訳)、『法意』(一九〇四〜一九〇九年、モンテスキュー『法の精神』の翻訳(一部未訳部分あり))、『穆勒名学』(一九〇五年、ジョン・スチュアート・ミル『論理学体系』の翻訳(前半部のみ))などの訳書を次々に世に問い、西洋の学問についての権威としての地位を確固たるものとしていった。

一九一一年の辛亥革命直後の混乱期には、厳復は京師大学堂総監督に任じられ、京師大学堂を北京大学に改組する際の責任者として大きな役割をはたし、北京大学の初代校長となった。その後、天津時代からの知人であった袁世凱(一八五九〜一九一六)が政府の実権を握ったこともあり、総統府の外交法律顧問や、約法会議議員などを歴任。さらに一九一五年八月には、袁世凱の皇帝即位を後押しする籌安会《ちゅうあんかい》の発起人に名を連ねた。厳復自身は、必ずしも帝制運動に積極的に参加したわけではなかったようだが、運動の失敗とともに、彼の名声も大きく損なわれた。

一九一六年に袁世凱が死去した後は、持病の喘息が悪化し、社会的活動にはほとんど関与せぬまま、入退院や療養を繰り返し、一九二一年一〇月に福州で死去した。

三　厳復と『天演論』

厳復の名は、同時代の知識人にとっては、何よりも『天演論』の翻訳者として知られており、『天演論』が当時大きな影響を与えたことは、多くの人物が回想するところである。

例えば、魯迅(一八八一～一九三六)は一八九八年に南京の路礦学堂に入学したが、在学中に『天演論』を手にして、ハクスリーの思想の新鮮さに感銘を受け、暇さえあれば『天演論』を読みふけり(『朝花夕拾』「瑣記」)、後年にいたっても、『天演論』のいくつもの章を暗唱できたという(許寿裳(一八八三～一九四八)「亡友魯迅印象記」)。

また、魯迅よりも一世代若い胡適(一八九一〜一九六二)は一九〇五年に上海の澄衷学堂に入ったが、学堂の授業において『天演論』がテキストとして取り上げられたために初めて読み、大いに気にいったとした上で、「『天演論』は出版後数年を経ずして全国を風靡したが、ついには中学生の読み物にまでなった」(『四十自述』)と述べ、その普及ぶりを記している(なお、胡適が目にした『天演論』は一九〇三年に出版された、呉汝綸による『呉京卿節本天演論』である。同書は呉汝綸の死後、子息の呉闓生《ごかいせい》(一八七七〜一九五〇)が呉汝綸による『天演論』の抜き書きをまとめたもので、字数は原書の三分の一程度、文章は原書よりもさらに簡潔で典雅なものに改められていて、『天演論』の普及に与《あずか》って力があったとも指摘されている)。

先に触れたように一九世紀後半、中国では西洋列強の侵入に対抗すべく、一八六〇年代から「洋務運動」と後に呼ばれる動きが起こり、西洋の軍事技術、科学技術等の導入が図られた。それとともに「西学(西洋の学問)」に関する書物も、科学技術の分野を中心にそれなりの量のものが翻訳されていた。しかし、そうした新しい知識の導入に当たっても、後に「中体西用論」として概括されるように、中国の儒教的な価値観とそれに基づく政治体制を維持することが前提とされていた。同時にまた、この時期の「西学」の翻訳書の「文」としての出来映えは、本書の「呉汝綸序」にあるように、当時の心ある知識人の鑑賞にたえるものは少なかった。

それに対して、厳復の『天演論』は、一方で、キリスト教とは異なる近代西洋の哲学・社会思想(進化論)を中国に本格的に紹介する最も早期の書であるとともに、その「文」としての出来映えも、呉汝綸の「序」に「周代末期の諸子と比べ得る」(一九頁)とあるように、堂々たるものであった。

本書の内容については実際に訳文に目を通していただくほかないが、その眼目をごく簡単にまとめれば、宇宙のあらゆる存在は進化(厳復の訳語では「天演」)の過程の中にあり、そこでは生存競争・自然淘汰(厳復の訳語はそれぞれ「物競」「天択」)の原理が貫徹し、環境に適応せぬものは、容赦なく滅亡への道を歩まざるをえず、この原理は人間社会にも同様にあてはまるとするものである。

ハクスリーの原書では、こうした前提をふまえつつ、無慈悲な生存競争・自然淘汰が働くプロセス(「天行」)は人類の観点からすれば倫理に悖《もと》るものであり、「天行」に抗って人類独自の価値が貫徹する人工的な領域(「社会」もその一つとされる)を構築する(「人治」)点にこそ人類の本領があるとも主張されている。

その点は厳復の訳文にも反映されているが、厳復はさらに「評語」において、ハクスリーが「天行」と「人治」の矛盾を過度に強調した場合には、「任天(自然に任せる)」という説を中心としたスペンサーの理論を援用して批判を加えている。

このように、厳復自身は本書におけるハクスリーの主張に全面的に賛同しているわけではなく、彼が傾倒するスペンサーとハクスリーの意見が対立する場面においては、常にスペンサーの側の立場に立っている。ではなぜ厳復がハクスリーの書を翻訳することとしたのかという疑問が生ずるが、これについては、スペンサーの主著である『総合哲学体系(*A System of Synthetic Philosophy*)』(厳復の訳では『天人会通論』)はあまりに膨大であるので、できるだけ早く進化論を中国に紹介するために、そのコンパクトな概説書としてハクスリーのものが選ばれたという見方が一般的である。もちろん、ハクスリーの原書の文章そのものの格調の高さも書の選択に影響したであろうが、まずは、西洋の近代科学の最高の成果であり、あらゆる領域を貫通する総合理論としての進化論を中国へ紹介することが第一に優先されたものと思われる。

『天演論』の内容は、このような錯綜したものであり、胡適の回想によれば、当時『天演論』を読んだ者のうち、ハクスリーの科学史や思想史上での貢献を理解した者はごくわずかで、彼らが理解できたのは「優勝劣敗」(この語自体は『天演論』に見られるものではないが、「物競」「天択」から自ずと導き出される結論である)という公式が国際政治において持つ意義のみであったという。つまり、『天演論』の読者のほとんどは「物競」「天択」といった語のレベルで表面的に進化論を受け止めたのみだったようであるが、逆にいえば、表面的に理解しただけの者が多かったからこそ、当時において大きな思想的な衝撃を与えたとも言えるかもしれない。

確かに、日清戦争敗北後、強烈な亡国の危機感を抱いていた中国の知識人たちにとって、「優勝劣敗」という図式は、当時の中国の置かれた状況を読み解く上で極めて強烈なリアリティーを持つものであった。かくして、『天演論』は、中国の改革のための指針として、単なる学術書の枠を超えたベストセラーとなり、以後、およそ中国の変革を目指す者にとって、『天演論』によって紹介された進化論、特にその社会進化論的側面は、それぞれの政治的立場の違いを超えた共通の思考枠組として、圧倒的な影響力を持つこととなった(他方で、厳復がスペンサーの進化思想を『易』の概念を用いて解説していることからも推測されるように、中国の伝統的な宇宙観と進化論の間には一種の親和性があり、西洋のように進化論に対する拒否感が生じにくかったことも考慮する必要があるだろう）。

『天演論』は、上述のようにその構成が錯綜したものであったのみならず、訳文自体が中国古典とも比肩しうる格調高いものであった。「翻訳凡例」（三五頁）に「深奥玄妙な論」は「近代の簡便で通俗的な言葉」ではなく、「漢以前の字句の使い方」を用いてこそ容易にその内容を伝えることができるとあるように、『天演論』の翻訳にあたって古典的な文体に拠ることは厳復にとっては必須のことであった。

厳復は「翻訳凡例」（三三頁）で、翻訳において留意すべき点として「信（原文の意味を正確に訳文に反映すること）」「達（訳文が中国語として読者にとって分かりやすいこと）」「雅（訳文が中国語として格調高いものであること）」という三つを提示した。

近代以降の中国における外国書の翻訳において、この「信・達・雅」という基準は、長きにわたって強い影響力を持ち続けてきた。もちろん、『天演論』が世に出た直後から、中国の知識人の間では、それまでの古典的文体に代わって梁啓超に代表される平明かつ情感にあふれた文体がもてはやされ、さらには一九一〇年代の新文化運動の中での「白話革命」を経て、中国語のスタイルは大きく変化してきたが、現在にいたるまで、「信・達・雅」という理念が生き続けていることは、中国の翻訳に関する論文において、いまだに「信・達・雅」が盛んに論じられているのを見れば容易にうかがえるところである。

では、この「信・達・雅」という基準からみた場合、厳復自身の訳書はどう評価されるだろうか。魯迅の「翻訳に関する通信」(一九三一年)での議論にしたがえば、『天演論』は「信」を犠牲にして「達・雅」を追求したものであり、その文体は桐城派の古文の軌範に即していて、当時の中国の古典的素養を持った知識人にとっては理解しやすかったという。他方で、魯迅によれば、厳復は、『原富』以降の訳書では「信」を「達・雅」より重視する方向に軌道修正していったとも評されている。このことは、『天演論』以外の厳復の訳書の文章は中国の古典的素養を持った知識人にとっても難解なものとなったことを意味するであろう。ましてや、科挙が終焉へと向かい、古典的な教養よりも西洋的な「新学」の知識がもてはやされるようになった時代の若年の中国知識人にとっては、厳復の訳文はなおさら理解しにくく、厳復の名声とは裏腹に、その訳書の実際の影響力は限定的なものとなっていったと思われる。

『天演論』が翻訳された当時、すでに、日本では多くの西洋の学術書が翻訳されており、西洋の概念に対応する漢語が数多く創出されていた。しかし、厳復は日本由来の訳語を使用することを潔しとせず、中国古典における用法を精査した上で、「一つの名を付けるのに十日、一月とぐずぐず迷いに迷った」(「翻訳凡例」三八頁)ほどの苦心を重ねて独自の訳語を考案した。

ただ、一八九八年の戊戌変法の失敗後に日本へ亡命した梁啓超が、二〇世紀初頭に日本語文献にもとづいて近代西洋の思想・学術を中国へ大量に紹介し、その平易かつ情熱的な文体も相まって若い知識人の中で大きな反響を呼び、さらに、清朝の教育改革の影響もあって日本への留学が流行した。そのため、厳復の訳語は「天演」「物競」「天択」のような『天演論』を象徴するとイメージされていた語以外は一般的に用いられることは少なく、中国では日本由来の訳語が多く普及することになった。

『天演論』は、時代を象徴する「ベストセラー」であったが、胡適の回想からもうかがえるように、当時の多くの読者はこの書から「国際政治の原理は優勝劣敗である」ということのみを読み取った。そして、この考え方は現在の中国の外交戦略にも受けつがれているようにも見える。しかし本書の全体を読めば、その内容が単純な「優勝劣敗礼賛」ではないことが分かる。中国のみならず、世界において「力の政治」への志向が顕著になりつつあるように見える今こそ、知名度の高さに反して、その全体像が必ずしも十分に理解されてこなかった『天演論』を日本語で全訳する意味は大きいのではないだろうか。

参考文献

ベンジャミン・シュウォルツ『中国の近代化と知識人――厳復と西洋』(平野健一郎訳、東京大学出版会、一九八〇年。原書出版は一九六四年)
高田淳『中国の近代と儒教』(紀伊国屋書店、一九七〇年)
佐藤慎一編『近代中国の思索者たち』(大修館書店、一九九八年)
李暁東『近代中国の立憲構想――厳復・楊度・梁啓超と明治啓蒙思想』(法政大学出版局、二〇〇五年)
區建英『自由と国民　厳復の模索』(東京大学出版会、二〇〇九年)
手代木有児「厳復の英国留学――その軌跡と西洋認識」(『中国――社会と文化』第九号、一九九四年)
山下重一「厳復訳『天演論』(一八九八年)の一考察」上・下(『國學院法学』第三八巻第三・四号、二〇〇〇・二〇〇一年)
沈国威「近代翻訳史における厳復の「信達雅」」(『関西大学東西学術研究所紀要』第五五輯、二〇二二年)

あとがき

この訳書は、主に二〇一七〜二〇二〇年度（コロナ禍により二〇二二年度まで延長）科学研究費助成事業基盤研究（C）「厳復の西洋体験と『天演論』のテキスト形成ならびに清末における受容過程の研究」（研究代表者：坂元ひろ子、分担者：高柳信夫・吉川次郎・小野泰教）による成果であり、翻訳の担当者は『天演論』翻訳のための研究会に参加した坂元ひろ子・高柳信夫・梁一模・吉川次郎・原正人・小野泰教である。

研究会のメンバーのうち、坂元は一九九〇年代半ばより、東京都立大学および一橋大学のゼミナールで十年以上にわたって『天演論』をテキストとして講読を進め、吉川と原はそのゼミにも参加した受業生である。高柳と梁は大学院生時代から厳復を研究対象とし、梁は『天演論』の韓国語訳（共訳、소명(somyong)出版、二〇〇八年）を刊行している。小野も坂元の受業生で、厳復が欧州留学中に交流のあった郭嵩燾の思想を主たる研究対象としてきた。

それぞれの部分の翻訳の分担者は以下の通りである。

呉汝綸序・『天演論』自序・翻訳凡例　坂元

導論一　高柳　二　吉川　三　小野　四　坂元　五　高柳　六　梁　七　吉川　八　小野

九　原　十　高柳　十一　坂元　十二　梁　十三　梁　十四　吉川　十五　小野　十六　原

十七　坂元　十八　高柳

本論一　吉川　二　小野　三　坂元　四　原・坂元・高柳　五　高柳　六　梁　七　吉川

八　小野　九　坂元　十　原・坂元・高柳　十一　高柳　十二　梁　十三　吉川

十四　小野　十五　坂元　十六　原・坂元・高柳　十七　高柳

なお、訳文の調整は監訳者である坂元・高柳の責任において行った。

『天演論』の原文は、現在では中国人にとっても難解な文章であり、我々の学力では到底十分に翻訳しきれるものではなく、訳文には多くの至らぬ点がある。また、訳注においても未解決な問題が多く残されており、大方のご叱正を請う次第である。

本書の刊行にあたっては、岩波書店の小田野耕明氏に終始大変お世話いただいた。記して謝意を表したい。

本書の監訳者であり、翻訳作業においてリーダーシップをとられてきた坂元ひろ子氏は、本書の訳稿作成の終了後、二〇二三年一〇月三〇日に急逝された。そのため、校正段階の修正・確認作業等は高柳の責任において行った。

最晩年に文字通り命を削る想いで本訳書の執筆に集中された坂元氏に敬意を表するとともに、この書を坂元氏の在天の霊に捧げたい。

二〇二四年一二月

高柳信夫

索　引

斜体のページ番号は訳者による補足部分あるいは訳注の箇所を示す(出典情報のみの場合，書名等は採録しなかった).

あ　行

か　行

さ　行

た　行

な　行

は　行

ま　行

や　行

ラ　行

厳復《げんぷく》 天演論《てんえんろん》

2025年3月14日　第1刷発行

監訳者　坂元《さかもと》ひろ子《こ》　高柳《たかやなぎ》信夫《のぶお》

発行者　坂本政謙

発行所　株式会社 岩波書店
〒101-8002 東京都千代田区一ツ橋 2-5-5

案内 03-5210-4000　営業部 03-5210-4111
文庫編集部 03-5210-4051
https://www.iwanami.co.jp/

印刷 製本・法令印刷　カバー・精興社

ISBN 978-4-00-332351-9　Printed in Japan

読書子に寄す

――岩波文庫発刊に際して――

岩波茂雄

真理は万人によって求められることを自ら欲し、芸術は万人によって愛されることを自ら望む。かつては民を愚昧ならしめるために学芸が最も狭き堂宇に閉鎖されたことがあった。今や知識と美とを特権階級の独占より奪い返すことはつねに進取的なる民衆の切実なる要求である。岩波文庫はこの要求に応じそれに励まされて生まれた。それは生命ある不朽の書を少数者の書斎と研究室とより解放して街頭にくまなく立たしめ民衆に伍せしめるであろう。近時大量生産予約出版の流行を見る。その広告宣伝の狂態はしばらくおくも、後代にのこすと誇称する全集がその編集に万全の用意をなしたるか。千古の典籍の翻訳企図に敬虔の態度を欠かざりしか。さらに分売を許さず読者を繋縛して数十冊を強うるがごとき、はたしてその揚言する学芸解放のゆえんなりや。吾人は天下の名士の声に和してこれを推挙するに躊躇するものである。このときにあたって、岩波書店は自己の責務のいよいよ重大なるを思い、従来の方針の徹底を期するため、すでに十数年以前より志して来た計画を慎重審議この際断然実行することにした。吾人は範をかのレクラム文庫にとり、古今東西にわたって文芸・哲学・社会科学・自然科学等種類のいかんを問わず、いやしくも万人の必読すべき真に古典的価値ある書をきわめて簡易なる形式において逐次刊行し、あらゆる人間に須要なる生活向上の資料、生活批判の原理を提供せんと欲する。この文庫は予約出版の方法を排したるがゆえに、読者は自己の欲する時に自己の欲する書物を各個に自由に選択することができる。携帯に便にして価格の低きを最主とするがゆえに、外観を顧みざるも内容に至っては厳選最も力を尽くし、従来の岩波出版物の特色をますます発揮せしめようとする。この計画たるや世間の一時の投機的なるものと異なり、永遠の事業として吾人は微力を傾倒し、あらゆる犠牲を忍んで今後永久に継続発展せしめ、もって文庫の使命を遺憾なく果たさしめることを期する。芸術を愛し知識を求むる士の自ら進んでこの挙に参加し、希望と忠言とを寄せられることは吾人の熱望するところである。その性質上経済的には最も困難多きこの事業にあえて当たらんとする吾人の志を諒として、その達成のため世の読書子とのうるわしき共同を期待する。

昭和二年七月

《東洋思想》〔青〕

- 易経 全二冊 — 高田真治・後藤基巳 訳
- 論語 — 金谷治 訳注
- 孔子家語 — 藤原正 校訳
- 孟子 全二冊 — 小林勝人 訳注
- 老子 — 蜂屋邦夫 訳注
- 荘子 全四冊 — 金谷治 訳注
- 新訂 孫子 — 金谷治 訳注
- 荀子 全二冊 — 金谷治 訳注
- 韓非子 全四冊 — 金谷治 訳注
- 史記列伝 全五冊 — 司馬遷／小川環樹・今鷹真・福島吉彦 訳
- 春秋左氏伝 全三冊 — 小倉芳彦 訳
- 塩鉄論 — 曾我部静雄 訳註
- 千字文 — 小川環樹・木田章義 注解
- 大学・中庸 — 金谷治 訳注
- 仁学 ―清末の社会変革論 — 譚嗣同／西順蔵・坂元ひろ子 訳注
- 章炳麟集 ―清末の民族革命思想 — 西順蔵・近藤邦康 編訳
- 梁啓超文集 — 岡本隆司・石川禎浩・高嶋航 編訳
- マヌの法典 — 田辺繁子 訳
- ガンディー 獄中からの手紙 — 森本達雄 訳
- 随園食単 — 袁枚／青木正児 訳註
- ウパデーシャ・サーハスリー ―真実の自己の探求 — シャンカラ／前田専学 訳

《仏教》〔青〕

- ブッダのことば ―スッタニパータ — 中村元 訳
- ブッダの真理のことば・感興のことば — 中村元 訳
- 般若心経・金剛般若経 — 中村元・紀野一義 訳註
- 法華経 全三冊 — 坂本幸男・岩本裕 訳注
- 日蓮文集 — 兜木正亨 校注
- 浄土三部経 全二冊 — 中村元・早島鏡正・紀野一義 訳註
- 大乗起信論 — 宇井伯寿・高崎直道 訳注
- 臨済録 — 入矢義高 訳注
- 碧巌録 全三冊 — 入矢義高・溝口雄三・末木文美士・伊藤文生 訳注
- 無門関 — 西村恵信 訳注
- 法華義疏 全二冊 — 聖徳太子／花山信勝 校訳
- 往生要集 全二冊 — 源信／石田瑞麿 訳注
- 教行信証 — 親鸞／金子大栄 校訂
- 歎異抄 — 金子大栄 校注
- 正法眼蔵 全四冊 — 道元／水野弥穂子 校注
- 正法眼蔵随聞記 — 懐奘 編／和辻哲郎 校訂
- 道元禅師清規 — 大久保道舟 訳注
- 一遍上人語録 ―付 播州法語集 — 大橋俊雄 校注
- 南無阿弥陀仏 ―付 心偈 — 柳宗悦
- 蓮如上人御一代聞書 — 稲葉昌丸 校訂
- 日本的霊性 — 鈴木大拙／篠田英雄 校訂
- 新編 東洋的な見方 — 鈴木大拙／上田閑照 編
- 大乗仏教概論 — 鈴木大拙／佐々木閑 訳
- 浄土系思想論 — 鈴木大拙
- 神秘主義 キリスト教と仏教 — 鈴木大拙／坂東性純・清水守拙 訳
- 禅の思想 — 鈴木大拙
- ブッダ最後の旅 ―大パリニッバーナ経 — 中村元 訳
- 仏弟子の告白 ―テーラガーター — 中村元 訳

尼僧の告白 —テーリーガーター— 中村元訳
ブッダ神々との対話 —サンユッタ・ニカーヤI— 中村元訳
ブッダ悪魔との対話 —サンユッタ・ニカーヤII— 中村元訳
禅林句集 足立大進校注
ブッダが説いたこと ワールポラ・ラーフラ 今枝由郎訳
ブータンの瘋狂聖ドゥクパ・クンレー伝 ゲンドゥン・リンチェン編 今枝由郎訳
梵文和訳 華厳経入法界品 梶山雄一・丹治昭義・津田真一・田村智淳・桂紹隆 訳注

《音楽・美術》〔青〕

ベートーヴェンの生涯 ロマン・ロラン 片山敏彦訳
音楽と音楽家 シューマン 吉田秀和訳
レオナルド・ダ・ヴィンチの手記 全二冊 杉浦明平訳
ゴッホの手紙 全三冊 硲伊之助訳
ビゴー日本素描集 清水勲編
ワーグマン日本素描集 清水勲編
河鍋暁斎戯画集 山口静一・及川茂編
葛飾北斎伝 飯島虚心 鈴木重三校注
ヨーロッパのキリスト教美術 —十二世紀から十八世紀まで— 全二冊 エミール・マール 柳宗玄・荒木成子訳
近代日本漫画百選 清水勲編
蛇儀礼 ヴァールブルク 三島憲一訳
ミレー ロマン・ロラン 蛯原徳夫訳
日本の近代美術 土方定一
日本洋画の曙光 平福百穂
映画とは何か 全二冊 アンドレ・バザン 野崎歓・大原宣久・谷本道昭訳
漫画 坊っちゃん 近藤浩一路
漫画 吾輩は猫である 近藤浩一路
ロバート・キャパ写真集 ICPロバート・キャパ・アーカイブ編
北斎 富嶽三十六景 日野原健司編
日本漫画史 —鳥獣戯画から岡本一平まで— 細木原青起
世紀末ウィーン文化評論集 ヘルマン・バール 西村雅樹編訳
ゴヤの手紙 全二冊 大髙保二郎・松原典子編訳
丹下健三建築論集 豊川斎赫編
丹下健三都市論集 豊川斎赫編
ギリシア芸術模倣論 ヴィンケルマン 田邊玲子訳
堀口捨己建築論集 藤岡洋保編

岩波文庫の最新刊

坂元ひろ子・高柳信夫監訳
厳復
天演論
清末の思想家・厳復による翻訳書。そこで示された進化の原理、生存競争と淘汰の過程は、日清戦争敗北後の中国知識人たちに圧倒的な影響力をもった。
〔青二三五-一〕　定価一二一〇円

フリードリヒ・シュレーゲル
武田利勝訳
断章集
「イロニー」「反省」等により既存の価値観を打破し、「共同哲学」の樹立を試みる断章群は、ロマン派のマニフェストとして、近代の批評的精神の幕開けを告げる。
〔赤四七六-一〕　定価一一五五円

永井荷風著／中島国彦・多田蔵人校注
断腸亭日乗(三) 昭和四―七年
永井荷風は、死の前日まで四十一年間、日記『断腸亭日乗』を書き続けた。(三)は、昭和四年から七年まで。昭和初期の東京を描く。(注解・解説＝多田蔵人)(全九冊)
〔緑四二-一六〕　定価一二六五円

太宰治作／安藤宏編
十二月八日・苦悩の年鑑 他十二篇
第二次世界大戦敗戦前後の混乱期、作家はいかに時代と向き合ったか。昭和一七―二一(一九四二―四六)年発表の一四篇を収める。(注＝斎藤理生、解説＝安藤宏)
〔緑九〇-一一〕　定価一〇〇一円

……今月の重版再開……

忍足欣四郎訳
中世イギリス英雄叙事詩 ベーオウルフ
〔赤二七五-一〕　定価一二二一円

プルタルコス／柳沼重剛訳
エジプト神イシスとオシリスの伝説について
〔青六六四-五〕　定価一〇〇一円